JN441188

연세대학교 경영연구소 총서시리즈 2026-02

ESG 지속가능경영과 기독교

성경은 ESG경영을 어떻게 비추는가

이호영

ESG and Sustainable Management: A Biblical Perspective on Responsible Business

法 文 社

차 례

제3장 ESG 사회가치 경영과 기독교 85

제4장 ESG 지배구조와 기독교 가치 143

연세대학교 경영연구소 총서시리즈 2026-02

프롤로그

ESG 지속가능경영의 기원과 성경 속의 ESG

프롤로그(Prologue)

ESG 지속가능경영의 기원과 성경 속의 ESG

21세기 기업 경영의 화두는 더 이상 단순한 재무적 성과가 아니다. 급격한 기후 변화, 사회적 양극화, 글로벌 팬데믹을 거치며 우리는 한 기업의 선택이 지역사회를 넘어 전 세계 인류의 삶에 깊은 영향을 미친다는 사실을 목도했다. 특히 2019년, 세계 최대 자산운용사 블랙록의 래리 핑크 회장이 주주 서한을 통해 "지속가능성은 기업의 생존 조건"이라고 선언하면서 ESG(Environmental, Social, Governance)경영은 전 세계적 관심과 논쟁의 중심에 서게 되었다.

그러나 ESG의 사상적 뿌리는 결코 새롭지 않다. 1994년 존 엘킹턴이 제시한 트리플 바텀 라인(Triple Bottom Line)은 기업의 성공을 이익(Profit)뿐 아니라 사람(People)과 지구(Planet)의 번영이 함께할 때에만 진정한 성취로 볼 수 있다고 강조했다. 또한 1987년 UN 세계환경개발위원회(WCED)가 발표한 「우리 공동의 미래(Brundtland Report)」는 "미래 세대의 필요를 해치지 않으면서 현재 세대의 필요를 충족시키는 발전"을 지속가능성의 기준으로 제시했다. ESG경영은 이러한 지속가능성 담론을 기업의 의사결정에 구체적으로 적용하기 위한 실천 틀로 자리 잡아 왔다.

팬데믹 이후 5년은 이러한 흐름을 더욱 가속화했다. 세계는 단절된 공간이 아니라 서로 긴밀하게 연결된 공동체임을 절감했고, 기업과 기관들은 ESG와 지속가능경영을 경쟁적으로 도입하며 새로운 시대적 과제를 수용하고자 했다. 환경 보호, 사회적 약자에 대한 배려, 투명한 지배구조는 더 이상 선택이 아니라 기업의 책무이자 생존 전략이 되었다. 하지만 우리는 여기에서 한 걸음 더 나아가 질문해야 한다.

'ESG경영의 정신은 어디에서 출발하는가?'

'기독교 신앙은 ESG와 어떤 관계를 맺을 수 있는가?'

실은 ESG의 근간에는 성경적 가치와 프로테스탄트 윤리가 흐르고 있다. 하나님의 창조 세계를 보존하는 환경경영은 곧 하나님 사랑이며, 지역사회와 이해관계자를 존중하며 가치 창출에 동참하는 것은 곧 이웃 사랑이다. 프로테스탄트 정신이 말하는 근면, 절제, 정직한 거래, 공동선에 대한 기여는 오늘날 ESG가 강조하는 인류 공동체적 가치와 자연스럽게 맞닿아 있다. 그럼에도 불구하고, ESG 지속가능경영을 기독교적 관점에서 이해하고 체계적으로 연결하려는 시도는 아직 충분히 이루어지지 못했다. ESG는 흔히 "기업의 전략 논리" 혹은 "투자 지표"로만 소개되지만, 이는 그 본래 의미의 일부분에 불과하다. ESG경영은 후속세대를 향한 책임, 창조 세계의 보전, 경제적 기회와 사회적 약자의 보호가 균형을 이루어야 한다는 성경적 소명을 새로운 시대적 언어로 표현한 것이라고도 볼 수 있다.

이 책은 이러한 관점에서 출발한다. ESG와 지속가능경영의 개념이 역사 속에서 어떻게 형성되었는지 돌아보고, 그것이 기독교적 가치관과 어떤 접점을 이루는지를 탐구하고자 한다. 또한 필자가 지난 수년간 국민일보에 기고한 글과 강의 자료를 바탕으로, ESG 시대를 살아가는 크리스천 리더와 학생, 연구자들이 실천 현장에서 적용할 수 있는 통찰을 제공하려 한다.

ESG 지속가능경영의 핵심은 결국 "기업의 장기적 가치 창출"과

"이웃과 인류 공동체에 대한 책임 있는 기여"를 조화시키는 데 있다.

이는 신약 성경이 명령하는 "하나님 사랑과 이웃 사랑"의 현대적 실천이며, 기업이 세상 속에서 감당해야 할 사명과도 깊이 연결된다. 4차 산업혁명과 인공지능의 시대를 맞아 우리는 이전 어느 때보다 큰 사회적·환경적 변동 속에 서 있다. 그 속에서 ESG는 단지 경영 기법이 아니라, 위기를 극복하고 인류 공동체의 지속가능한 미래를 만들어 가기 위한 중요한 나침반이 될 것이다. 본서는 그 여정의 한 조각을 쌓는다는 마음으로 쓰여졌다. 이 책이 ESG 시대를 살아가는 독자들에게 작은 길잡이가 되기를 소망한다.

"이 저서는 연세대학교 경영연구소의 지원에 의해 저술되었음"

제 1 장

ESG 지속가능경영과 기독교

1.1. ESG 지속가능경영의 역사와 성경
1.2. ESG 지속가능경영의 전개와 기독교
1.3. ESG 지속가능경영의 변증법적 근거
1.4. ESG 지속가능경영과 기업가치, 그리고 교회 가치
1.5. ESG 지속가능경영과 SDGs가 기독교 공동체에 주는 의미
1.6. ESG 지속가능경영의 본질과 기독교적 성찰
1.7. ESG 지속가능경영과 프로테스탄티즘의 윤리
1.8. 이중중대성(Double Materiality)의 성경적 의미

제1장 ESG 지속가능경영과 기독교

1.1. ESG 지속가능경영의 역사와 성경

'ESG'란 용어는 2004년, UN Global Compact와 20개의 대형 금융기관에서 공동으로 발간한 보고서 "Who Cares Wins: Connecting Financial Markets to a Changing World"에서 처음 언급되었다. ESG는 환경(Environment), 사회(Social), 그리고 지배구조(Governance)를 조합한 약자로, 이 보고서는 투자의사 결정 시 피투자 기업이 환경(Environmental) 및 사회(Social) 영역에서 얼마나 책임감 있게 행동하고 있으며, 윤리적이고 효과적인 지배구조(Governance)를 갖추고 있는지를 고려해야 한다는 관점을 제시했다. 이어 2006년 4월에는 당시 UN 사무총장이었던 코피 아난(Kofi Atta Annan)의 주도 아래, 주요 기관투자자들과 함께 유엔책임투자원칙(the Principles for Responsible Investment, UNPRI)이 제정되었다. 이들은 ESG 성과를 기업 가치 평가와 투자 판단에 적극 반영하기로 합의하며, 글로벌 자본시장의 윤리적 전환에 중요한 이정표를 세웠다. 그러나 ESG라는 개념은 초기에는 금융권과 학계 일부에서만 주목받았고, 일반 대중이나 실무 현장에서는 그 반응이 제한적이었다. 그러던 중 몇 가지 중대한 전환점을 통해 ESG는 세계적 주목을 받게 되었다.

주요 기업들이 발간하는 ESG 보고서(ESG Report) 또는 지속가능경영보고서(Sustainability Report)의 내용을 살펴보면, 그 안에 담긴 가치와 목표들이 성경의 가르침과 유의미하게 연결될 수 있음을 확인할 수 있다. 이는 기업이 수행한 ESG 지속가능경영의 성과를 요약하여 외부 이해관계자들과 소통하기 위해 작성하는 보고서 작성 기준으로 널리 채택된 GRI(Global Reporting Initiative) 보고기준이나 SASB(Sustainbability Accounting Standards Board) 기준 등 ESG 성과 보고 가이드라인의 내용이 단지 기업 활동의 계량적 측정과 보고지침에 머무는 것이 아니라, 기독교 신앙의 현대적 실천 도구가 될 수 있음을 보여준다.

2008년 글로벌 금융위기는 시장의 탐욕, 규제 실패, 단기 수익 중심 경영이 초래한 위기로 진단되었고, 이에 따라 자본주의의 도덕성과 지속가능성에 대한 비판이 강하게 제기되었다. 이에 따라 단기 이익보다 장기적 가치와 책임경영의 중요성이 다시 조명되며 ESG 지속가능경영이 위험관리 수단으로 부상하게 되었다. 2015년 파리기후협약 체결과 UN의 지속가능발전목표(SDGs) 발표는 기후 위기 대응의 전 세계적 공감대를 형성하며, ESG를 SDGs 실현의 구체적 수단으로 자리매김하게 했다. 기업과 투자자들은 더 이상 ESG를 선택의 문제가 아닌, 존속과 성장의 필수 조건으로 인식하기 시작한 것이다. 2018~2019년, 세계 최대 자산운용사 블랙록(BlackRock)의 CEO 래리 핑크(Larry Fink)가 연례 투자자 서한을 통해 “ESG는 장기 수익과 직결된다”, “기후 리스크는 투자 리스크다”라고 공개 선언하면서, ESG는 전 세계 투자자와 기업의 핵심 아젠다로 급부상하게 되었다.

이러한 흐름의 배경에는 단순한 유행이 아니라, 인류의 지속가능성에 대한 절박한 위기의식이 자리하고 있다. 온실가스 배출과 환경

오염이 초래하는 기후변화, 생태계 파괴, 아프리카 및 중동의 극심한 가뭄과 산불, 해수면 상승 등은 인류의 생존을 위협하는 현실로 다가오고 있기 때문이다. 이러한 위협은 코로나19 팬데믹(COVID-19 Pandemic)을 거치며 더욱 절실하게 체감되었고, 국제기구, 각국 정부, 연기금, 기관투자자뿐 아니라, 영리 기업들까지 적극적인 ESG 실천에 나서기 시작했다. 특히, 자본시장의 핵심 플레이어인 기관투자자들이 개별 기업의 ESG경영성과를 투자 기준으로 반영하기 시작하면서, ESG는 전 지구적인 관심을 받는 글로벌 메가 트렌드로 자리 잡게 되었다. 이제 ESG는 단순한 '자선적 책임'의 개념을 넘어, 기업의 미래 가치, 그리고 인류의 지속 가능한 삶에 직접적 영향을 미치는 거대한 흐름으로, 기업은 물론 비영리 조직, 소비자 단체, 나아가 국가 차원에서도 적극적으로 반응해야 할 시대적 과제가 되었다.

21세기 경제·산업구조 속에 밀려들어온 ESG 지속가능경영은 단순한 기업 경영 전략을 넘어, 인간과 창조 세계에 대한 책임, 그리고 공동체적 정의를 강조하는 지속가능성 윤리의 실천원칙이 되었다. 이 같은 ESG경영의 패러다임은 기독교의 핵심 가치들과 일관성을 가지며 본질적으로 연결된다. 먼저 환경(Environmental) 부문에 있어, 성경은 인간을 창조 세계의 청지기로 부르셨으며, 자연에 대한 돌봄과 보전의 책임을 맡기셨음을 강조한다. 하나님은 인간에게 '자연을 지배하라'고 명하셨지만, 이는 착취가 아니라 관리와 보존의 책임을 뜻한다. 창세기 2장 15절은 이렇게 말한다.

"여호와 하나님이 그 사람을 이끌어 에덴동산에 두어 그것을 경작하며 지키게 하시고"(창세기 2:15)

ESG 지속가능경영의 사회(S) 부문에서 성경은 이윤 중심이 아닌,

사회적 약자와 이웃, 노동자, 이방인에 대한 배려와 정의로운 관계를 반복적으로 강조한다.

"여호와께서 네게 구하시는 것은 오직 정의를 행하며 인애를 사랑하며 겸손하게 네 하나님과 함께 행하는 것이 아니냐"(미가 6:8)

"네 이웃을 억압하지 말며 착취하지 말라. 품꾼의 삯을 아침까지 밤새도록 네게 두지 말라"(레위기 19:13)

"너는 말 못하는 자와 모든 고독한 자의 송사를 위하여 입을 열지니라... 정의로 재판할지니라"(잠언 31:8-9)

"속이는 저울은 여호와께서 미워하시나 공평한 추는 그가 기뻐하시느니라"(잠언 11:1)

"지극히 작은 것에 충성된 자는 큰 것에도 충성되고, 불의한 자는 큰 일에도 불의하니라"(누가복음 16:10)

"(장로의 자격) 책망할 것이 없으며... 절제하며, 단정하며... 자기 집을 잘 다스릴 줄 아는 자라야 할지니..."(디모데전서 3:2-4)

이러한 말씀은 정의와 자비, 겸손이 기독교적 가치로서 일상과 사회제도 속에서도 실현되어야 함을 말해준다.

동일한 말씀은 지배구조(G) 부문에서 리더십의 핵심 덕목으로 공정한 판단, 청렴, 절제와 겸손한 섬김을 강조한다.

ESG 지속가능경영의 핵심 원칙들은 기독교가 요구하는 리더의 성품과 기준으로 연결된다. 또한 이러한 원칙들은 조직 문화로 확장되어 기업의 지배구조와 도덕성에 적용할 수 있는 분명한 성경적 원칙에 기반을 둘 수 있다. 결국, ESG 지속가능경영은 단지 현대적 비즈니스 전략에 머무르는 것이 아니라, 창조의 보전, 이웃 사랑, 공정한 리더십이라는 기독교 가치의 현대적 실천이자 적용이라 할 수 있다. 그러므로 ESG 지속가능경영 체계는 기독교 가치관의 연장선상에서 실천할 수 있는 책임 있는 삶과, 공동체 윤리, 인류 사회의 지속가능성 확보를 위한 개인적 그리고 집단적 실천윤리 체계(framework)로 사용될 수 있다.

1.2. ESG 지속가능경영의 전개와 기독교

ESG경영은 2004년 UN 글로벌 콤팩트(UNGC)를 통해 공식적으로 처음 제기되었다. 이는 단순히 기업의 활동이 현 세대의 수요를 충족하는 데 그치지 않고, 미래 세대까지 고려하는 '지속가능한 발전'의 비전으로 연결하려는 시도였다. 환경(Environment), 사회(Social), 지배구조(Governance)를 주요 축으로 삼음으로써, 기업이 재무적 성장만을 추구하는 것을 넘어 자신들이 사회와 자연에 미치는 영향까지 성찰하도록 이끄는 새로운 경영 패러다임이 정립된 것이다. 그러나 동시에 원자재 가격 상승과 고금리, 인건비와 물류비용 상승, ESG 자산선정의 주관성, ESG 평가 기준에 대한 불신 등 여러 요인으로 인해 ESG경영의 한계를 지적하는 목소리도 함께 커지고 있다.

소련의 붕괴로 냉전체제가 종료된 1990년대 초반 이후 본격적으로 진행된 세계화(globalization)는 경제적 번영을 확장시킨 동시에, 선진국과 개발도상국 간의 격차, 그리고 국가 내부의 계층 간 갈등을 심화시키는 부작용을 드러내 왔다. 어떤 제도도 완전할 수 없듯, 세계화의 한 축을 이루던 주주자본주의 또한 근본적 도전을 피할 수 없게 되었다. 과연 주주가 진정한 기업의 소유주이자 주인이라 말할 수 있는가? 현실은 수많은 투자자들이 기업의 장기적 성장보다는 단기적인 실적과 주가 반응, 곧 목표수익률만을 좇으며 언제든 보유주식을 팔고 떠나는 모습을 보여주었다.

투기적 성격이 강한 기관투자자들 역시 기업의 새로운 혁신이나 장기적 수익모델을 지원하기보다는, 당장의 실적과 배당, 자기주식 취득을 통한 주가 부양에 더 큰 관심을 두었다. 이러한 분위기에 편승해 일부 부도덕한 경영인들은 분식회계나 횡령, 불공정 거래를 통해 사적 이익을 추구하였고, 그 결과 자본시장의 신뢰성이 심각하게 훼손되고 기업가치는 하락하였다. 우리는 지난 수십 년 동안 이 같은 부정적 사례들을 언론을 통해 목격해 왔다.

그러나 동시에, 주요 기업들을 중심으로 이러한 제도적·윤리적 한계를 극복하고 새로운 경제 패러다임을 모색하려는 움직임이 나타났다. 특히 COVID-19 팬데믹이라는 전 지구적 위기는 이러한 흐름에 가속도를 붙여, ESG경영이라는 거대한 물결로 이어졌다. ESG경영이 궁극적으로 지향하는 바는 기업의 지속가능성(sustainability)이며, 이를 달성하기 위한 구체적 전략이 곧 ESG라는 용어로 개념화된 것이다. 지속가능성을 확보하기 위해서는 환경(E)을 어떻게 보호할 것인지, 사회적 약자를 어떻게 돌볼 것인지(S), 그리고 기업을 둘러싼 다양한 이해관계자들에게 어떤 방식으로 기여할 것인지를 결정함(G)으로 기업은 E, S, G를 전략적으로 통합해야 한다. 이는 단순히 경영의 효율성을 넘어서, 미래세대에게 물려줄 창조 세계에 대한 책임과 사회적 약자를 배려하고 다양한 이해관계자들이 함께하는 사회 공동체에서 공동의 번영을 추구함을 포함하는 시대적 사고체계의 변화를 추구한다. 다시 말해, 환경적 그리고 사회적 가치를 창출하려는 박애적 관점과 환경 변화에 대응함으로 재무적 위기를 관리하려는 경제적 관점이 맞물리면서, 기업은 더 이상 ESG경영을 회피할 수 없는 시대적 책무를 안게 된 것이다.

바로 이 지점에서 기독교 신앙은 ESG와 깊은 접점을 가진다. 성경은 인간을 하나님의 창조세계를 관리하는 청지기(steward)로 부르며, 동시에 "네 이웃을 네 몸과 같이 사랑하라"는 사랑의 계명을 강조한다. 환경을 보존하고, 사회적 약자를 돌보며, 공정하고 투명한 지배구조를 세우는 일은 단순한 경영 전략을 넘어 하나님의 뜻에 순종하는 삶의 방식이다. 따라서 ESG는 그 자체로 기독교적 소명과 맞닿아 있으며, 교회와 신앙인은 기업과 사회가 추구하는 지속가능성의 흐름 속에서 창조세계의 회복과 공동선(共同善)을 향한 협력과 윤리적 책임을 지니고 있는 것이다.

1.3. ESG 지속가능경영의 변증법적 근거

국제사회에서 ESG경영은 지난 수년간 새로운 시대적 패러다임으로서 큰 환영을 받아왔다. 기업 활동이 단순히 주주의 이익을 극대화하는 차원을 넘어, 환경(Environment)과 사회(Social), 지배구조(Governance)라는 세 가지 축을 중심으로 공동체적 책임을 다해야 한다는 접근은 효율성 중심의 신고전주의 경제관을 보완하며, 보다 확장된 관점으로 나아가는 진일보한 움직임이다. 그러나 이러한 긍정적 움직임에도 불구하고 국제 정세의 격변은 ESG경영의 실효성에 대한 도전을 불러왔다. 러시아-우크라이나 전쟁, 원자재 가격의 급등, 그리고 전 세계적 공급망의 불안정은 기업의 수익성과 지속가능성 사이의 균형을 흔들어 놓았다. 이에 따라 일부에서는 ESG경영이 위기 상황에서 과연 유효한 전략인지에 대한 회의적 시각을 드러내고 있다.

실제로 전쟁과 공급망 위기와 같은 거시경제적 충격은 다수의 기업에서 실적 악화를 초래하였고, 이러한 악화는 단기적인 수익률에 더욱 집착하는 투기적 자본과 단기 투자자들의 시각을 강화하는 결과를 낳았다. 단기 투자자들은 장기적 안목보다는 당장의 성과와 주가 변동에 집중하며, 이는 ESG가 강조하는 지속가능성과 종종 충돌

한다. 그러나 인류 사회의 발전은 언제나 위기와 모순을 극복하는 과정을 통해 이뤄져 왔다. 역사적으로 보면, 사회적 갈등과 구조적 모순은 영원한 파괴나 붕괴로 귀결되지 않았다. 오히려 그러한 위기 속에서 새로운 가능성이 모색되었고, 인간 공동체는 한 단계 더 높은 질서와 가치로 나아갔다. 헤겔이 말한 변증법의 원리, 정(正)과 반(反)의 대립이 합(合)이라는 더 높은 차원의 통일(synthesis)로 나아가는 전개를 통해 역사적, 사회적 진화를 이룩해 왔다.

헤겔의 변증법에서 '정(正)'은 기존의 질서와 가치를 의미한다. 산업화 이후 자본주의 체제 속에서 효율과 성장은 그 자체로 하나의 정(正)으로 작용했다. 그러나 그 내부에는 불공정과 환경 파괴라는 모순이 내재되어 있었다. 이러한 모순이 드러나는 순간이 곧 '반(反)'의 단계이다. 반은 정을 단순히 부정하는 것이 아니라, 그 한계를 인식하고 새로운 방향으로의 변화를 요구한다. 변증법적 운동은 단순한 대립이나 부정으로 끝나지 않는다. 정과 반의 갈등은 결국 더 높은 차원의 통일(synthesis)로 나아가며, 그 과정에서 낡은 것은 '지양(止揚, sublation)'되지만 동시에 그 안의 진실된 요소는 보존되어 새로운 질서로 승화된다.

이 변증법적 구조는 기독교 신학에서도 일관성 있게 드러난다. 십자가는 인류의 죄와 탐욕, 폭력의 구조를 드러내며 그것을 부정하는 사건이다. 그러나 그 부정은 절망으로 끝나지 않고, 부활을 통해 새로운 창조의 가능성으로 열리게 된다. 십자가의 죽음이 반(反)의 부정이라면, 부활은 그 부정을 지양(止揚)한 새로운 생명의 합(合)이다. 즉, 하나님은 옛 질서를 무너뜨리면서도 그 속의 생명을 보존하여 새 질서를 세우신다. 이것이 신학적 의미의 '지양'이다. 이와 같은 철학적·신학적 구조는 오늘날 ESG 지속가능경영으로도 이어진다. 근대 자본주의 기업이 주주가치 극대화라는 '정(正)'의 논리로 성장해

왔다면, 그로 인해 발생한 사회적 불평등, 노동권 침해, 환경 훼손은 '반(反)'의 형태로 드러났다. 그러나 ESG경영은 이러한 모순을 단순히 비판하거나 폐기하려는 것이 아니라, 기업의 경제적 기능을 보존하면서 동시에 그것을 더 높은 윤리적 차원으로 승화시키려는 '합(合)'의 시도이다. ESG는 이윤과 윤리를 통합하는 새로운 통일의 형태이며, 기업의 존재 목적을 사회적 선과 생태적 조화 속에서 재구성하려는 운동이라 할 수 있다.

ESG의 발전 단계는 변증법적 과정과 유사하게 진행된다. 초기의 기업들은 규제 준수나 이미지 제고 차원의 '정(正)' 단계에 머물렀지만, 각종 산업재해·환경파괴·인권 침해 사건이 드러나면서 '반(反)'의 충돌을 경험하게 되었다. 그 다음 단계에서 기업은 재무성과와 비재무성과를 통합하고, 이해관계자 거버넌스와 투명한 공시 체계를 갖추며 '합(合)'으로 나아간다. 그리고 궁극적으로 ESG가 '지양(止揚, Sublation)'의 단계로 발전할 때, 기업은 단순히 규범을 준수하는 수준을 넘어 가치사슬 전체, 협력사, 노동자, 지역사회, 생태계를 포괄하는 공동선(共同善)의 체계를 형성한다. 여기서 '지양'이란 단순히 옛것을 버리는 것이 아니라, 기존의 긍정적 요소는 보존하고 한계는 극복해 더 높은 수준으로 발전시키는 것이다. 이는 주주자본주의의 한계를 넘어서는 새로운 경제 질서이자, 인류 공동체의 윤리적 진화를 의미한다.

결국 새로운 통일(統一)과 지양(止揚)은 인류 사회가 위기 속에서 새 질서를 창출해 온 철학적·신학적·경영학적 보편 원리라 할 수 있다. 헤겔의 변증법이 말하듯, 모든 충돌은 단순한 종결이 아니라 새로운 상승의 계기이며, 십자가와 부활이 보여주듯 진정한 회복은 부정을 통과한 후에만 가능하다. 오늘날 ESG 지속가능경영은 바로 그 지양의 정신을 실천적 형태로 구현하는 현대적 경로이다. 기업은 더 이상 단기 이익의 도구가 아니라, 창조세계의 회복과 인류 공동체의 번영을 위한 도덕적 행위자로 부름받고 있는 것이다.

오늘날 우리가 목도하는 심각한 기후 위기와 국가 간, 민족 간 분쟁, 계층간의 갈등은 ESG경영의 필요성을 더 강력하게 부각시키고 있다. 기후변화는 더 이상 특정 지역이나 산업만의 문제가 아니라, 전 인류의 생존을 위협하는 근본적 도전이다. 마찬가지로 갈등과 전쟁은 세계화로 얽혀 있는 경제 질서를 크게 흔들며, 기업과 국가 모두에게 지속가능한 경영과 협력의 필요성을 절감하게 하고 있다. 따라서 ESG는 일시적 유행이나 선택적 전략이 아니라, 앞으로의 국제사회가 반드시 지향해야 할 시대적 요청으로 자리 잡아 가고 있다.

이러한 흐름은 이미 제도적 장치로 구체화 되고 있다. 유럽연합의 공급망 실사법(The Corporate Sustainability Due Diligence Directive, CSDDD), 독일의 공급망 실사법(Act on Corporate Due Diligence Obligations in Supply Chain), 영국의 인권법(The Human Rights Act)은 기업이 환경적·사회적 책임을 외면할 수 없도록 강제하는 법적 장치이다. 이는 단순히 한 국가의 규제를 넘어, 국제무역과 글로벌 공급망 전반에 영향을 미치는 국제 규범으로 확산되고 있다. 결국 이러한 제도적 강제성은 주요 선진국으로 확대되어 세계 경영의 판도를 바꾸게 될 것이다. ESG를 기초로 한 새로운 국제 질서에 적응하지 못하는 기업이나 국가는 도태될 수밖에 없는 시대적 환경 속에 들어선 것이다.

여기서 우리는 기독교 신앙이 제시하는 깊은 통찰을 발견하게 된다. 성경은 인간을 하나님의 창조세계를 관리하는 청지기로 부른다. 이는 단순한 종교적 수사가 아니라, 창조질서를 보전하고 다음 세대에 물려주어야 할 엄중한 소명이다. 또한 성경은 이웃 사랑의 계명을 통해, 고아와 과부, 나그네와 같이 사회적 약자들을 돌보라는 명령을 반복적으로 강조한다. 예수님 당시의 고아와 과부, 나그네는 21세기 개념으로는 사회적 보호망에서 배제된 구조적 취약계층, 사회적 안전망 밖에 있는 사람들을 의미한다. 환경을 보호하는 일, 사회적 약자를 보호하는 일, 정의롭고 투명한 지배구조를 세우는 일은 단순히 경영 전략의 문제가 아니라 하나님의 뜻을 따르는 삶의 방식이 되는 것이다.

오늘날 기업과 국제사회가 직면한 위기는, 인간이 창조 질서를 무시하고 탐욕과 단기적 이익을 좇을 때 불가피하게 발생하는 결과를 여실히 보여준다. 따라서 교회와 신앙인은 ESG를 단순히 경영의 유행으로 받아들일 것이 아니라, 하나님의 창조세계를 지키고 이웃을 사랑하는 신앙적 실천으로 인식해야 한다. 이는 곧 기독교 신앙이 현대 경제 질서 속에서 발휘해야 할 공적 책임이자, 세상을 향한 복음적 증언의 구체적 형태라 할 수 있다.

특정국가에서 ESG경영에 대한 관심이 일시적으로 약화될 수 있는 반면, 국제사회와 기업들은 최근 ESG경영과 관련하여 점진적이면서도 지속적인 진전을 보이고 있다. 그러나 이러한 진전과 노력은 여전히 대기업 중심으로 전개되고 있다. 이는 중소기업이 ESG경영을 실천하는 과정에서 재정적·기술적 한계로 인한 어려움이 있기 때문이다. 기업이 ESG경영에 선도적으로 나서는 것은 비록 관련규제에 대응하고 국제적 관심에 발맞추기 위해 비자발적으로 ESG를 도입한 기업도 있으나, 점차 그 취지와 진정성에 동조하는 기업이 늘고 있다. 또한 지속가능성 확보와 윤리경영의 일환으로 공급망에 속한 협력업체를 어떻게 지원할 수 있을지에 대해 진지하게 고민하는 기업들이 증가하고 있다는 점도 중요한 변화이다.

1.4. ESG 지속가능경영과 기업가치, 그리고 교회 가치

자본시장 참가자들이 기업의 ESG 지속가능경영 성과에 선도적으로 관심을 가지게 된 변화의 원인으로는 ESG를 구성하는 주요 요소가 통합적으로 기업의 평판을 만들어 내고 기업의 가치와 직접 연결됨을 알게 되었기 때문이다. 더욱이 그 상관관계가 향후 더욱 커질 것임을 인식했기 때문이기도 하다. 경영학에서 기업의 가치는 미래에 유입될 순 현금 흐름을 현재가치로 할인한 금액으로 표현하는데 ESG 성과가 좋은 기업이 결과적으로 미래에 유입될 순현금흐름이 더욱 좋아질 것이라고 자본시장의 전문가들이 판단한 것이다.

2010년 이후 국내 기업을 대상으로 해서 ESG 등급과 기업가치 간의 상관관계를 연구한 선행연구 40여 편을 살펴보니 대부분의 연구에서 ESG 등급과 기업가치 간에는 양(+)의 상관관계가 있음을 나타내고 있다. 또한 2018년 저자가 진행한 7개년도, 3,390개의 기업-연도를 대상으로 한 연구의 결과 기업의 ESG 성과가 1년 후, 2년 후, 그리고 3년 후까지도 Tobin's Q*로 측정한 기업가치와 유의한 상관관계가 나타났다. 특히 2년 후의 상관관계가 가장 강하게 나타나고 있음을 확인할 수 있었는데 이러한 결과는 자본시장 참여자들이 ESG 성과가 미래의 가치를 설명하는 중요한 요소인 것으로 인식함을 보여준다.

* **Tobin's Q**는 기업의 시장가치를 자산의 대체 비용과 비교하는 지표로, 경제학자 제임스 토빈(James Tobin)이 제안한 개념이다. 이 지표는 기업의 투자 결정, 자본시장의 효율성, 자산 버블 여부 등을 설명할 때 자주 활용된다. Tobin's Q가 1보다 크면, 자신의 시장가치가 대체 비용보다 크다는 의미이므로, 신규 투자의 가치가 높다

고 평가되며, 기업은 투자를 확대할 유인을 갖게 된다. 다만 Q가 과도하게 1을 초과할 경우, 이는 시장의 과열을 반영하는 것일 수도 있다. 반면, Tobin's Q가 1보다 작으면, 시장가치가 자산을 새로 투입하는 데 드는 비용보다 낮다는 의미이므로, 신규 투자에 대한 유인이 작다고 볼 수 있다. 그러나 Q가 지속적으로 1보다 지나치게 낮은 상태라면, 이는 일시적인 시장 왜곡이나 자산의 과소평가 가능성을 시사하기도 한다. 실무에서는 Tobin's Q를 다음과 같은 방식으로 활용해 평가한다.

$$\text{Tobin's Q} = \frac{\text{시장가치(시가총액+부채)}}{\text{장부가치의 총자산}}$$

ESG 지속가능경영은 몇 가지 경로를 통하여 기업의 가치로 연결될 수 있다. 첫째, ESG경영은 위험관리에 직접 기여함으로 기업가치를 높일 수 있다. 환경(E)과 관련하여 전 인류의 존립에 위협을 줄 수 있는 기후 위기는 이제 시작 단계로 개별 기업에 미치는 영향력을 기하급수적으로 키워갈 것이 틀림없다. 또한 지배구조(G)와 관련해서는 기업의 불법적이고 비윤리적 행위는 기업을 한순간에 위기로 몰아넣을 수 있다. 교회의 경우에도 지도자의 비윤리적 행위로 사회적 물의를 일으키거나, 전횡, 불법행위가 통제되지 않을 경우 교회 공동체에 큰 위기를 초래할 수 있음은 동일하다.

둘째, ESG 지속가능경영은 IT와 SNS 등 정보통신기술의 발전으로 인해 매출과 직접적으로 연결되며 새로운 수익 창출의 원천이 되기 시작했다는 것이다. 특정 기업이 환경에 부정적인 영향을 미치고 있으며 가치사슬 내에서 중간단계 공급자(suppliers)들에게 우세한 협상력을 무기로 납품단가 후려치기와 대금 지급을 미루는 등의 행위를 관행적으로 한다면 이러한 정보는 더 이상 내부정보로 머물러 있지 않게 된 것이다. 기술의 진보가 사회를 더욱 투명하게 만든 결과이다. 이 두 번째 경로의 경우에도 오늘날 한국교회에 적용될 수 있다. 일부 교회의 불투명한 재정운영과 비리, 비윤리적 행위에 대한 소식은 더 이상, 교회 안에 머물러 있지 않게 되었다. 부정적인 뉴스는 SNS, 온라인 매체 등 다양한 채널을 통해 신앙공동체의 구성원뿐만 아니라 사회에 신속하게 알려지게 되고 교회의 윤리성과 이중성에 대한 부정적인 인식을 증폭시킬 수 있게 된 것이다. 물론 그 반대의 경우인 예수 그리스도가 이끄는 참된 제자로서의 삶을 실천하고 있는 교회와 기독교 지도자들, 하나님 사랑과 이웃 사랑을 실천하는 신앙인의 사례들은 긍정적이고 선한 영향력을 더욱 확장시킬 것이다.

셋째, ESG 지속가능경영은 혁신의 기회를 제공하고 혁신을 통해 효율적인 운영을 가능하게 하여 원가의 절감을 가져올 수 있다는 것이다. 공급사슬(supply chain) 내의 협력업체들과의 관계에서 만들어지는 ESG 성과는, 결과적으로 제품 및 서비스의 품질과 경쟁력을 높이는데 기여할 것이다. 젊은 세대가 교회를 떠나고 가나안 성도가 점점 늘어나는 현상의 주요 요인은 교회의 물질주의적 행태와 불합리한 운영 방식, 일부 교회에서 발생한 리더들의 비윤리적 행태에 실망하여 교회의 구성원으로서의 자부심을 잃어버리게 된 것일 수 있다. ESG 지속가능경영의 정신과 전략은 성경적이면서도 현재의 기독교계가 경험하고 있는 위기를 타개하는 데 큰 도움이 될 것이다.

넷째, ESG 지속가능경영은 이제 단순한 윤리적 선택이 아니라, 기업의 생존과 성장에 직결되는 핵심 경영 전략으로 자리잡고 있다. 특히 주목할 점은 자본조달 비용과의 높은 상관관계다. 기업이 자본을 조달하는 과정에서 투자자들은 점점 더 ESG 성과를 중요한 평가기준으로 삼고 있으며, 이는 자금 조달 조건에 직접적인 영향을 미치고 있다. 실제로, 글로벌금융정보기업인 Morningstar Direct & Morningstar Researd가 2025년 9월에 집계한 자료에 따르면 책임투자 또는 지속가능투자 접근법을 사용한다고 보고한 펀드자산의 가치는 16조 7천억 달러(USD 16.7 trillion)에 이르렀으며, 지난 2년간 약 5조 5천억 달러(49%) 증가한 것으로 나타났다.

이와 같은 방대한 규모의 자금이 ESG 성과를 기준으로 움직이고 있으며, 향후에도 이 규모는 지속적으로 증가할 것으로 전망되고 있다. 또한 2024년 2월 Bloomberg는 어려운 환경에도 불구하고 2030년까지 글로벌 ESG 자산이 40조 달러에 달할 것으로 전망했다. 지정학적 및 거시적 과제에도 불구하고 ESG 관련 자본시장 규모는 자본시장이 성숙해짐에 따라 글로벌 자산의 25%를 초과할 것이라는 예측이다. 특히 유럽은 ESG 자산이 지속적으로 성장하여 2030년까지 18조 달러 이상의 큰 규모를 유지할 것으로 예상했다.

이러한 지속가능투자에서 가장 많이 활용되는 전략은 바로 ESG 통합 투자(ESG Integration)이다. 이는 재무적 분석과 함께 기업의 환경(Environment), 사회(Social), 지배구조(Governance) 성과를 함께 평가하여 투자 결정을 내리는 방식으로, 기업의 ESG 성과가 투자 유치 여부와 조건을 결정하는 데 핵심적인 기준이 된다는 점을 시사한다. 결국, ESG 지속가능경영을 성실하게 이행하고 성과를 투명하게 보고하는 기업일수록 투자자들의 신뢰를 얻고, 보다 낮은 위험 프리미엄으로 자본을 조달할 수 있게 된다. 이는 곧 자본조달 비용의 절감으로 이어지며, 기업의 재무구조 안정성과 성장 여력을 동시에 강화시키는 결과를 낳는다. 따라서 ESG 지속가능경영은 단지 사회적 책임을 다하는 차원을 넘어 글로벌 금융시장에서 자금을 유치하고 장기적 경쟁우위를 확보하는 가장 현실적이고 전략적인 수단으로 기능하고 있다.

ESG 지속가능경영에 따른 자본조달 비용 절감의 이슈는 교회 공동체에도 충분히 적용될 수 있는 중요한 관점이다. 지속적인 교인 감소와 고령화의 흐름 속에서 재정적 어려움을 겪고 있는 한국 교회에 이를 대입해 보면, 교회가 수행하는 사회적 사명과 영향력이 ESG 관점에서 얼마나 성실하게 실현되고 있는지가 결국 교회 재정에도 깊은 영향을 미칠 수 있음을 알 수 있다. 그동안 교회 재정을 논의하는 것이 성스럽지 못하다는 인식이 널리 퍼져 있었지만, 이제는 이 문제를 더 이상 회피해서는 안 된다. 왜냐하면 하나님 나라의 확장과 이웃 사랑이라는 선한 목적을 이루기 위해 반드시 필요한 경제적 자원, 즉 헌금이 급격히 줄어들고 있는 현실을 직시해야 하기 때문이다. 헌금의 감소는 단순한 숫자의 문제가 아니라, 교회가 세상 속에서 공공성을 잃어가고 있다는 신호일 수도 있다.

실제로 미국과 유럽의 전통 있는 교회들조차 재정난으로 인해 교회 건물을 처분하는 사례가 증가하고 있으며, 그 건물들이 술집이나 음식점, 심지어 이단 집단의 소유로 넘어가는 경우도 적지 않다. 이러한 현실은 더 이상 먼 나라의 이야기가 아니다. 한국 교회 역시 1970~80년대의 고도 성장기 이후 안정에 안주하며, 교회의 갱신과 사회적 책임, 그리고 선한 영향력의 확대라는 측면에서는 분명 부족함이 있었다. 그 결과, 성도들은 헌금에 대한 당위성과 정당한 명분을 점차 잃어버리게 되었고, 이는 교회 재정의 약화로 직결되고 있다. 이러한 배경에서 볼 때, ESG경영이 제시하는 다양한 전략과 원칙은 오늘날 한국 교회가 직면한 현실을 극복하는 데 매우 중요한 시사점을 제공할 수 있다. 단순히 경영 기법의 차원을 넘어, 교회의 사명과 사회적 책임을 통합적으로 조명하고 실천할 수 있는 하나의 유용한 틀로 기능할 수 있는 것이다. ESG적 관점에서 교회의 활동을 재정의하고, 신뢰받는 공동체로서의 기반을 다시 세워나갈 때, 한국 교회는 재정적 안정을 통한 지속가능한 선교와 사역이라는 두 목표를 함께 추구할 수 있을 것이다.

오늘날 ESG 지속가능경영과 기업가치 간의 상관관계는 점점 더 명확해지고 있다. 많은 기업들이 ESG경영을 단순한 외부 홍보 수단이 아닌, 조직 내부의 운영 원칙으로 내재화하기 위해 다양한 전략과 시스템을 도입하고 있으며, 이 과정은 그들의 장기적인 경쟁력과 생존 가능성과 직결되어 있다. 이러한 변화는 한국 교회에도 깊은 시사점을 준다. 교회 역시 더 이상 사회로부터 분리된 종교 공동체에 머물러 있어서는 안 되며, 하나님 나라의 가치를 이 땅 위에 실현하기 위해 환경 보존(E), 사회적 책임(S), 지배구조(G) 차원에서의 변화와 개혁을 진지하게 고민해야 할 시점에 와 있다. 특히 그동안 교회가 간과하거나 소홀히 해왔던 부분 중 하나는 바로 사회적 성과관리(Social Impact Management)이다. 교회가 지역사회와 소외된 이웃에게 얼마나 실질적이고 구체적인 영향을 미치고 있으며, 그것이 어떠한 지속가능한 결과로 이어지고 있는지를 점검하고, 부족했던 부분에 대해서는 겸허히 인정하고 회개하는 태도 역시 필요하다. 이는 단순히 조직의 개혁을 넘어서 교회의 정체성과 사명을 되새기는 영적 갱신의 출발점이 될 수 있다.

교회의 환경적 책임(E)에 대한 논의도 이제는 피할 수 없는 주제다. 기후 위기와 생태 파괴가 전 인류의 공동과제로 대두되고 있는 오늘날, 교회가 과연 환경 보존을 위해 어떤 역할을 감당하고 있는지 자문해야 하며, 창조 세계를 돌보는 청지기로서의 사명을 어떻게 회복할 수 있을지에 대한 신학적·실천적 성찰이 필요하다. 물론 일부 개교회들은 이미 소외계층과 약자를 위한 다양한 사회적 책임 사역을 감당하며 ESG경영이 추구하는 가치를 실천하고 있다. 그러나 교단 차원과 개교회 차원 모두에서 조직적이고 체계적으로 지역사회와 연대 및 기여 방안을 설계하고 실행하는 데에는 여전히 부족함이 있다. 단편적 봉사활동이나 일회성 지원을 넘어, 교회의 사역이 어떻게 지역사회의 지속가능성과 삶의 질 향상에 기여하고 있는지에 대한 평가와 전략이 필요하다.

교회의 본질적 가치는 하나님 사랑과 이웃 사랑의 실천에 있으며, 이웃과 어떻게 소통하고 신뢰를 회복할 것인가는 오늘날 교회가 직면한 가장 중요한 과제 중 하나다. 이런 맥락에서 ESG 지속가능경영의 철학과 실행 사례는 교회가 시대의 변화 속에서 자신의 정체성을 회복하고, 다시금 사회 속에서 신뢰받는 공동체로 자리매김하기 위한 실천적 지혜와 전략을 제공해 줄 수 있다. 결국 교회도 ESG경영이 말하는 책임성과 투명성, 공동체적 가치 실현이라는 핵심 정신을 경청하고, 이를 복음의 실천과 통합시키는 노력을 통해, 오늘날의 위기를 넘어서는 새로운 미래를 만들어갈 수 있을 것이다.

1.5. ESG 지속가능경영과 SDGs가 기독교 공동체에 주는 의미

지난 4~5년간 세계적으로 확산된 ESG 지속가능경영에 대한 관심과 실천은 단순한 기업 경영 트렌드를 넘어, 오늘날 우리가 살아가는 사회의 가치관과 구조에 깊은 영향을 미치고 있다. 이러한 변화에 대해 기독교 공동체 역시 깊은 관심을 기울여야 할 중요한 이유가 존재한다. 단지 경제적 혹은 환경적 주제이기 때문이 아니라, 기독교 신앙의 본질이 피조세계를 향한 책임 있는 돌봄과 이웃 사랑에 기반하고 있기 때문이다. 기독교 공동체와 개별 그리스도인들은 사회적 책임의 주체이며, 하나님께서 창조하신 세계 속에서 그분의 뜻을 실천해야 할 청지기들이다. 기독교 공동체는 종교적인 역할에만 국한된 존재가 아니라, 실제 사회를 구성하는 일원으로서 경제, 사회, 환경 문제에 대한 책임감을 함께 나누어야 하는 소명을 지닌다. 이것은 단순한 선택이 아니라, 창세기에서부터 선포된 '생명을 살리고 지키라'는 창조 명령과 예수 그리스도를 통해 드러난 이웃 사랑과 정의 실현의 복음적 가치와 깊이 맞닿아 있다.

경제학과 경영학은 주어진 자원과 시간을 어떻게 효율적으로 사용하고 분배할 것인가를 탐구하는 학문이며, 이는 기업이라는 조직뿐 아니라 자원을 맡은 교회와 크리스천 개인에게도 동일하게 적용될 수 있는 원리이다. 오늘날 ESG 지속가능경영이 경영학 분야에서 중심적인 화두로 떠오르고 있다는 사실은, 교회가 사회 속에서 어떤 방식으로 공동선을 추구하며 살아가야 할지를 고민할 수 있는 중요한 시사점을 제공한다. 특히 ESG경영은 환경 보전(Environment), 사회적 책임(Social), 윤리적 지배구조(Governance)를 핵심축으로 삼고 있는데, 이는 성경의 메시지와도 밀접한 연관성을 가진다. 예를 들어, 창조 세계의 보전은 하나님의 창조 질서를 지키는 일이며, 사회적 책임은 고아와 과부, 나그네를 돌보라는 성경의 윤리적 명령과 일치한다. 또한 공정하고 투명한 지배구조는 교회의 질서와 목회자와 평신도 리더십 그리고 교회 내의 성도들 간의 건강한 상호 책임 관계를 반영하는 제도적 기반이 될 수 있다. 이러한 맥락에서 ESG경영은 단지 비종교적 세계에서 일어나는 트렌드가 아니라, 교회가 하나님의 뜻을 이 땅에 구현하기 위한 실천적 통찰로 받아들여질 수 있다.

기술의 발전과 IT의 혁신은 ESG 활동의 측정과 투명성을 강화하고 있으며, 이에 따라 기업들은 지속가능한 가치를 중심으로 재편되고 있다. 이러한 흐름 속에서 교회가 여전히 '세상의 일은 세상에 맡기고, 교회는 영적인 일에만 집중해야 한다'는 이원론적 태도에 머문다면, 사회로부터 점점 더 소외되고 신뢰를 잃어갈 수밖에 없다. 오히려 오늘날의 시대는 신앙과 삶, 경건과 정의, 예배와 사회참여가 유기적으로 연결되는 총체적 신앙의 회복을 요구하고 있다. 그런 점에서 ESG는 기독교 공동체가 세상과 소통할 수 있는 새로운 언어이자, 교회가 신앙의 진정성을 증명할 수 있는 실천적 기준이 될 수 있다. 이기주의적 세계화의 부작용으로 인한 환경 파괴와 사회 계층 간의 갈등, 불평등의 심화는 ESG경영이라는 새로운 프레임을 통해 조금씩 치유와 변화를 경험하고 있다. 세상 속에서 '소금과 빛'으로 살아가고자 하는 공동체라면, ESG가 던지는 질문과 과제를 외면해서는 안 될 것이다.

지난 50여 년간 한국 교회는 국가의 산업화와 더불어 눈부신 성장을 이루어 왔다. 6.25 전쟁 이후의 폐허 속에서 시작된 이 성장은 베이비붐 세대의 인구 급증, 도시화, 그리고 무엇보다도 교회가 제공한 위로와 정서적 평안의 순기능이 교회의 성장에 크게 기여했다. 신앙은 절망 속에서 희망을 주었고, 교회 공동체는 가족과 사회를 지탱하는 정서적 버팀목이 되어 주었다. 이러한 흐름 속에서 등장한 번영신학(Prosperity Theology)은 1960~80년대의 가난과 고통을 견디며 국가 경제를 일으킨 세대에게 믿음을 통한 경제적 축복의 가능성을 제시함으로써 큰 위로와 동기를 제공했다. 그러나 시대는 바뀌었다. 2000년대 이후 인구는 정체되었고, 저성장과 불확실성이 일상화되면서, 번영신학이 지닌 한계가 드러나기 시작했다. 특히 1980년대 이후 출생한 MZ세대는 가치소비와 지속가능성, 윤리적 기준을 중시하는 경향을 보이며, 신앙을 부의 수단으로 여기는 전통적인 번영 신앙의 내러티브에 점점 더 설득력을 느끼지 못하기 시작했다. 더 나아가 번영신학은 때때로 그늘지고 소외된 이웃을 위한 헌신적 사역의 가치를 간과하게 만들었다는 비판을 받는다. 예수 그리스도께서 낮은 자의 자리에서 고난받는 자들과 함께하셨던 그 본질적인 복음의 정신은, 물질적 축복의 프레임 안에서 충분히 조명되지 못한 경우가 많았기 때문이다. 이러한 맥락에서 오늘날 ESG 지속가능경영의 철학과 원칙은 한국 교회가 겪고 있는 신학적, 사회적 위기에 많은 시사점을 제공한다. ESG가 강조하는 환경(environment), 사회적 책임(social), 윤리적 지배구조(governance)는 곧 기독교 신앙이 강조해 온 창조 질서의 보전, 약자 보호와 정의 실현, 그리고 공동체의 공공성과 투명성이라는 핵심 가치와 긴밀히 연결되어 있다.

MZ세대를 포함한 새로운 세대는 '무엇을 믿느냐' 만큼이나 '어떻게 사느냐'를 중시하는 실천적 신앙을 갈망한다. 이들은 교회가 말하는 사랑과 정의, 공의가 실제 지역사회와 환경, 조직 문화 속에서 어떻게 구체화되고 있는지를 주목한다. 따라서 교회가 ESG적 관점에서 사회적 책임을 다하고 생태적 전환을 도모하며, 건강한 조직 운영과 투명한 의사결정을 실천한다면, 이는 곧 복음의 진정성을 세상 가운데 드러내는 강력한 증거가 될 수 있다. 결국 ESG는 단지 기업의 경영 철학이 아니라, 교회가 시대 속에서 신뢰받는 공동체로 다시 세워지기 위한 새로운 언어요 도전이 될 수 있다. 이제 교회는 물질적 번영에 초점을 맞추는 신학에서 한 걸음 더 나아가, 지속가능한 공동체의 가치, 섬김과 책임, 그리고 정의의 실천으로 향하는 신앙적 전환을 이루어야 할 때다. 이는 단지 시대의 흐름을 따라가는 것이 아니라, 복음의 본질을 더욱 분명하게 살아내는 길이기도 하다.

지난 수십 년간 지배적인 경제사관으로 경제적 번영을 이끌었던 신자유주의적 경제관은 2008년 금융위기 이후 한계를 드러내면서, 비정부 국제기구를 중심으로 그 한계를 극복하기 위한 광범위한 움직임이 시작되었는데, 그 중심에 유엔이 있다. 2015년 유엔총회에서는 2030년까지 달성해야 할 사회적 과제 해결을 위한 17개 목표와

169개 세부 목표로 구성된 지속가능발전목표(Sustainable Development Goals, SDGs)를 채택했다. UN SDGs에 포함된 이 목표들은 인류가 직면한 시급한 환경, 사회, 경제적 과제를 해결하고, 인류가 건강하게 발전할 수 있도록 하는데 필요한 핵심적인 주제를 정리한 것이다. SDGs가 제시하는 17개 목표를 보면, ESG경영이 추구하는 핵심 주제들을 모두 포함하고 있다.

모두를 위한 물과 위생, 기후변화와 그로 인한 부정적 영향에 맞서기 위한 대응, 대양, 바다, 해양자원의 보전과 지속가능한 이용, 육상생태계 보호, 복원 및 지속가능한 이용 증진, 지속가능한 산림 관리, 사막화 방지, 토지 황폐화 중지와 회복, 생물다양성 손실 중단 등은, ESG경영의 첫 번째 요소인 환경(E)경영과 밀접하게 관련이 되어 있다. 창세기 1장에서 하나님은 이 세상을 창조하시며, 매일 반복하여 "보시기에 좋았더라" 말씀하셨다. 그리고 창세기 1장 28절에 하나님은 인간에게 창조된 모든 생물을 다스리라 명령하셨다. 다른 말로 표현하면, 피조 세계를 하나님이 보시기에 아름답게 보존하고 더욱 풍성하게 관리하라는 것이다. 기독교 공동체는 창세로부터 ESG 경영을 명령받은 것이다.

UN 지속가능발전목표(Sustainable Development Goals, SDGs)

1. 모든 곳에서 모든 형태의 빈곤 종식
2. 기아 종식, 식량안보 달성, 개선된 영양상태의 달성과 지속가능한 농업 강화
3. 모든 연령층을 위한 건강한 삶 보장과 웰빙 증진
4. 포용적이고 공평한 양질의 교육보장과 모두를 위한 평생학습 기회 증진
5. 성평등 달성과 모든 여성 및 여아의 권익신장
6. 모두를 위한 물과 위생의 이용가능성과 지속가능한 관리 보장

7. 모두를 위한 적정가격의 신뢰할 수 있고 지속가능하며 현대적인 에너지에 대한 접근 보장
8. 지속적·포용적·지속가능한 경제성장, 완전하고 생산적인 고용과 모두를 위한 양질의 일자리 증진
9. 회복력 있는 사회기반시설 구축, 포용적이고 지속가능한 산업화 증진과 혁신 도모
10. 국내 및 국가 간 불평등 감소
11. 포용적이고 안전하며 회복력 있고 지속가능한 도시와 주거지 조성
12. 지속가능한 소비와 생산 양식의 보장
13. 기후변화와 그로 인한 영향에 맞서기 위한 긴급 대응
14. 지속가능발전을 위하여 대양, 바다, 해양자원의 보전과 지속 가능한 이용
15. 육상생태계 보호, 복원 및 지속가능한 이용 증진, 지속가능한 산림 관리, 사막화 방지, 토지 황폐화 중지와 회복, 생물다양성 손실 중단
16. 지속가능발전을 위한 평화롭고 포용적인 사회 증진, 모두에게 정의 보장과 모든 수준에서 효과적이고 책임성 있으며 포용적인 제도 구축
17. 이행 수단 강화와 지속가능발전을 위한 글로벌 파트너십 재활성화

ESG 지속가능경영(Environmental, Social, Governance)은 단순히 기업의 생존 전략이나 이미지 개선을 넘어, 인류 공동의 미래를 위한 윤리적 책무로 점점 더 인식되고 있다. 이러한 ESG경영의 각 요소는 지속가능발전목표(SDGs)와 직접적으로 연결되며, 동시에 예수 그리스도의 복음적 가르침과도 긴밀하게 맞닿아 있다. SDGs의 여러 항목 중 "모두를 위한 물과 위생 보장"(Goal 6), "지속 가능한 에너

지 보장"(Goal 7), "기후변화 대응"(Goal 13), "해양자원 보전과 지속가능한 이용"(Goal 14), "육상생태계 보호와 복원, 생물다양성 유지"(Goal 15) 등은 모두 ESG경영의 환경(E) 요소와 연결된다. 성경은 처음부터 피조세계를 보존하고 다스리는 인간의 책임을 강조한다.

"하나님이 그들에게 복을 주시며... 모든 생물을 다스리게 하시니라" (창세기 1:28)

"여호와 하나님의 사람을 이끌어 에덴 동산에 두사 그것을 경작하며 지키게 하시고"(창세기 2:15)

창세기 말씀은 자연과 환경을 착취의 대상이 아닌, 하나님의 창조 질서로서 보호받아야 할 대상임을 드러낸다. 예수님은 직접 자연을 사랑하시고 바람과 바다를 명령하시는 분(마가복음 4:39)이셨고, 물 한 그릇을 대접한 자에게도 상이 있다고 하셨다(마태복음 10:42). 환경(E)경영은 곧 하나님의 창조 세계를 돌보는 청지기적 소명을 실천하는 행위이다.

"예수께서 깨어 바람을 꾸짖으시며 바다더러 이르시되 잠잠하라 고요하라 하시니 바람이 그치고 아주 잔잔하여지더라"(마가복음 4:39)

"또 누구든지 제자의 이름으로 이 작은 자 중 하나에게 냉수 한 그릇이라도 주는 자는 내가 진실로 너희에게 이르노니 그 사람이 결단코 상을 잃지 아니하리라 하시니라"(마태복음 10:42)

빈곤 종식(Goal 1), 기아 종식과 영양개선(Goal 2), 건강한 삶과 웰빙(Goal 3), 양질의 교육 보장(Goal 4), 성평등과 여성 권익 신장(Goal 5), 양질의 일자리와 경제성장(Goal 8), 불평등 감소(Goal 10) 등은 사회적 가치(S) 경영과 연결된다. 이러한 SDGs의 목표는 ESG 경영을 통해 기업에서 추진되며, 신약성서 전체를 관통하는 예수님의 가르치심과 직접적으로 닿아 있다. 예수님의 복음은 항상 가장 낮은 자, 소외된 자, 억눌린 자를 향해 있었다. 주님은 복음을 전하시며 다음과 같이 말씀하셨다.

"가난한 자에게 복음을 전하게 하시려고... 포로된 자에게 자유를, 눈먼 자에게 다시 보게 함을 전파하며..."(누가복음 4:18)

또한 어린아이를 안으시고 천국의 모델로 삼으셨으며(마가복음 10:14), 이웃을 사랑하라는 율법의 완성(마태복음 22:39)을 실천적으로 가르치셨다. ESG의 S 경영은 기업이 사회적 약자를 배려하고 공동체 회복에 동참하며, 공정한 기회와 존엄을 보장하는 책임을 감당하는 것을 의미한다. 이는 신약성서 전체에 흐르는 예수의 사랑과 정의의 윤리와 맞닿아 있다. 예수님은 공생애 동안 지속적으로 "소금과 빛"(마태복음 5:13-16)처럼 세상 가운데 선한 영향력을 끼치라고 하셨다. 이는 단순한 개인 구원의 차원을 넘어, 이 땅에서 하나님의 뜻이 이루어지는 사회적 실천을 요구한다.

"예수께서 보시고 노하시어 이르시되 어린 아이들이 내게 오는 것을 용납하고 금하지 말라 하나님의 나라가 이런 자의 것이니라"(마가복음 10:14)
"둘째도 그와 같으니 네 이웃을 네 자신 같이 사랑하라 하셨으니"(마태복음 22:39)

(마태복음 5:13-16)
13 너희는 세상의 소금이니 소금이 만일 그 맛을 잃으면 무엇으로 짜게 하리요 후에는 아무 쓸 데 없어 다만 밖에 버려져 사람에게 밟힐 뿐이니라
14 너희는 세상의 빛이라 산 위에 있는 동네가 숨겨지지 못할 것이요

15 사람이 등불을 켜서 말 아래에 두지 아니하고 등경 위에 두나니 이러므로 집 안 모든 사람에게 비치느니라

16 이같이 너희 빛이 사람 앞에 비치게 하여 그들로 너희 착한 행실을 보고 하늘에 계신 너희 아버지께 영광을 돌리게 하라"

SDGs는 전 인류의 공동선(common good)을 향한 목표이며, ESG 경영은 그 공동선을 실현하기 위한 구체적 수단이다. 따라서 기업의 ESG 실천은 복음의 사회적 실천으로도 읽혀질 수 있다. 기업은 더 이상 이윤추구에만 머무르지 않고, 하나님 나라의 정의와 사랑, 창조 회복을 위한 통로가 되어야 할 것이다. 오늘날의 기업이 ESG 지속가능경영을 실천한다는 것은 단지 국제 기준을 따르는 것을 넘어서, 그리스도인의 공동선 추구, 창조 회복, 이웃 사랑의 명령에 응답하는 길이다. 예수님은 *"너희는 세상의 빛이라... 너희 빛이 사람 앞에 비치게 하여 저희로 너희 착한 행실을 보고 하늘에 계신 너희 아버지께 영광을 돌리게 하라"(마태복음 5:14, 16)* 말씀한다. ESG와 SDGs는 결코 세속적 개념만이 아니며 오히려 성경과 복음이 말하는 하나님 나라의 가치, 창조 세계의 회복, 인간 존엄의 실현과 밀접하게 연결되어 있다고 볼 수 있다. 기업은 이를 실천하는 거룩한 공동체의 일부로 부름을 받은 것이다.

1885년 아펜젤러와 언더우드 선교사가 제물표에 첫발을 디딤으로 시작된 한국 개신교의 역사는, 일제 강점기의 극심한 교회 탄압을 경험하고, 신앙의 선배들이 열악한 환경 속에서도 믿음을 지키며 예수 그리스도의 사랑을 대한민국 사회에 실천하면서 수많은 세월을 이어져 왔다. ESG 지속가능경영 중, 사회적가치(S) 경영을 실천해온 것이다. 한국의 기독교는 기아에 시달리던 서민들을 위한 구제 활동의 중심에 있었고, 포용적이고 공평한 양질의 교육을 제공하기 위해,

수많은 기독교 사학을 설립했다. 교회는 세상의 문화를 선도하는 모두를 위한 평생학습의 기회를 다양한 형태로 제공해 왔으며, 모든 종류의 불평등을 감소시키는 데에도 지대한 기여를 했다. 이러한 기독교는 1980년대 이후, 고도 성장기를 지나며 하나님이 명령하신, 환경(E)경영과 사회가치(S)경영을 소홀히 하기 시작했다. 세상과 분리되어 자신만의 게토(ghetto)를 만들기 시작한 것이다.

예수님은 제자들에게 세상을 향해 나아가라! 말씀하셨다. 예수님은 *"내가 너희를 보냄이 양을 이리 가운데로 보냄과 같도다 그러므로 너희는 뱀 같이 지혜롭고 비둘기 같이 순결하라"(마태복음10:16).* 말씀하셨다. 뱀같이 지혜롭다는 말은, 뱀이 가지고 있는 부정적인 이미지로 인해, 잘못 해석하면 안 된다. 자신의 이익만을 추구하는 영악하고 불법과 타협하라는 의미가 아니다. 그리스도인의 정체성을 가지고 살아가되, 이웃 사랑의 진정한 의미를 분별하고, 제한된 자원을 고려하여 지혜롭게 주어진 삶을 선하게 경영하라는 것이다. 이러한 예수님의 당부는 ESG경영의 정신과도 밀접하게 연결이 된다.

1.6. ESG 지속가능경영의 본질과 기독교적 성찰

ESG 지속가능경영은 단순히 이윤을 추구하는 경제 행위를 넘어, 창조 세계의 청지기로서의 사명을 수행하는 윤리적 행위로 인식될 수 있다. 과거 경영학의 제1원칙이 '효율성'이었다면, 이제 그 효율성은 하나님의 창조 질서를 보존하고 공동체의 선을 도모하는 방향으로 재정의될 수 있다는 것이다. 전통적으로 기업은 자원을 최소의 비용으로 사용하여 최대의 이익을 창출하는 것을 목표로 삼았다. 그러나 이러한 관점은 종종 폐기물, 온실가스, 인간 노동의 소모와 같은 외부비용을 간과한 채 단기 성과만을 강조하는 결과를 낳았다.

기독교 가치관을 반영한 ESG경영은 그 효율성의 의미를 바꾼다. 단순한 '비용 절감'이 아니라, 하나님이 창조하신 세상을 지속가능하게 보전하는 효율성, 곧 청지기적 효율성으로 전통적 효율성을 재정의하는 것이다. *"사람이 땅을 정복하라… 모든 생물을 다스리라"(창세기 1:28)*는 이 구절의 '다스림'은 지배가 아니라 '보살핌(care)'을 의미한다. 기업이 창조세계를 돌보며 운영되는 것은 곧 하나님의 명령에 순종하는 행위인 것이다.

경영학적 관점에서 보면, 기업의 절대적 가치는 현재의 단기적 이익이 아니라 미래 현금흐름의 현재가치로 평가된다. 과거에는 ESG와 같은 비재무적 요소가 기업가치에 크게 반영되지 않았다. 그러나 정보 비대칭의 해소와 가치소비의 확산으로, ESG는 이제 기업의 브랜드, 신뢰, 자본비용, 리스크에 직접적인 영향을 미치는 핵심 요인이 되었다. 이는 곧 성경이 말하는 *"무엇이든지 너희가 남에게 대접을 받고자 하는 대로 너희도 남을 대접하라"(마태복음 7:12)*는 황금률의 실천이 경제적 언어로 구현된 모습이라 할 수 있다. 기업이 투명성과 공정성을 지키고, 노동자·지역사회·환경을 존중하는 것은 단순한 도덕행위가 아니라 장기적 신뢰 자본을 축적하는 투자 행위가 된다. 또한, 전 세계적으로 ESG 공시와 규제가 구체화되면서 기업들은 비재무적 성과를 재무적 가치로 전환해야 하는 새로운 경제 환경에 직면하고 있다. 이는 곧 기업의 생존 전략이기도 하다. *"지혜 있는 자는 자기 집을 세우되 지식으로 그 방을 채운다"(잠언 24:3-4)* 하나님의 지혜로 경영하는 기업은 단기적 이익보다 지속가능한 기반을 세우는 데 집중한다는 것이다.

러시아-우크라이나 전쟁, 이스라엘-팔레스타인 전쟁, 전 세계에서 벌어지고 있는 국지적인 분쟁은 금리상승 압박, 경기침체 등으로 이어지며 ESG경영의 실효성에 대한 회의론이 일어나기도 했다. 일부에서는 ESG 펀드의 수익률 둔화나 평가체계의 불일치를 지적하며, '윤리보다 이익'으로 돌아가야 한다는 목소리도 들린다. 그러나 이는 단기적 현상에 불과할 것이다. *"사람이 무엇으로 심든지 그대로 거두리라"(갈라디아서 6:7)*는 말씀처럼, ESG의 열매는 단기적 수익이 아닌 장기적 신뢰와 지속성에서 드러난다. 세계 최대 자산운용사 블랙록(BlackRock)의 경우에도 2019년 당시와 같은 적극적인 ESG 투자 옹호 발언은 자제하면서도 ESG 우선 투자 기조를 유지하고 있으며, 금융기관과 연기금은 장기 생존을 위한 투자 판단 기준으로 ESG를 정착시키고 있다. 기업의 평판, 고객의 충성도, 인재의 확보, 자본비용의 절감은 모두 ESG의 실질적 효과로 연결된다. 이러한 변화는 결국 *"공의와 정의로 세워지는 경영 질서"(이사야 1:17; 미가 6:8)*의 구현이라 할 수 있다.

"선행을 배우며 정의를 구하며 학대 받는 자를 도와 주며 고아를 위하여 신원하며 과부를 위하여 변호하라 하셨느니라"(이사야 1:17)
"사람아 주께서 선한 것이 무엇임을 네게 보이셨나니 여호와께서 네게 구하시는 것은 오직 정의를 행하며 인자를 사랑하며 겸손하게 네 하나님과 함께 행하는 것이 아니냐"(미가 6:8)

기독교 신학의 언어로 본다면, ESG경영의 전환은 십자가적 부정(negation)과 부활적 지양(sublation)의 운동으로 이해할 수 있다. 십자가는 인간의 탐욕과 불의한 구조를 폭로하며 그것을 부정한다. 그러나 부활은 그 부정 위에서 새로운 창조의 가능성을 여는 지양의 사건이다. ESG는 바로 이러한 구조적 회개와 갱신의 경제적 표현이다. 즉 십자가의 부정은 기업이 탐욕, 착취, 환경파괴를 중단하고 책임을 인정하는 것이며, 부활의 지양은 투명성과 공정성, 그리고 생명존중의 가치를 통해 새로운 질서로 나아가는 것이다. *"누구든지 그리*

*스도 안에 있으면 새로운 피조물이라. 이전 것은 지나갔으니 보라 새 것이 되었도다"(고린도후서 5:17)*는 말씀처럼, ESG경영은 낡은 경제 질서의 단순한 수정이 아니라, 새로운 피조물로의 변화, 곧 경제적 회개와 부활의 과정이다.

향후 국제사회에서 ESG경영은 단순한 유행이 아니라 새로운 경제 문명으로의 이행이 될 것이다. 지난 50년간 세계화가 자본의 이동을 중심으로 이루어졌다면, 이제의 세계화는 환경과 공정의 공동체 가치를 중심으로 재편될 것이다. 이러한 가치에 위배되는 국가와 집단은 단기적으로는 수혜를 누리는 것처럼 보여도 결코 지속가능하지 못할 것이다. 따라서 ESG는 더 이상 '착한 경영'이 아니라 하나님 나라의 질서를 세속 경제 안에서 구현하는 도구로 이해될 수 있다. *"너희 빛이 사람 앞에 비치게 하여 그들로 너희 착한 행실을 보고 하늘에 계신 너희 아버지께 영광을 돌리게 하라"(마태복음 5:16)*는 말씀과 같이, 기업의 ESG 활동이 세상 앞에 비추는 빛이 될 때, 그것은 단순한 평판 관리가 아니라 하나님의 영광을 드러내는 경영의 사명이 된다. 결국, ESG는 윤리적 명제가 아니라 창조 세계의 회복에 동참하는 영적 행위, 곧 "하나님의 나라를 경영적 언어로 번역한 형태"라 할 수 있다.

1.7. ESG 지속가능경영과 프로테스탄티즘의 윤리

'개신교 즉, 프로테스탄티즘(Protestantism) 윤리'하면 머릿속에 떠오르는 유명한 책이 있다. 막스 베버(Max Weber, 1864~1920)의 '프로테스탄티즘 윤리와 자본주의 정신'이다. 이 책은 막스 베버가 19세기 후반기에서 20세기 초 독일의 사회철학자로 베를린 대학에서 박사학위를 받고 프라이브르크 대학, 하이델베르크 대학 등에서 경제학 교수로 활발한 연구를 하다 명예교수가 된 직후인 1904년과 1905년에 걸쳐 '사회과학과 사회정책학' 저널에 연재한 논문을 기초로 간행된 것이다.

막스 베버는 이 책에서 소득 수준이 높은 기업가와 고급 노동자들이 높은 비율로 개신교도 임에 주목하고 그 인과관계를 규명했다. 연구 결과 프로테스탄트즘 윤리가 재투자를 위한 부의 축적과 서구 자본주의 발달에 중요한 역할을 했음을 주장하고, 특히 프랑스의 종교개혁가 장 칼뱅(Jean Calvin, 1509~1564)이 주장한 직업 소명설이 부의 축적을 정당화하고 근면과 절제를 미덕으로 제시함으로써 중산계급의 경제적 풍요와 자본주의 발전에 지대한 영향을 미쳤다고 주장했다.

소명(召命, vocation)은 '신의 부르심'이라는 뜻이다. 칼뱅에 따르면 직업은 '하나님이 부여해준 거룩한 의무'라는 것이다. 인간은 자신에게 주어진 세속의 직업을 통해 하나님이 내린 소명을 완수해야 한다는 직업윤리가 바로 직업 소명론이다. 인간의 직업에는 귀천이 없으며 하나님께서 허락하신 자신의 직업을 거룩하게 여기고 소명 안에서 충실히 임해야 한다는 것이다. 또한 맡은 소명을 완수하기 위해 검소하고 금욕적인 태도가 중요함을 강조했다.

이러한 프로테스탄티즘 윤리는 근면, 절제, 효율성을 강조하는 잠언 말씀과 연결된다. 잠언 6장 6절에 보면 *"게으른 자여 개미에게 가서 그가 하는 것을 보고 지혜를 얻으라"*고 말씀한다. 8절에는 *"먹을 것을 여름 동안에 예비하여 추수 때에 양식을 모으느니라"*라는 말씀이 나온다. 효율성과 계획성을 강조하는 것이다.

잠언 10장 4절에는 *"손을 게으르게 놀리는 자는 가난하게 되고 손이 부지런한 자는 부하게 되느니라"* 그리고 잠언 12장 24절에는 *"부지런한 자의 손은 사람을 다스리게 되어도 게으른 자는 부림을 받느니라"* 말씀한다. 이 이외에도 성경은 개인의 노력, 절제, 효율성과 같은 덕목을 강조하는데, 이런 덕목들이 바로 자본주의의 핵심 가치 중 일부이다.

이러한 막스 베버의 '프로테스탄티즘 윤리와 자본주의 정신'에서 주장하는 내용은 21세기 ESG(환경, 사회, 지배구조) 경영으로 연결된다. 근면하고 성실하게 일하고 근검절약하여 경제적 부(wealth)를 축적하는 목적이 부 그 자체 때문이 아니라, 하나님 사랑, 이웃 사랑이라는 예수 그리스도의 가르침을 더 잘 따르기 위함이라는 프로테스탄티즘 윤리는 혁신을 통해 재무적 이익을 추구할 뿐 아니라 동시에 이웃을 이롭게 하는 사회적 가치를 창출하자는 ESG경영의 목적과 일맥상통하기 때문이다.

프로테스탄티즘 윤리의 핵심 가치인 하나님 사랑은 ESG경영의 지배구조(Governance) 부문과 연결될 수 있다. 삼위일체 하나님의 절대주권을 인정하고 그가 베푸시는 축복과 은총을 누림으로 인간은 행복하게 되지만, 피조물로서 하나님을 경배하며 모든 영광을 그에게 돌리는 것이 바로 하나님 사랑의 출발이며 근간이 되는 지배구조이다. 이웃 사랑은 인류의 번영과 행복에 지대한 영향을 미치는 깨끗한 환경(Environment)과 기업을 둘러싼 지역사회에서 어려움에 처한 이웃을 돕고 공정한 경쟁과 윤리적인 경영을 통해 지속가능한 성장을 이루는 것과 관련된다. 지속가능성은 ESG경영에서 고려해야 할 핵심 가치 중 하나이다.

프로테스탄티즘 윤리는 1620년 잉글랜드에서 신앙의 자유를 찾아 메이플라워호를 타고 북아메리카 대륙의 매사추세츠 주 플리머스(Plymouth)에 도착한 청교도들에 의해 미국으로 전승되었다. 이러한 프로테스탄티즘의 정신은 미국을 자본주의 종주국으로 발전시키는데 큰 역할을 했으며 오늘날 미국 경영자들의 ESG경영사례를 통해서도 그 모습이 드러난다.

버크셔 해서웨이(Berkshire Hathaway Inc.)를 경영하며 당대에 막대한 재산을 모은 워런 버핏(Warren Buffett, 1930~)은 검소한 일상을 사는 것으로도 유명하다. 원래 버핏의 조상은 프랑스 모직물 직조공이었으며 17세기 미국 동부 뉴욕주로 이민해 온 존 버핏이다. 존 버핏은 칼뱅이 만든 개혁교회인 위그노 교회의 신도였다. 워런 버핏이 기독교 신앙을 가지고 있는지는 명확하게 알려지지 않았지만 조상 대대로 체화되어 내려오는 프로테스탄티즘 윤리를 실천하고 있다.

워런 버핏은 평생에 걸쳐 근면하고 성실하게 자신의 직업에 충실히 임했으며 근검절약을 실천하는 삶을 살고 있다. 미국 네브래스카주 오마하(Omaha) 시에 있는 버핏의 집은 1958년에 3만 1,500달러를 주고 구입한 목조로 만든 평범한 이층집이다. 그는 재산이 1,100억 달러(143조 원)나 되는 세계 5대 부자가 되어서도 같은 집에 살고 있다. 필자가 오마하에 살 때 근무하던 대학이 버핏의 집과 멀지 않은 곳에 있었다. 버핏 회장은 엄청나게 비싼 고급 음식이 아니라 평소에도 종종 근처 맥도날드를 이용하는 등 매우 서민적인 생활을 하고 있다. 워런 버핏은 지난 수십 년간 자선단체에 막대한 돈을 기부해오고 있다. 2023년 중에도 46억 4,000만 달러(약 6조 390억 원)의 가치를 가진 주식을 자선단체에 기부했다는 뉴스가 나왔다. 버핏은 2006년 자신의 생전에 전 재산의 99% 이상을 사회에 기부하겠다고 약속한 이래 해마다 막대한 돈을 사회에 기부하고 있다. 버핏뿐 아니라, 빌 게이츠도 해마다 큰돈을 자선기관 후원과 질병 퇴치, 온실가스로 인한 기후 위기 해결을 위해 기부하고 있다.

이 밖에도 구글의 래이 페이지 등, 수많은 재산가와 기업가들이 재산의 절반 이상을 기부하겠다는 '기부 서약(Giving Pledge)' 운동을 펼치며 사회공헌을 생활화하고 있다. 사회문제를 해결하는데 자신이 평생에 걸쳐 축적한 귀중한 부를 사용하며 이웃 사랑을 실천하는 것이다. 이와 같이 프로테스탄티즘의 윤리는 일에 대한 긍정적인 태도와 이를 통한 신의 뜻을 이루려는 노력을 강조한다. 이 윤리 하에 부의 축적은 단순히 세상의 물질적 성취나 풍요를 추구하기 위한 것이 아니라, 하나님 앞에서의 책임감과 의무감으로부터 비롯된 것이라는 관점에서 자연과 인류 공동체에 대한 책임감과 감사함에 뿌리를 두고 있는 ESG경영의 취지와 연결되는 것이다.

1.8. 이중중대성(Double Materiality)의 성경적 의미

'이중 중대성(Double materiality)'은 기업을 운영함에 있어서 환경과 사회에 미치는 영향과 그 결과로서 기업의 재무 상태에 미치는 영향을 모두 고려하여야 한다는 개념이다. 이는 기업이 지속가능한 성장을 이루고 갈수록 파급력이 커지고 있는 ESG 이슈에 대처하기 위해 제한된 자원을 어떻게 배분해야 할 것인가에 대한 의사결정에 도움을 준다.

ESG경영의 실효성 확보를 위해 EU 집행위원회(European Commission)는 2019년 '이중 중대성(Double Materiality)' 개념을 '유럽 비재무정보공개지침(NFRD)'에서 소개하였다. 그 후 2023년 7월 31일 '유럽지속가능보고기준(ESRS, European Sustainability Reporting Standards)'을 채택함으로 이중중대성 평가를 도입했다. 또한 GRI(Global Reporting Initiative)도 2021년 '국제 ESG 공시 가이드라인'을 개정하여 2023년부터 기업들이 이중중대성 평가를 하도록 요구하고 있다. 이에 따라 주요 기업들은 이중중대성 평가 결과를 지속가능경영보고서에 반영하기 시작했다.

이중중대성은 경제적 중대성(Economic Materiality, Outside-in)과 영향력 중대성(Impact Materiality, Inside-out)의 관점으로 설명된다. 경제적 중대성 평가는 기업의 재무상태와 연결된 ESG 요소를 평가하는 것이다. 즉, 어떤 ESG 요소가 기업의 재무적 성과에 직접 그리고 더 큰 영향을 미치는지를 판단하는 것이다. 반면 영향력 중대성의 관점은 기업 내부 관점에서의 ESG 이슈가 기업의 외부 이해관계자, 즉 투자자, 고객, 정부, 사회 등 사람(People)과 환경(Environment)에 미치는 영향을 평가하는 것이다.

이중중대성 평가가 중요한 또 다른 이유는 기업이 ESG 이슈에 어떻게 대처하는가가 위험(Risk)과 기회(Opportunity) 요인이 될 수 있기 때문이기도 하다. 이중중대성 평가를 통해 기업이 이해관계자의 기대와 우려를 명확히 이해하고 이를 ESG 목표와 관리의 우선순위 결정에 반영하여 지속 가능 경영의 실효성을 제고할 수 있기 때문이다.

ESG경영에서의 이중 중대성 평가개념을 신앙생활에 적용해 본다면 '하나님 사랑'과 '이웃 사랑'이라는 두 가지 계명을 생각해 볼 수 있다. 하나님이 창조하신 피조 세계에서 살아가는 크리스천들에게 주신 계명이 바로 '하나님 사랑' '이웃 사랑'이다. 이 두 계명은 서로 독립적이면서도 서로 떼어서 생각할 수 없다. 둘 간의 상관관계가 매우 높기 때문이다. 따라서 '하나님 사랑'이 충만한 신앙공동체 또는 개인이라면 '이웃 사랑'도 충만해야 정상이다.

'하나님 사랑'은 신앙공동체에서의 예배와 삶 속에서의 예배로 실현된다. 신령과 진정으로 드려지는 예배는 '하나님 사랑'의 첫 번째 이자 가장 중요한 전제조건이며 삶의 현장에서 드려지는 예배는 바로 '이웃 사랑'과 연결된다. 내가 속해 있는 신앙공동체 그리고 나 자신을 둘러싼 어떤 이슈가 '하나님 사랑'과 '이웃 사랑'이라는 두 가지 계명을 충실히 지키는데 긍정적 또는 부정적 영향을 주고 있는지 이중 중대성의 관점에서 스스로 평가해 보자는 것이다.

이웃 사랑 하면 생각나는 것이 자선과 구제이다. 자선과 구제는 전통적이고 중요한 이웃 사랑의 수단이다. 하지만 현대 경영학은 자선(philanthropy)의 개념을 비즈니스 모델의 혁신을 통한 공유가치 창출과 가치사슬 내의 다양한 이해관계자들의 성장에 기여하는 동반성장 부분까지로 확장한다. 경제활동의 주체인 개인이 일터에서 정직하고 근면 성실하게 일하고 창의력을 발휘하며 부가가치를 높이는 것도 훌륭한 이웃 사랑의 실천이라는 것이다.

경영자는 혁신을 통해 기업을 성장시킴으로 일자리를 만들고, 나아가 환경문제와 사회문제 해결에 기여하며, 좋은 품질의 제품을 생산하여 소비자의 행복에 기여하고, 더 나아가 직원, 협력업체, 국가, 환경까지를 포함하는 이웃을 이롭게 하는 것도 훌륭한 이웃 사랑의 실천이다. 기독교적 이중 중대성 평가의 목적은 개인과 신앙공동체가 하나님이 주신 달란트와 은사에 따라 '하나님 사랑'과 '이웃 사랑'을 효과적으로 실천하는 것이라고 볼 수 있다.

한편 이중중대성은 중용(Golden Mean)의 개념과도 관련된다. ESG 경영에서 중용이란 물적 및 인적자원의 배분과 관련된다. 한정된 자원을 어떻게 재무 성과와 선한 영향력 확대라는 두 가지 목적을 동시에 달성하기 위해 균형 있고 효율적으로 사용할 것인가가 바로 이중 중대성 평가의 목적이기도 하다. 성경에는 중용에 관련된 내용이 여러 곳에서 나타나고 있다. 중용은 균형, 절제, 행동의 적절한 정도를 의미하며 종종 태도, 언어, 행동과 관련된다.

성경에서 중용과 관련된 구절로는 *"좌로나 우로나 치우치지 말고 네 발을 악에서 떠나게 하라"(잠언 4:27)*는 말씀이 있다. 악한 자의 편에 서지 말되, '하나님 사랑' '이웃 사랑'을 행할 때 중용의 지혜가 필요하다는 것이다. 인류는 지난 2천여 년의 신약시대 기독교 역사를 통해 한쪽으로 치우친 극단의 결과가 부정적인 결과를 가져온 사례를 많이 경험했다. 14세기 중세 시대 흑사병이 돌 때 성당에서의 기도회가 오히려 전염병을 확산시키는 원인을 제공했다거나, 16세기 면죄부를 대량으로 팔아 화려한 교회 건물과 재정확장을 위한 자금으로 사용함으로 신앙의 본질을 잃어버렸던 어두운 역사가 부정적인 결과의 예이다.

교회 내에서의 이중중대성 평가는 우선 교회를 둘러싼 대내외 환경 변화 및 지역사회 특성을 분석하는 것으로 시작할 수 있다. 식별된 이중중대성 이슈에 대해서 각 이슈가 신앙공동체와 개인의 영적 성숙과 그리고 선한 영향력 확대라는 두 가지 측면의 중대성을 평가하고 긍정적 및 부정적 영향도를 식별함으로 개교회에 최적화된 양육 및 선교 전략을 마련할 수 있을 것이다.

이중중대성 관점에서 교회에서의 내부 이해관계자는 바로 신앙공동체에 참여하는 모든 성도이다. 모든 성도는 예배를 통해 기쁨을 누리고 감사를 나누는 가치의 수혜자임과 동시에 서로 중보하며 자신의 은사를 찾아 적극적으로 공동체에 기여하는 가치의 제공자이기도 하다. 즉 선한 가치로 외부 이해관계자인 이웃을 섬기며 세상을 바꾸는 가치제공자이자 수혜자인 것이다.

제 2 장

ESG 환경경영과 기독교

제2장 ESG 환경경영과 기독교

2.1. 넷 제로(Net Zero)와 기독교

"넷 제로(Net Zero)"란 일정 시점까지 온실가스(특히 이산화탄소 등) 배출량을 가능한 한 감축하고, 감축이 어려운 잔여 배출을 흡수·제거(offset or removal)함으로써 순배출량(net emissions)을 실질적으로 0(또는 매우 작게)으로 만드는 것을 의미한다. ESG 환경경영 맥락에서는 기업이나 조직이 탄소배출과 에너지사용, 자연자원소모 등을 넷 제로 목표와 연계해 장기 전략으로 설계하게 된다. 기독교계에서 넷 제로에 대한 논의는 영국성공회(Church of England)가 "Net Zero Carbon Routemap"을 제정해 2030년까지 순배출 제로를 목표로 하고 있는 사례도 있다.

기독교 신앙에서는 세상이 하나님의 창조물이며, 인간에게는 그 창조세계를 돌보고 다스릴(stewardship) 책임이 주어졌다는 믿음이 있다. *"여호와께서 땅을 자기 것이라 이르시며… 땅과 그 충만한 것, 세계와 그 중에 거하는 자들이 다 그의 것이라"(시편 24:1)* 말씀과 같이 피조물로서의 인간에게 맡겨진 소명은 창조된 땅과 온 세계를 보존하고 잘 다스리는 것이다. 기업의 넷 제로 전략은 이 책임을 구체적으로 실천하는 방법 중 하나이다. 즉, 온실가스 배출을 감소시키고 자연생태계를 회복하고 보존하는 것은 단순한 비용 절감이 아니라 창조 질서를 존중하고 회복하는 행위가 된다. 또한, *"땅을 정복하라… 모든 생물을 다스리라"(창세기 1:28)*라는 명령 역시 '다스림'이 지배와 파괴가 아니라 책임 있는 관리와 보존을 포함한다면, 넷 제로 지향은 기독교 윤리와 맥을 맞출 수 있다.

기후변화와 온실가스 배출 증가는 종종 가난하고 취약한 국가와 지역사회와 미래세대에게 더 큰 피해를 주게 된다. 넷 제로는 단순히 배출을 줄이는 기술적 과제만이 아니라, 공의(justice)의 차원에서도 중요하다. *"공의를 행하며 인자를 사랑하며 겸손하게 네 하나님과 함께 행하는 것이 아니냐?"(미가 6:8)* 말씀과 같이 넷 제로는 공의를 위하여 하나님과 함께 동행하는 일이다. 즉, 지금의 배출이 미래에 미치는 피해를 고려해 책임감 있게 행동하는 것이 기독교적 윤리의 요구이다. 기독교 복음은 죄와 타락을 인정하고 회개하며, 새로운 피조물로의 변화(고린도후서 5:17)를 권면한다.

"그런즉 누구든지 그리스도 안에 있으면 새로운 피조물이라 이전 것은 지나갔으니 보라 새 것이 되었도다"(고린도후서 5:17)

환경적 차원에서도 과거의 무분별한 개발과 자원남용은 일종의 '죄'로 볼 수 있으며, Net Zero 지향은 그에 대한 회개적 응답이자 새 창조로의 지향이다. 이 지향은 단순한 규제 준수가 아니라, 창조세계 속에서 하나님의 나라를 이 땅에 부분적으로 구현해 나가는 실천으로 이해될 수 있다.

ESG 환경경영 맥락에서 넷 제로는 규제 비용과 평판 리스크를 통제함으로 환경 리스크를 감소시키고 자원효율성 및 에너지전환을 통한 비용절감 및 혁신을 촉진할 수 있다. 이해관계자인 투자자와 고객 그리고 지역사회의 신뢰를 증대시켜 브랜드 가치를 높이고 긍극적으로 시장경쟁력을 강화시킬 수 있다. 기독교적 의미로는 창조세계를 지속 가능하게 보존하는 사명 완수는 것이며 이는 기업이 단기 수익 중심에서 벗어나 "공동번영과 선한 영향력"을 실천함으로써 ESG경영이 윤리적 차원을 넘어 전략적 차원으로 자리 잡게 될 수 있음을 보여준다.

탄소를 줄이고 에너지를 절약하며 생태를 회복하는 것은 하나님의 주권을 인정하는 행위이다. 환경 위기는 인간의 탐욕과 무절제가 낳은 결과로 넷 제로를 향해 나아가는 과정은 죄의 구조를 회개하고 새 질서를 세우는 영적 회복 운동과 맥을 같이한다. *"누구든지 그리스도 안에 있으면 새로운 피조물이라"(고린도후서 5:17)* 말씀과 같이 새로운 피조물로서의 기업과 교회는 창조를 회복하는 일에 앞장서야 한다. 넷 제로는 기술적 목표가 아니라 이웃 사랑과 후속세대에 대한 사랑의 표현이다. 현재의 편의를 줄여 미래 세대의 생존을 보장하는 것은 *"네 이웃을 네 자신 같이 사랑하라"(마태복음 22:39)* 계명의 현대적 실천이다. 가장 작은 자에 해당하는 환경 재해 속에서 고통받는 약자들을 위해 행동하는 것이 곧 주님께 행하는 일이기 때문이다.

"임금이 대답하여 이르시되 내가 진실로 너희에게 이르노니 너희가 여기 내 형제 중에 지극히 작은 자 하나에게 한 것이 곧 내게 한 것이니라 하시고"(마태복음 25:40)

2.2. ESG 환경경영과 생태 신학

예수님 말씀에는 생태 신학의 관점이 다수 드러난다. 성경을 보면 우리가 하찮게 생각하는 생명체인 *"참새 다섯 마리가 하나님 앞에는*

*그 하나도 잊어버리시는 바 되지 아니할 것"(누가복음 12:6)*이라 말씀하신다. 예수님은 *"솔로몬의 모든 영광으로도 입은 것이 이 꽃 하나만 같지 못하다"(마 6:29)*고도 말씀하셨다. 예수님의 말씀은 생태계를 구성하는 모든 생명체의 귀중함을 일깨운다.

생태 신학은 생태학(ecology)을 기독교적 가치관과 연결한다. 하나님이 창조하신 아름다운 창조 세계를 보존해야 한다는 당위성을 기초로 인간과 다른 생명체, 또한 인간과 주변의 무생물 환경의 균형을 추구하는 신학적 접근이다. 생태 신학의 기초가 되는 생태학은 생태계(ecosystem)를 구성하는 생물과 생물이 살아가는 환경 사이의 상호작용을 연구하는 학문이다. 생태학자들은 만물은 상호연결돼 있고 하나가 파괴되면 다른 것도 존재하기 어려워진다고 주장한다.

생태계의 균형을 급속하게 무너트리고 있는 집단이 있다. 바로 인간이다. 창세기 1장 28절에 따르면 인간은 이 땅의 모든 것, 즉 생태계를 선하게 다스려야 한다. 하나님이 인간에게 주신 의무는 창조하신 아름다운 세계의 보존이다. 욕망을 채우기 위한 끊임없는 개발은 하나님이 주신 의무가 아니다. 인간은 하나님이 주신 지혜와 윤리의식, 이성의 산물인 과학기술을 바탕으로 선한 다스림을 실천해야 한다.

생태 신학은 인류에게 산업화 시기 이후 지속해 온 개발과 소비의 행동 양식을 중단하라고 요구한다. 기독교 신앙의 핵심은 죽음을 극복한 부활과 영원한 하나님 나라에 대한 소망이다. 탄소연료에 의존한 성장을 멈추는 것을 죽음에 비유해 볼 수 있고, 신재생 에너지와 탄소배출 감소를 통한 생태계의 회복은 부활에 비유해 볼 수 있다. 생태 신학은 이 같은 노력으로 창조 세계가 서로 균형과 조화를 이루는 미래 세계를 주문한다.

생태 신학은 예수님의 복음을 인간에게만 한정하지 않는다. 생태

신학에 따르면 자연을 파괴하고 동물을 학대하는 등 피조물에 악영향을 가하는 것도 하나님을 경외하지 않는 악이다. 인간 중심적 자연관(Antropocentrism)이 아니라 창조된 자연의 가치를 지키는 인간의 역할을 강조하는 것이다.

성경이 자연에 대한 인간의 역할에 대해 어떠한 가르침을 주고 있는지에 대해 미국 위스콘신대학교의 환경주의 신학자인 캘빈 드윗(Calvin B. DeWitt)은 생태계 보호와 관련하여 성경에 근거한 몇 가지 관점을 제시했다.

첫 번째는 *"여호와 하나님이 그 사람을 이끌어 에덴동산에 두어 그것을 경작하며 지키게 하시고"(창세기 2:15)*를 근거로 하나님이 우리를 지키듯 우리도 생태계를 지켜야 한다는 관점이다.

두 번째는 땅과 하늘에 있는 생태계의 모든 구성원을 화목하게 하는 것이 인간의 소명이라는 것이다. 이는 *"그의 십자가의 피로 화평을 이루사 만물 곧 땅에 있는 것들이나 하늘에 있는 것들이 그로 말미암아 자기와 화목하게 되기를 기뻐하심이라"(골로새서 1:20)*와 연관된다.

세 번째는 출애굽기 20장 8~11절, 23장 11~12절을 근거로, 인간은 땅과 모든 동식물을 포함한 생태계에 쉼이 필요함을 인식하고 안식일을 실행해야 한다는 것이다.

(출애굽기 20:8-11)

8. 안식일을 기억하여 거룩하게 지키라

9. 엿새 동안은 힘써 네 모든 일을 행할 것이나

10. 일곱째 날은 네 하나님 여호와의 안식일인즉 너나 네 아들이나 네 딸이나 네 남종이나

11. 네 여종이나 네 가축이나 네 문안에 머무는 객이라도 아무 일도 하지 말라

(출애굽기 23:11-12)

11. 일곱째 해에는 갈지 말고 묵혀두어서 네 백성의 가난한 자들이 먹게 하라 그 남은 것은 들짐승이 먹으리라 네 포도원과 감람원도 그리 할지니라

12. 너는 엿새 동안에 네 일을 하고 일곱째 날에는 쉬라 네 소와 나귀가 쉴 것이며 네 여종의 자식과 나그네가 숨을 돌리리라

이는 엿새 동안에 하나님이 하늘과 땅과 바다와 그 가운데 모든 것을 만들고 일곱째 날에 쉬었기 때문이며 하나님이 안식일을 복되게 하여 그 날을 거룩하게 하였기 때문이다(창세기 20:11).

네 번째는 에스겔 34장 18절에 나오는 '맑은 물의 중요성'과 신명기 20장 19절의 '수목 보호', 신명기 22장 6절의 '동물의 생명을 귀하게 여겨야 한다'는 내용을 근거로 인간은 하나님이 창조하신 피조물을 누릴 수 있지만 파괴해서는 안 된다는 것이다.

"너희가 좋은 꼴을 먹는 것을 작은 일로 여기느냐 어찌하여 남은 꼴을 발로 밟았느냐 너희가 맑은 물을 마시는 것을 작은 일로 여기느냐 어찌하여 남은 물을 발로 더럽혔느냐"(에스겔 34:18)

"너희가 어떤 성읍을 오랫동안 에워싸고 그 성읍을 쳐서 점령하려 할 때에도 도끼를 둘러 그 곳의 나무를 찍어내지 말라 이는 너희가 먹을 것이 될 것임이니 찍지 말라 들의 수목이 사람이냐 너희가 어찌 그것을 에워싸겠느냐"(신명기 20:19)

또한 에스겔 33장 30~32절을 바탕으로 드윗은 "생태계의 보호는 말로만 하는 것이 아니라 행함이 필요하다"고 강조한다. 에스겔 33장 31절을 보면 선지자 에스겔은 하나님의 말씀을 전할 때 *"사람들이 그 말을 듣기는 하나 말씀대로 행하지는 않고 입으로는 사랑을 나타내어도 마음으로는 이익을 따른다"*고 비판한다.

(에스겔 33:30-32)

30. 인자야 네 민족이 담 곁에서와 집 문에서 너에 대하여 말하며 각각 그 형제와 더불어 말하여 이르기를 자 가서 여호와께로부터 무슨 말씀이 나오는가 들어 보자 하고

31. 백성이 모이는 것 같이 네게 나아오며 내 백성처럼 네 앞에 앉아서 네 말을 들으나 그대로 행하지 아니하니 이는 그 입으로는 사랑을 나타내어도 마음으로는 이익을 따름이라

32. 그들은 네가 고운 음성으로 사랑의 노래를 하며 음악을 잘하는 자 같이 여겼나니 네 말을 듣고도 행하지 아니하거니와

이 말씀은 오늘날 각 국가와 기업들이 '넷 제로'와 '탄소중립(Carbon Neutral)'을 선언하고 ESG경영을 주창하고 있지만 행동으로 이어지지 않은 행태에 대한 에스겔 선지자의 질책이기도 하다. 기후위기에 대한 대응에 나서야 한다는 생태학자들의 말을 듣고 당위성을 인식하기는 하나 "행하지는 않고 입으로만(생태계) 사랑을 나타낸다"는 것이다. 이어 에스겔 말씀은 "마음으로는 사리사욕을 채우는데 급급하다"며 쐐기를 박는다.

에스겔은 친환경적이지 않으면서 친환경인 척하는 '그린워싱(greenwashing)'과 비즈니스를 운영하며 사회적 책임을 진다고 선전하나 실제로는 이를 경제적 이익을 추구하기 위한 수단으로 사용하는 '블루워싱(bluewashing)'을 정확히 비판한다. 이윤 극대화 논리로만 생태계를 바라보는 인간의 탐욕은 불신앙의 결과이며 영혼이 병들었다는 지적이다.

인간의 탐욕으로 생태계가 파괴되면 그 대가는 후손을 포함한 다른 누군가가 치르게 된다. 자신의 누린 혜택에 따른 비용을 후손세대와 저개발 국가에 떠넘기는 행위는 비윤리적이고 비성서적인 행위이다. ESG경영은 인간 중심적 사고에서 생명 중심적 사고로의 전환을 가능하게 해주는 21세기 최고의 사회 갱신 운동(renewal)이다.

한편 기독교 생태윤리학자 멕페이그(2008)는 경제활동의 목적은 만족할 줄 모르는 인간의 욕망을 채우는데 있는 것이 아니라 공동체가 서로 협조하며 행복한 삶을 사는데 있다고 주장했다. 오히려 인간은 공동체의 전체 시스템이 건강할 때 혜택을 누리는 존재로 이해해야 한다는 것이다. 멕페이그는 모든 인간은 지구라는 한 집의 구성원으로 오랜 기간 그 집의 사용가치를 최대한 높일 수 있도록 사용하고 관리해야 할 책임이 있다고 보았다.

생태 윤리학은 공동체, 분배의 정의, 그리고 지속가능성에 지대한 관심을 가지고 있다는 점에서 ESG경영과 밀접한 관계를 가지고 있다. 신고전경제학은 무제한적인 자원을 놓고 각 개인이 경쟁하는 과정에서 공정한 분배와 지속가능성은 자동적인 따라오는 결과라는 가설에서 출발한다. 하지만 멕페이그의 생태적 윤리학은 전체 공동체의 생존능력에서 출발한다. 이 윤리학은 현재와 미래에 공동체가 지속적으로 번영할 수 있을 때만이 현재의 인간도 번영을 누릴 수 있는 도덕적 존재가 된다는 것이다. 다시 말해, 생태적 윤리학의 출발점은 경쟁하는 개인들에게 자원을 배분하는 것이 아니라 분배의 정의와 지속가능성이다. 이러한 생태윤리학적 정의와 지속가능성을 지킬 수 있는 실천 전략으로 ESG 지속가능경영이 대안이 될 수 있다.

2.3. 성경 속의 생물다양성과 기업의 ESG 실천 사례

유엔은 2017년 매년 5월 20일을 '세계 꿀벌의 날'로 정하고 멸종위기에 처한 꿀벌을 보호하기 위한 다양한 활동을 전개하고 있다. 미국 정부도 2016년 하와이 토종 꿀벌 7개 종을 보호해야 할 위기종으로 지정한 바 있다. 국내의 현실은 어떤가 확인해 보니, 꿀벌이

2022년에 60억 마리에 이어 2023년에도 약 208억여 마리가 사라졌다는 한국양봉협회의 연구 결과와 과수농가 피해 보도가 연속적으로 나오고 있다. 2025년 3월과 4월에 발간한 주간조선의 기사에도 계속된 꿀벌 폐사가 양봉농가뿐 아니라 직접 손실만 해도 약 2,000억 원에 달하며 농업 생태계 전반에 부정적인 영향을 미치고 있음을 보고하고 있다.

해외의 경우 2025년 3월 27일 ABC News에 따르면 미국에서도 2024년 6월부터 2025년 봄까지 상업용 양봉업체들이 관리 중인 꿀벌 군집(hive)의 약 60% 이상을 잃었다는 보고가 나왔다. 또 다른 2025년 3월 29일 CBS News에서도 "미국 역사상 최악의 벌 손실"이라는 보도가 나왔다. 지난 8개월 동안 수억 마리의 꿀벌이 설명할 수 없는 죽음을 겪고 있다는 내용이다. 꿀벌은 수분(pollination)에 매우 중요한 곤충으로, 농작물 생산 및 생태계에 핵심적 역할을 하기에 벌 손실은 단지 양봉업에 국한되지 않고, 식량안보, 농업 생산성, 생태계 건강 전반에 잠재적 위기로 여겨지고 있다.

꿀벌의 위기는 생물다양성 보전이 왜 중요한지에 대한 하나의 작은 사례일 뿐이다. 2022년 10월 13일 발간된 세계자연기금(World Wide Fund For Nature, WWF)의 '지구생명보고서'에 따르면, 1970년부터 2018년까지 관찰된 1,398종을 대표하는 6,617개 개체군 중, 포유류, 조류, 양서류, 파충류, 어류 등이 평균 83% 감소했으며, 특히 개발과 환경오염에 노출된 아마존강에서 야생동물 개체군이 94%나 급감했음을 보고했다. 문제는 이러한 추세가 세계적으로 확산되고 있으며 더욱 빨라지고 있다는 것이다.

한 개체가 사라지면 생태계의 균형이 깨지면서 연쇄적으로 다른 개체에 영향을 미치게 된다. 꿀벌의 예를 들면, 세계적인 현상인 개체의 급격한 감소는 농작물 재배에 직접적인 영향을 미치게 되고 이는 생산비용을 높여 농산물 가격의 상승으로 이어지게 된다. 이는 연쇄적으로 식료품 가격의 상승을 가져오고, 식량 불안정을 겪고 있는 수많은 이들을 위기 상황으로 몰아갈 것이다. 하나의 작은 곤충인 꿀벌이 겪고 있는 위기가 인류의 생존과 직결된 식량문제와 연결될 수 있다는 것이다.

'유엔세계식량계획(UN World Food Programme, WFP)'에 따르면 2021년 중 세계 53개 국가와 지역에서 약 1억 9,300만 명이 심각한 식량 불안정을 경험하고 있다고 한다. 특히 동아프리카의 에티오피아, 마다가스카르 남부, 남수단, 예멘의 57만 명은 긴급 식량 지원이 없으면 생존이 어려운 상황에 처해 있다고 한다. 문제는 이러한 식량 위기가 점점 더 광범위한 지역으로 확산되고 있다는 것이다. 물론 식량 위기는 이상기온에 따른 가뭄과 사막화로부터 기인한 것이기도 하지만 생물다양성의 급격한 감소와도 연결될 수 있다는 점에 주목할 필요가 있다.

창세기 1장 21절에 기록된 하나님의 창조 이야기는 *'모든 생물을 그 종류대로' 창조하시고, '보시기에 좋았더라!'*는 감탄사로 마무리된다. 성경적 세계관은 창조된 생태계가 잘 보존되어 균형을 이루고 있는 상태가 선하고 온전한 상태라는 것이다. 그 온전함이 훼손된다는 것은 '선한 상태의 훼손' 즉 '악의 시작'으로 연결된다. 즉 생물다양성의 훼손은 이러한 창조 세계의 선함과 온전함이 깨어지게 되는 것을 의미한다. 느헤미야 9장 6절을 보면 *'주는 여호와시라 하늘과 하늘들의 하늘과 일월성신과 땅과 땅 위의 만물과 바다와 그 가운데 모든 것을 지으시고 다 보존하시오니 모든 천군이 주께 경배하나이다'* 말씀한다. 모든 피조물은 하나님의 영광을 위하여 만들어졌고 그들을 보존함으로 주께 경배하게 됨을 강조한다. 생물다양성 보전이 하나님의 뜻임을 제시하는 말씀이다.

생물다양성 보존을 위한 활동을 하는 비정부단체(NGO)로 세계자연보전연맹(International Union for Conservation of Nature and Natural Resources, IUCN)이 있다. 이 단체는 제2차 세계대전 후 자연환경이 심각하게 파괴되자 자연보호를 위해 유엔의 지원으로 1948년 설립되었다. IUCN은 2021년 생물다양성 보존을 위한 기업 수준의 전략을 개발할 때 활용할 수 있는 지침을 제시했는데 '기업의 생물다양성 성과 계획 및 관찰지침(Guidelines for Planning and Monitoring Corporate Biodiversity Performance, 기업 생물다양성 지침)'이 바로 그것이다.

'기업 생물다양성 지침'은 생물다양성 관리를 위해 기업이 따라야 할 네 가지 단계를 제시했다. 기업은 우선, 전체 가치사슬(value chain)이 미치는 생태계적 영향을 파악하고, 특정 생물 종과 생태 서식지에 미치는 영향을 평가하여 관리를 위한 우선순위를 정해야 한다. 둘째, 기업은 생물다양성 보전을 위한 목표와 핵심 전략을 수립하고 시한별 활동 내용을 구체적으로 제시해야 한다. 셋째, 기업은 생태 다양성 보전 활동의 효과를 측정할 수 있는 정량적 지표를 마련해야 한다. 마지막으로, 기업은 자료수집 및 분석을 통한 지속적인 생태계 영향을 감시해야 한다.

생물다양성 보존의 중요성을 인식하기 시작한 국내 기업들도 2022년 이후 IUCN 지침을 참고하여 관련 노력에 동참하고 있다. 포스코는 홈페이지에 생물다양성 관련 정책을 상세히 제시하고 있다. 생물다양성 보전의 중요성을 인식하고 윤리규범 실천 지침에 반영하였으며 회사 사업이 생물다양성에 미치는 잠재적 영향을 조사하고 필요한 조치를 하고 있다는 내용이다. 사업장인 포항제철소와 광양제철소 주변의 해양 수질, 토양 오염도를 주기적으로 조사하고 생물다양성 보호에 필요한 요건을 준수하겠다고 밝히고 있다. 사업의 특성상 공장이 바다에 인접할 수밖에 없는 상황을 반영하여 인공어초를 이용한 바다숲을 조성하고 이를 통해 플랑크톤, 어류, 조류 등 생물 생태계 복원에 나서고 있다고 보고하고 있다.

식품 관련 중견기업인 풀무원도 생물다양성을 위한 다양한 노력을 하고 있음을 홈페이지에 명시하고 있다. 생물다양성 보존이 인류 생존과 의식주 해결의 기반임을 인식하고 2021년 10월부터 파주시에 위치한 '풀무원 평화의 숲' 조성 사업을 통해 생태계 보호에 나서고 있고 2023년 10월 충북 대소면 성산천 일대에서 공장 인근 지역을 대상으로 생물다양성 탐사를 진행했음을 밝히고 있다. 2,400평 규모의 이 숲을 조성함으로 기후변화로 사라지고 있는 고유 수목인 구상나무, 상수리나무, 버드나무 등을 심고 관리하여 생태계 다양성 보전을 위한 역할을 하고 있다는 내용이다. 2022년 11월에는 생물전문가, 임직원 및 시민들과 함께 본사 인근의 생태계 탐사 활동을 진행하여 관련 데이터를 축적하고 분석하여 ESG 지속가능경영 정책 결정에 활용한다는 내용도 있다. 또한 「Eco-Caring(친환경 케어)」 전략 하에 2050년 온실가스 순배출(Net Zero) 달성과 함께 생물다양성 보전을 주요 과제로 설정하였음을 공시하였으며, 2024년 통합보고서에서는 '생물다양성 관리·보존 정책' 항목이 포함되었고, "2023년 생물다양성 보존 및 산림 파괴 방지를 위해 'Nature Positive' 공약을 제정하고 이사회 승인을 거침"이라는 설명이 나와 있다.

금융기업도 생물다양성 보전을 위해 나서고 있다. 금융기업은 직접 제조과정에 참여함으로 유해가스 또는 공장폐수 배출 등을 통해 생태계 질서나 생물다양성 보존에 직접적 위협을 가하지는 않지만, 제조업체에 금융서비스를 제공하고 금융상품을 설계하는 과정에서 생물다양성 보전과 연계된 다양한 전략을 실행할 수 있다. 선도적인 글로벌 금융사들은 2022년 12월 이후 생물다양성 보전과 연계된 블루본드(Blue Bond) 투자에 참여하고 다양한 금융상품을 출시하기 시작했다. 신한금융그룹은 2022년 국제 자연자본 관련 공시 프레임워크인 TNFD(Natural Capital & Biodiversity) 이니셔티브에 가입하였으며, 이후 생물다양성 리스크 및 자연자본(Natural Capital) 관련 정보 공시를 본격화하였다. 2023년에는 국내 금융기관 최초로 TNFD 기반의 생물다양성 보고서(Special Report)를 발간하였으며, 2024년판에서는 포트폴리오 및 프로젝트파이낸싱(PF) 사업 등에서 자연자본 의존도 및 영향 분석 결과를 발표하고 있다. 또한 그룹사 차원에서 숲 조성, 생태복원, 도시공원 재생 등을 통해 생물다양성 증진 및 자연 서식지 복원을 위한 활동을 실시하고 있으며 서울 양천구 '빛나는 숲' 조성, 광주 한새봉농업생태공원 일대 조림 등 사례를 소개하고 있다.

기업이 추진하는 생물다양성 증진 노력은 단순히 환경 보호를 넘어, 성경적 가치관과 깊은 연결점을 가진다. 기독교 신앙은 하나님의 창조 세계에 대한 청지기적 책임과 공의와 사랑 그리고 책임의 실천(미가 6:8)'을 강조하며, 이는 기업의 윤리적 목적과도 맞닿아 있다. 성경은 *"여호와 하나님의 사람이 그를 데려다가 에덴동산에 두어 그것을 경작하며 지키게 하셨다"(창세기 2:15)*고 말하기 때문이다.

"사람아 주께서 선한 것이 무엇임을 네게 보이셨나니 여호와께서 네게 구하시는 것은 오직 정의를 행하며 인자를 사랑하며 겸손하게 네 하나님과 함께 행하는 것이 아니냐"(미가 6:8)

기업의 생물다양성 전략, 예를 들어 신한금융그룹이 TNFD 기반으로 자연자본의 의존과 영향을 평가하고 보존사업에 투자하는 일은 이 '경작하며 지키는' 청지기 정신을 금융의 언어로 구현한 것이다. 단순히 자본의 증식을 추구하는 것이 아니라, 하나님의 창조 질서를 지키는 자본 배분으로서의 금융이 되는 것이다. 자금의 흐름이 생태계 회복과 지속 가능한 산업을 향하도록 인도하는 것은, 인간이 창조 세계를 돌보는 하나님의 동역자가 되는 길일 수 있다.

다수의 기업에서 생물다양성 보전을 위한 행동에 나서고 있는 세계적 추세 속에서 기독교 공동체는 침묵하고 있는 것이 현실이다. 생물다양성 보전은 기독교 가치관과 아무런 관련이 없다고 생각하는 오류를 범하고 있는 것이다. 시편 148편은 해와 달, 별, 바다와 땅, 산에 있는 과수와 모든 백향목, 조류와 가축을 포함한 모든 짐승, 그리고 남녀노소 모든 인류가 함께 여호와를 찬양해야 함을 강조하고 있다. 창조 세계의 다양성을 보전하는 것이 하나님 사랑과 이웃 사랑이라는 십계명의 실천과도 직접적으로 연결될 수 있다는 것이다. 생물다양성 보전에 중요한 성경적 의미가 있음을 인식하고 기독교 공동체도 지역사회의 생물다양성을 위한 노력에 힘을 더해야 할 것이다.

2.4. 제로 웨이스트(Zero Waste)와 기독교

쓰레기 문제는 단순한 환경 이슈가 아니라, 하나님이 지으신 창조 세계를 어떻게 다루느냐의 문제이다. 성경은 이렇게 말한다. *"여호와 하나님이 그 사람을 이끌어 에덴동산에 두어 그것을 경작하며 지키게 하시니라(창세기 2:15)"* 이 말씀은 인간에게 주어진 첫 사명이 생산과 보존의 균형임을 보여준다. 미국의 상장기업 중 'Waste Management'라는 회사가 있다. 이 회사는 1968년에 설립된 산업폐기물, 생활 쓰레기 수거 및 재활용을 전문적으로 하는 회사다. 이 회사의 주가는 1990년대 초 1.6달러에서 2025년 11월 7일 현재 201.92달러로 126배나 올랐다. Waste Management와 같은 기업이 쓰레기 재활용과 자원 순환의 책임을 다하는 것은 단순한 사업이 아니라, 창조 질서를 지키는 현대적 청지기 사명이라 할 수 있다. 기업이 생산과 소비의 전 과정을 책임 있게 관리하고, 사회 전체가 자원 순환에 동참하는 일은 바로 하나님이 주신 "지키는 경영"의 실천이기 때문이다.

이렇게 쓰레기 처리 관련 기업의 가치가 크게 올랐다는 사실은 쓰레기로 인한 환경오염에 대한 사람들의 우려와 환경오염 방지를 위한 정부의 규제가 더욱 커졌다는 의미도 있을 수 있지만, 환경을 오염시키는 요인이 더 많아지고 환경오염을 초래하는 비용이 더욱 심각해졌다는 의미가 될 수도 있다. 쓰레기의 문제는 우리 생존의 기초인 소비생활과 직접적으로 관련이 있다. 특히 인간이 집단으로 모여 사는 도시에서 매일같이 쏟아지는 생활 쓰레기를 어디에서 어떻게 처리할지에 대한 논란이 계속되고 있다. ESG경영은 쓰레기 문제와 직접적으로 연결되어 있다. 기업의 생산 활동 과정에서 발생하는 산업폐기물뿐만 아니라, 해당 제품을 유통하는 과정에서 이차적으로 발생하는 쓰레기 문제에 어떻게 대처할 것인지에 대한 경영진의 철학과 의지, 실천이 바로 ESG경영의 주요 과제이다.

ESG경영은 결국 탄소 배출과 대기오염, 수질오염을 유발하는 화학물질 배출, 토양오염과 관련된 폐기물 배출, 지구자원의 보존과 관련된 에너지 사용 등의 이슈와 연결된다. ESG경영의 첫 번째 요소인 환경과 관련된 주요 성과지표는 쓰레기 배출량을 어떻게 감소시킬 것인가의 문제이다. 생태신학자이자 윤리학자인 셀리 맥페이그(Sallie McFague)는 지속가능한 경제모델로 세 가지 규칙을 제시했는데, 첫째, 자신의 몫만 취할 것, 둘째, 사용 후에 깨끗이 치울 것, 셋째, 미래 세대, 즉 미래의 거주자를 위해 자연이라는 집을 잘 손질할 것이 그의 제안이다.

자신의 몫만을 취하라고 말하는 첫 번째 규칙은 과도한 소비를 줄이라는 의미로, ESG경영의 실천과 직결된다. 기업에서는 혁신을 통해 생산과 유통과정에서 들어가는 자원의 소비를 최소화해야 하며, 소비자는 불필요한 소비를 지양하고 자신의 경제력과 관계없이 귀중한 자원의 효율적 이용을 생활화해야 한다. 두 번째 규칙은, 생산과 소비 활동 중에 유발된 쓰레기를 깨끗이 치우라는 의미이다. 기업은 불가피하게 만들어진 폐기물을 처리하고 재사용할 수 있도록 모든 역량을 다하고, 소비자는 과도한 쓰레기를 배출하는 기업의 제품을 거부하고 재활용을 위해 생활 쓰레기의 분리배출에 적극적으로 협력해야 한다. 마지막 규칙은, 아이들과 미래 세대를 위해 집(다른 말로는, 자연)을 건강한 상태로 유지 관리해야 한다는 뜻이다. 유해한 가스와 미세먼지로 오염된 공기, 온갖 쓰레기로 더럽혀진 토양, 그에 따라 오염된 식자재들이 현재 및 미래 세대 사람들에게 공급되지 않도록 모두가 함께 노력해야 한다.

오늘날 쓰레기 문제의 근본 원인은 인간의 탐욕과 과소비에 있다. 성경은 *"너희 생명이 풍성한 소유에 있지 아니하니라"(누가복음 12:15)*고 경고한다. 지나친 소비는 자원의 낭비로 이어지고, 결국 환경 파괴를 초래함으로 인간을 위기로 몰아간다. *"너희 중에 누구든지 자기의 것을 과도히 취하지 말고, 남을 사랑함으로 대하라"(로마서 13:9-10)*의 요지를 따르지 않은 결과이다. 셀리 맥페이그(Sallie McFague)가 말한 "자신의 몫만 취할 것"은 바로 탐욕을 절제하라는 복음적 명령의 경제적 해석이라 할 수 있다. 기독교 신앙은 '더 많이 가지는 것'이 아니라 '더 많이 나누는 것'을 복으로 여긴다. 따라서 ESG경영은 단순한 경제 전략이 아니라 탐욕을 절제하고 사랑을 선택하는 경영윤리로 이해될 수 있다.

고체 형태, 액체 형태, 또는 기체 형태든 기업과 개인이 발생시키는 모든 쓰레기는 환경 파괴의 주범이다. 산업 및 생활 쓰레기가 초래한 지구온난화와 자연 파괴는 우리가 익숙하게 알고 누려왔던 삶의 질을 급속하게 악화시킬 것이며, 이미 그 부정적인 효과가 구체화되기 시작했다. 환경 재앙이 일어나면, 가장 먼저 강력하게 가난한 사람들을 덮치고 사회적 문제를 악화시킨다. 즉 환경 문제가 사회문제로 연결된다는 것이다. 산업화의 결과 누적되어온 탄소 배출은 급격한 지구온난화로 이어질 것이며, 남극과 북극의 얼음과 산악빙하가 녹으면서 해수면이 높아져 해안가의 저지대가 물에 잠기기 시작했다는 각종 연구 결과가 제시되고 있다. 빙하가 녹으면서 오랫동안 얼음 속에서 활성화되지 않고 있었던 고대의 바이러스가 다시 등장하게 될 것이고 인류의 생존을 계속해서 위협할 것이라는 우려도 있다. 인간의 탐욕과 무책임이 자연을 파괴하고 탄소, 산업폐기물, 생활 쓰레기를 배출하여 환경을 오염시킨 것에 대한 자연의 보복이 시작된 것이다.

탄소 배출의 문제는 기업만의 문제가 아니다. 소비자가 제도의 취지에 응해주지 않는다면 새로운 제도의 효과에 분명히 한계가 있을 것이다. 가령, 생활 쓰레기에서 나오는 메탄도 대기오염과 지구온난화의 주요 원인이 된다. 또 생활 쓰레기의 상당 부분을 차지하는 플라스틱은 분해가 안 되기 때문에 그 피해가 먹이사슬을 통해 결국 인간에게 돌아온다. 무분별하게 버려지는 쓰레기가 우리에게 되돌아와 복수하는 것이다. 따라서 ESG경영의 의미에 대한 개인의 인식과 구체적인 실천이 없다면, 정부 주도의 ESG 관련 규제와 기업의 ESG 경영은 선언적 수준에 그치거나 사회적 비용만 높이는 결과를 낳을 것이다.

쓰레기를 정리하고 깨끗이 치우는 일은 단순한 환경 행동이 아니라 영적 회개의 표현이 될 수 있다. *"우리가 우리의 죄를 자백하면, 그는 미쁘시고 의로우사 우리 죄를 사하시며 우리를 모든 불의에서 깨끗하*

게 하실 것이요"(요한일서 1:9) 말씀과 같이 기업과 개인이 자신이 만든 폐기물을 깨끗이 정리하는 것은, 하나님 앞에서 자신이 저지른 환경적 죄에 대한 회개의 상징이 될 수 있다. *'청결한 손과 정결한 마음'(시편 24:4)*을 가진 자만이 하나님의 산에 오를 수 있듯이, 깨끗한 생산과 소비, 깨끗한 환경경영은 신앙적 정결함을 사회적 형태로 구현한 것이다.

맥페이그의 세 번째 규칙, "자연이라는 집을 미래의 거주자를 위해 손질할 것"은 바로 성경이 말하는 다음 세대를 위한 사랑의 계명과 일치한다. *"선인은 그 산업을 자자 손손에게 끼쳐도 죄인의 재물은 의인을 위하여 쌓이느니라"(잠언 13:22) "너희는 너희가 거주하는 땅 곧 내가 거주하는 땅을 더럽히지 말라 나 여호와는 이스라엘 자손 중에 있음이니라"(민수기 35:34)* 말씀에서 지적하는 바와 같이 오늘의 쓰레기와 탄소 배출은 내일의 세대에게 짐이 된다. 따라서 기업과 정부, 그리고 시민 모두가 미래 세대를 위한 '하나님의 집 관리인'으로서 행동해야 한다. 탄소 감축, 재활용, 순환 경제의 실천은 곧 "하나님 나라를 미래 세대에게 물려주는 거룩한 유산의 관리"가 될 수 있는 것이다. 지속되는 탄소 배출과 폐기물 오염은 결국 자연의 보복이 아니라, 하나님의 공의의 경고이다.

*"피조물이 다 이제까지 함께 탄식하며 함께 고통을 겪고 있는 것을 우리가 아느니라"(로마서 8:22)*의 말씀은 하나님의 창조 세계가 신음하는 것은 인간의 탐욕과 무책임 때문이라는 점을 의미하며, 빙하의 해빙, 기후 재앙, 미세먼지와 플라스틱 오염은 하나님이 인간의 교만을 책망하시는 현실적 언어로 볼 수 있다. 쓰레기 문제는 결국 공동체의 문제이며 환경오염의 위기는 인간이 하나님 중심의 창조 질서로 회복되어야 함을 강하게 호소한다. 환경의 파괴는 가난한 자와 약한 자에게 더 큰 피해를 주게 된다는 인식하에 *"너희가 여기 내 형*

*제 중에 지극히 작은 자 하나에게 한 것이 곧 내게 한 것이니라 하시고"(마태복음 25:40)*의 말씀과 같은 맥락에서 ESG경영의 본질은 '작은 자를 위한 사랑', 즉 공동체 전체를 위한 선한 책임이 된다.

기업은 깨끗한 생산과 윤리적 유통으로 사회에 사랑을 흘려보내고, 소비자는 자신의 선택을 통해 창조 세계를 치유할 수 있다. 기독교적 관점에서 ESG경영과 '제로 웨이스트(Zero Waste)' 운동은 경제의 회개 운동이 되며, 자본의 탐욕을 내려놓고, 하나님이 원래 계획하신 창조의 순환 질서로 돌아가는 것이다. *"보좌에 앉으신 이가 이르시되 보라 내가 만물을 새롭게 하노라 하시고 또 이르시되 이 말은 신실하고 참되니 기록하라 하시고"(요한계시록 21:5)* 말씀과 같이 기업이 쓰레기를 자원으로 바꾸고, 소비자가 절제와 나눔을 실천할 때, 하나님께서 말씀하신 "새 하늘과 새 땅"의 일부가 현실 속에서 이루어지게 된다. 쓰레기 문제와 ESG경영은 단순한 경제나 환경의 논의가 아니라, 창조 질서를 회복하고 하나님의 사랑을 경제의 언어로 실천하는 신앙적 과제인 것이다.

제로 웨이스트를 향한 기업의 선도적 역할과 기업의 노력에 대한 소비자의 적극적 반응, 쓰레기 양산에 상당 부분 기여하고 있는 우리의 외형 중시 문화가 더 이상 미덕이 아님을 인식하고, 생활 쓰레기를 줄이기 위한 시민운동과 과소비에 대항하는 성숙한 문화와 시민의식이 절실하게 필요한 시점이다. 행복한 공동체를 향한 모든 이해관계자의 책임 의식과 실천이 없이는 ESG경영에 대한 사회적 관심은 서서히 사라지고 인류에 대한 환경적 사회적 위기는 계속 그 규모를 키워갈 것이다.

2.5. ESG 지속가능경영과 기독교 음식윤리

하나님은 에덴동산에서 인간에게 채소와 열매를 음식으로 허락하셨다. 이와 관련하여 창세기 1장 29절에 보면 *"온 지면의 씨 맺는 모든 채소와 씨 가진 열매 맺는 모든 나무를 너희에게 주노니 너희 식물이 되리라"*고 말씀하신다. 그 후 노아시대 대홍수 이후 *"무릇 산 동물은 너희의 식물이 될지라 채소 같이 내가 이것을 다 너희에게 주노라"(창세기 9:3)* 말씀하시고 채식뿐 아니라 육식도 허락하신다.

그 후 모세 시대에 들어 육식과 관련한 새로운 규례를 정해 주시는데 *"…육지 모든 짐승 중 너희의 먹을 만한 생물은 이러하니 짐승 중 굽이 갈라져 쪽발이 되고 새김질하는 것은 너희가 먹되…(레위기 11:1–47)"*라는 말씀과 같이 부정하고 정한 먹을 생물과 먹지 못할 생물을 구분하고 먹을 만한 짐승의 기준을 제시하셨다.

인간의 생명과 음식은 따로 떼어서 생각할 수 없는 동질적인 것으로 ESG경영에서의 환경(E)과 사회적 가치(S)와 직접적으로 관련이 된다. ESG경영과 연결되어 함께 논의되는 음식 윤리는 'UN 지속가능개발목표(SDGs)' 중 세 번째 목표인 '인류의 건강 및 웰빙'과 직접 연결되며 이는 농축수산 기업, 비료 및 농약 제조, 음식료 제조 및 요식업 등 관련 기업이 경영 의사결정을 하는 과정에서 필수적으로 고려되어야 할 핵심 ESG경영 성과지표이다.

ESG경영은 기업의 존재 목적으로 재무적 가치 극대화만을 고려하는 전통적인 관점에서 주주, 채권자, 종업원, 지역사회와 미래 세대까지를 포함한 이해관계자 가치를 종합적으로 고려하는 확장된 목적을 추구하는 접근이다. 경제 주체인 생산자와 소비자 공히 기업의 재무적 가치 극대화만으로는 기업 자체, 더 나아가 인류의 지속가능한 생존과 번영이 불가능함을 인식한 접근이다.

먼저 음식과 관련된 제1차 산업인 농축수산업에 존재하는 윤리적 이슈를 생각해 보자. 농업의 경우 재무적 가치를 높이기 위해서는 제한된 면적의 농지에서 최대한의 생산성을 올려야 한다. 이를 위해 비료와 농약 생산 기업은 효과가 더욱 강력한 제품을 지속적으로 개발하였고 비료와 농약은 오늘날 농작물 재배에 없어서는 안 될 필수적인 품목이 되었다. 그 결과는 어떠한가? 생산성을 높이기 위해 사용된 과도한 비료는 작물의 병충해 저항성을 약화시키고 더 많은 농약과 비료 사용에 의존하게 만들었다. 농약의 과잉 사용은 메뚜기 등 곤충이 살 수 없는 환경을 초래했고 생태계를 파괴했다.

여기서 끝나는 것이 아니라 인간은 농작물에 잔류하는 농약 성분을 섭취함으로써 건강을 위협당하게 되었다. 축산업은 어떤가? 제한된 비용으로 생산성을 최대화하려다 보니 좁은 공간에서 공장식 축산 시스템을 구축하고 비윤리적이며 잔인하게 동물을 사육하고 도축한다. 질병을 막기 위해 항생제를 남용하다 보니 식량 사슬의 최상단에 있는 인간의 몸속에 그 항생제가 축적되어 부작용을 낳고 있다.

수산물도 마찬가지이다. 인간이 오염시킨 강과 바다에서 잡힌 물고기와 수산물을 섭취한 인간은 미세플라스틱과 중금속오염의 부작용에 노출되었다. 이렇게 오염된 식재료를 윤리의식 없이 사용하는 음식료 제조 및 요식 기업도 ESG경영에서 실패한 것이다.

소비자 수준에서 음식 윤리는 어떠한가? 먼저 생산자인 기업의 ESG경영 성과를 제고하기 위해 소비자가 실천해야 할 중요한 음식 윤리가 있다. 환경을 파괴하고 사회적 가치를 훼손하는 음식료 관련 기업에 대항하여 소비자들이 더욱 직접적인 행동에 나서야 한다는 것이다. 이를 위해 한편으로는 음식 윤리에 부합한 경영으로 ESG 성과가 높은 기업이 부담하는 추가적인 비용을 소비자가 기꺼이 분담함으로 반응하는 것이며 다른 한편으로는 비윤리적인 방식으로 음식료를 생산, 가공, 유통하는 기업에 대해서는 불매운동과 시장에서의 퇴출 운동에 소비자 단체들이 적극적으로 나서는 것이다.

음식과 관련된 윤리 문제에 소홀하다는 것은 이러한 문제가 '인류의 건강과 웰빙'이라는 인류의 지속가능성과 행복을 훼손하기 때문이기도 하지만 하나님이 주신 인류 보편의 율법이자 윤리지침인 지속가능한 이웃 사랑과 정면으로 배치되는 행위이기 때문이다.

성경에 나타나는 음식 윤리와 관련된 ESG 이슈로 생각해 볼 수 있는 또 하나의 주제는 소외계층에 대한 배려와 관련되어 있다. 성경에는 고아와 과부, 이방인과 나그네를 특별히 소외계층으로 고려하고 있다. 이와 관련된 하나의 에피소드로 창세기 18장에 있는 아브라함의 나그네 접대 이야기가 있다. 아브라함이 뜨거운 낮에 마므레라는 지역의 상수리나무 숲에서 장막을 치고 그 문 앞에 앉아 있을 때 나그네 세 명이 나타난다.

낯선 나그네를 본 아브라함은 즉시 달려 나가 영접하고 극진하게 대접한다. 그런데 이것은 풍습에 따른 형식적인 손님 접대 수준이 아니다. 아브라함은 99세나 된 노인이었지만 한낮의 가장 더운 시간에 여행 중인 낯선 나그네들을 보자마자 즉시 달려 나가 이들을 따뜻하게 영접했다. 대 부족의 족장인 아브라함이 초라한 나그네들에게 공손하게 인사하며 자신의 처소에서 쉬면서 기력을 회복하고 가라고 간곡하게 청한다. 이는 아브라함의 겸손하고 덕망 있는 인품과 진정성 있는 마음을 나타낸다.

아브라함은 사라에게 부탁하여 고운 밀가루 서 말을 반죽하여 떡을 만들고, 하인에게 살이 연하고 맛있어 보이는 송아지를 잡아 요리하게 시킨다. 물론 아브라함은 큰 부자였지만 그렇다고 낯선 사람에게 선뜻 최상급의 송아지를 잡아 대접한다는 것은 보통 일이 아니다. 18장 8절로 이어지는 내용에서 나타나는 추가적인 음식 목록을 보니 버터로 추정되는 엉긴 젖과 우유가 등장한다. 정성스럽게 준비한 음식을 시원한 나무 그늘에 차려놓고 그 곁에 서서 시중을 들고 있다.

음식을 대접하는 자가 음식을 먹는 나그네의 상태를 살피며 앞으로 계속될 고단한 여행에서 필요한 에너지를 제공해 주는 것이다. 전후 이야기를 살펴보면 음식을 여유 있게 준비해 함께 있던 사람들과도 나누고 나그네들이 떠날 때 가지고 갈 수 있도록 배려한 것으로 추정된다.

음식 윤리는 일상의 삶 속에서 반복적으로 접하게 되는 생존과 관련된 주제이다. 음식을 둘러싼 윤리적인 문제를 인식함으로 소비자이자 생산자로서 우리의 의사결정이 초래한 결과(outcome)와 하나님이 창조하신 식물과 동물의 존재론적 가치를 숙고할 수 있는 기회를 준다. 음식 윤리의 실천은 하나님이 창조하신 자연과 모든 생명체가 어떻게 조화를 이루며 살아갈지에 대한 하나님의 계명을 실천하는 길과도 연결될 것이다.

2.6. ESG 지속가능경영과 녹색교회

녹색교회란 하나님이 태초에 창조하신 아름다운 자연의 모습을 기후 위기로부터 지키고 보전하고자 하는 의식을 가지고 실천하는 교회를 의미한다. 녹색교회에서 실천하고 있는 다양한 활동들은 ESG 지속가능경영 중 환경(E)과 직접적으로 관련된 활동이다. 녹색교회 운동이 오늘날 기독교와 신앙인들에게 어떠한 의미가 있을까에 대해 생각해 보았다.

다수의 연구보고서와 각종 매체는 온실가스 배출량이 현재 추세와 같이 증가하면 조만간 티핑포인트(tipping point)를 넘어 통제 불가능한 파국으로 치닫게 될 것이라 경고하고 있다. 이러한 경고 때문인지 다수의 사람이 환경위기에 대해 우려를 표명하고 있다. 하지만 이러한 경고에도 불구하고 막상 일상생활 속에서 기후 위기를 심각하게 받아들이는 사람은 생각 밖으로 적다. 기후 위기는 먼 나라에서 일어나는 이야기, 늘 있었던 우려 또는 내가 살고 있고 살아갈 가시적인 미래에는 일어나지 않을 일이라 생각한다. 기후 위기를 체감하는 것은 우리가 자연재해의 직접적인 피해 당사자가 되었을 때 뿐이다.

구약 성경 열왕기하 20장에 자신이 범한 실수로 인해 미래 세대가 멸망 위기에 처해 있으나 자신이 사는 날 동안 직접적인 피해를 보지 않는다는 이유로 무책임하게 반응한 남유다 왕 이야기가 나온다. 바로 남유다 13대 히스기야 왕이다. 히스기야 왕의 재위 기간에 활동했던 선지자가 바로 그 유명한 이사야이다. 열왕기하 18장 3~6절을 보면 히스기야에 대해 이렇게 기록하고 있다. *"히스기야가 그의 조상 다윗의 모든 행위와 같이 여호와 보시기에 정직히 행하여 그가 여러 산당들을 제거하며… 그가 여호와께 연합하여 그에게서 떠나지 아니하고 여호와께서 모세에게 명령하신 계명을 지켰더라"* 최고의 칭찬을 듣고 있다. 이렇게 위대한 지도자였던 히스기야는 역사의 주관자가 하나님이심을 의지하기보다 과시욕과 인간적인 지략을 앞세워 잠재적인 적이 될 수 있는 바벨론에게 자신의 비밀을 모두 알리는 실수를 범하게 된다. 이 소식을 전해 들은 이사야 선지자가 찾아와서 확인차 묻는 내용이 20장 14~15절에 나오고 이어서 17절 이하에서는 이사야가 하나님이 주신 신탁의 말씀을 히스기야 왕에게 전한다. *"날이 이르리니, 왕궁의 모든 것과 왕의 조상들이 오늘까지 쌓아 두었던 것이 바벨론으로 옮긴 바 되고 하나도 남지 아니할 것이요, 또 왕의 몸에서 날 아들 중에서 사로잡혀 바벨론 왕궁의 환관이 되리라 하셨나이다"*

이사야 선지자는 히스기야 왕의 영적 타락에 대해 히스기야를 꾸짖으며 남유다의 미래에 닥칠 재앙을 경고하고 있다. 그랬더니 그 반응은 더 이상 과거의 히스기야 왕이 아니었다. 19절에 보니 *"히스기야가 이사야에게 이르되 당신이 전한 바 여호와의 말씀이 선하니이다 하고 또 이르되 만일 내가 사는 날에 태평과 진실이 있을진대 어찌 선하지 아니하리요"* 이사야의 꾸짖음에 말도 안 되는 무책임한 반응을 하고 있는 것이다. '히스기야의 불신앙과 어리석은 행동으로 인해 유다 백성이 멸망의 위기를 경험할 것이다'라는 이야기를 하고 있는데 왕으로서 자신이 다스리는 백성들과 그들의 미래에 대해서는 안중에도 없다. '내 임기 중에만 잘 먹고 잘살면 되지 나중에 무슨 일이 일어날지 무슨 상관이냐, 심지어 나는 피해를 안 볼 것이니 선하다'라고까지 이야기하고 있다.

미래 세대가 지구온난화로 인해 멸망의 위기를 맞이하고 있는데 내가 사는 동안에는 그 피해가 없을 것이니 환경위기에 관심을 두지 않겠다는 21세기를 살아가는 우리 세대의 모습을 보는 것 같다. 이러한 무책임의 결과 결국 남유다는 바벨론에게 멸망당하게 되고 이사야 선지자의 예언대로 백성들을 바벨론의 포로로 끌려가서 노예의 삶을 살게 된다. 우리가 현명하게 대응하지 못한다면 환경위기가 전 지구적인 재앙으로 연결될 것이며 통제 불가능한 상황이 되어 후속 세대가 환경위기로 인해 노예와 같은 삶을 살 수 있다는 경고의 말씀이다.

유럽에서는 지난 몇 년간 가뭄과 홍수가 번갈아 가며 나타나고 있으며 알프스의 빙하가 60년 만에 가장 빠른 속도로 사라지고 있고 히말라야의 빙하들도 유사한 상황이라고 한다. 극지대의 동토층이 온난화로 녹으면서 이산화탄소 보다 21배나 강한 온실효과를 가진 메탄이 대기 중에 방출되고 있다고 한다. 하지만 이러한 변화가 매일 조금씩 조금씩 진행되다 보니 우리는 마치 냄비 속의 개구리와 같이 다가오는 위기를 체감하지 못한다. 히스기야와 같이 지금 당장 펄펄 끓는 뜨거운 물도 아니고 내가 사는 날에 태평이 있을진대 기후 위기가 나와 무슨 상관인가 생각한다.

그동안 기독교 공동체는 환경 문제에 대해 적극적인 대처를 하지 않았다. 그 이유 중 하나가 창세기 1장 28절에 하나님이 인간에게 명령하신 *"땅을 정복하라, 바다의 물고기와 하늘의 새와 땅에 움직이는 모든 생물을 다스리라 하시니라"*는 말씀에서 정복하라는 단어의 진정한 의미를 잘못 해석해서이다. 여기서 정복이라고 번역한 단어에 해당하는 영어 단어는 'subdue'로 단순히 정복한다는 의미가 아니라 적절히 억제하고 통제한다는 의미이다. 자연을 정복의 대상으로만 보아 끊임없이 개발해서 인간의 욕심을 채우라는 의미가 아닌 것이다. 하나님은 이 세상을 6일 동안 창조하시면서 매일 매일 *"그 모든 것을 보시니 보시기에 좋았더라"*고 반복해서 선언하셨다. 하나님이 창조하신 모든 생명체와 자연의 질서가 파괴되지 않도록 적극적으로 관리하며 보존하라는 명령인 것이다. 교회가 환경 문제에 적극적으로 관여하지 않은 두 번째 이유는, 인간의 타락은 예수님의 구속 사역으로 회복되며 하나님 나라는 궁극적으로 예수 그리스도의 재림으로 완성되어 새 하늘과 새 땅이 임할 것이라는 이사야서 65장 17절 말씀과 관련될 수 있다. 이 말씀에 대한 적용으로 우리가 살아가는 이 세상을 저주받은 땅으로 보고 벗어나야만 할 대상으로만 접근하는 오류를 범했기 때문일 수 있다.

다행히 이러한 오류를 극복하고 하나님 사랑, 이웃 사랑의 계명이 기후변화로 인한 위기 상황 속에서 어떻게 실천되어야 할지 그리고 기독교 공동체의 역할이 무엇인지에 대해 심각하게 고민하는 교회가 늘어나고 있다. 녹색교회 운동은 기독교의 핵심 계명을 실천하는 귀중한 운동으로 더욱 확산하여야 할 당위성이 있다.

2.7. 생태신학과 생태경제학 그리고 지속가능한 성장

지속가능성이란 미래 세대의 생존과 행복을 위태롭게 하지 않고 현 세대의 행복을 추구하는 발전이라는 개념이다. 기독교계에서 생태의 중요성을 언급할 때 자주 인용되는 성경 구절은 에스겔 47장 9절로 *"이 강물이 이르는 곳마다 번성하는 모든 생물이 살고 또 고기가 심히 많으리니 이 물이 흘러 들어가므로 바닷물이 되살아나겠고 이 강이 이르는 각처에 모든 것이 살 것이며 또 이 강가에 어부가 설 것이니"*라고 말씀하고 있다. 강물과 바닷물이 생명을 살리는 근원으로 언급되고 있는 것이다. 또한 *"하나님께서 이 세상을 창조하시며, 각기 종류대로 창조하셨다" "땅이 풀과 각기 종류대로, 씨 맺는 채소와 각지 종류대로, 씨가진 열매 맺는 나무를 내니 하나님이 보시게 좋았더라(창세기 1:12)"* 그리고 물고기와 새와 육축과 기는 것, 다양한 생명체를 창조하셨다. 창조하신 것으로 끝난 것이 아니라, *"바다의 고기와 공중의 새와 땅 위에 사는 온갖 들짐승과 땅 위를 기어 다니는 모든 길짐승을 다스리게 하셨다(창세기 1:26)"* 하나님이 창조하신 좋은 세상(창세기 1:31)을 아름답게 지키고 다스리는 것이 인간에게 주신 사명이라는 것이다.

인간에 의한 자원의 오용은 기후변화와 생태환경의 위기를 초래하고 그 결과 인류의 번영을 위협하는 단계로 나타나고 있다. 이러한 생태환경 위기가 가속화되면서 교회의 역할에 대한 반성이 일어나고 있다. 환경 신학 또는 생태 신학이라고 불리는 이론적 관점은 환경주의적 관점에서 성경을 해석하는 신학이다. 산업자본주의 하에서 환경오염과 생태계 위기가 임계점에 도달하면서, 창조 질서의 회복과 인류의 번영을 위해서는 기독교 공동체가 사회의 인식을 바꾸고 위기를 극복하기 위한 선도적인 역할을 해야 한다는 입장이다.

기독교계가 이념적인 논쟁을 하고 있는 동안, 국제기구와 민간 기업 수준에서는 생태 위기를 극복하기 위한 다양한 방안을 모색해 왔으며 그중 가장 의미 있는 진전을 이룬 기관이 국제기구 United Nations(UN)이다. 1992년 리우 지구정상회의(UNCED)에서 채택되어 설립된 UNFCCC(United Nations Framework Convention on Climate Change)는 지구 온실가스 농도를 안정화하여 기후 시스템의 위험한 교란을 방지하기 위한 활동을 수행하고 있다. 매년 기후변화협약 당사국총회(COP) 주최하고 각국의 온실가스 배출 감축목표(NDC: Nationally Determined Contributions)를 제출하고, 그 이행 수준을 검토하고 갱신하는 역할을 하고 있다. 1988년, UN 산하 세계기상기구(WMO)와 유엔환경계획(UNEP)이 공동 창설한 IPCC(Intergovernmental Panel on Climate Change)는 기후변화에 관한 과학적 평가보고서 발간(Assessment Reports: AR1~AR6)하고 과학적 근거 제공을 통해 정책 결정을 지원하는 역할을 하고 있다. 생물다양성(Biodiversity) 보전 관련 기구로 CBD(Convention on Biological Diversity, 생물다양성협약), IUCN(International Union for Conservation of Nature, 국제자연보전연맹), UNESCO MAB(Man and the Biosphere Programme) 등이 있고, 해양·수자원·오염 대응 기구로 UNEP(United Nations Environment Programme, 유엔환경계획) 등이 있다. 이 외에도 WWF(World Wide Fund for Nature, 세계자연기금) 등이 생태 위기 극복을 위해 활동하고 있다.

생태 신학은 피조 세계와 인간의 관계를 어떤 세계관을 가지고 보는가의 관점에서 분류한 것으로, 피조 세계와 인간의 관계를 설명하는 세계관은 크게 세 가지로 나누어진다. 이원론적 인간중심주의(dualistic anthropocentrism)와 생태 중심주의(biocentrism), 그리고 신 중심적 청지기 주의(theocentric stewardship)이다.

이원론적 인간중심주의(dualistic anthropocentrism), 혹은 세속적 인간중심주의(secular anthropocentrism)라 불리는 세계관은 인간을 우주의 중심에 두고, 인간의 가치 기준에 따라 모든 존재를 평가한다. 이 관점에서 인간은 피조 세계 위에 군림하는 절대적 주체이며, 자연은 인간의 유익을 위해 얼마든지 이용할 수 있는 수단으로 간주된다.

UCLA의 역사학자 린 와이트(Lynn White)는 20세기 환경위기의 근본 원인을 이러한 인간중심주의적 세계관에서 찾았다. 그는 중세 기독교의 해석 전통이 성경의 '정복하고 다스리라'(창세기 1:28)는 명령을 인간의 우월성과 지배권을 정당화하는 근거로 사용했다고 지적한다. 그 결과, 인간 이외의 피조물은 영혼이나 이성이 없다는 이유로 열등한 존재로 인식되었고, 자연을 무제한적으로 이용해도 된다는 인식이 확산되었다는 것이다. 이처럼 인간이 자연을 마음대로 사용할 수 있다는 신학적 정당화가 오히려 자연 남용과 환경 파괴의 사상적 토대가 되어 왔다는 것이 그의 주장이다.

이원론적 인간중심주의의 철학적 뿌리는 르네 데카르트(René Descartes)에게서 비롯된다. 데카르트는 모든 실재를 정신(mind)과 물질(matter)로 구분하는 이원론적 세계관을 제시하였다. 그의 견해에 따르면 정신의 본질은 '사유(thought)'이고, 물질의 본질은 '연장(extension)'이다. 그는 인간을 '사유하는 주체'로, 자연을 '연장된 객체'로 규정함으로써 인간을 주체화하고 자연을 대상화하였다. 즉, 인간은 주체로서 자연을 지배하는 주인, 자연은 인간의 목적을 위해 존재하는 대상이라는 구도가 형성된 것이다. 이러한 데카르트적 이원론은 이후 서구 근대 문명의 철학적 토대가 되었다. 사유하지 못하는 자연은 스스로 존재 목적이 없다고 간주 되었고, 유일하게 사유하는 존재로 여겨진 인간이 목적 없는 자연을 지배하는 것은 합리적인 일로 받아들여졌다. 그 결과, 자연을 지배·통제의 대상으로 보는 사고방식이 서구문화의 근본 구조 속에 자리 잡게 되었고, 오늘날의 환경 파괴를 정당화하는 이론적 배경으로 작용하게 되었다.

성경은 이러한 이원론적 인간중심주의를 명백히 거부한다. 성경적 세계관에서 인간은 피조 세계의 주인이 아니라 하나님의 창조를 돌보는 청지기(steward)로 부름받았다. 인간은 자연을 지배하는 존재가 아니라, 하나님께서 맡기신 세상을 보호하고 보존할 책임이 있는 피조물일 뿐이다. *"여호와 하나님이 그 사람을 데려다가 에덴동산에 두어 그것을 경작하며 지키게 하시니라"(창세기 2:15)* 이 말씀은 인간의 사명이 지배가 아니라 섬김과 돌봄의 청지기적 책임임을 분명히 보여준다. 따라서 기독교 신학의 관점에서 볼 때, 인간의 우월성을 강조하는 세속적 인간중심주의는 창조 세계에 대한 하나님의 질서와 뜻을 왜곡한 결과라 할 수 있다.

생태중심주의(ecocentrism)는 전체 생태계가 그 자체로 고유한 의미와 목적, 그리고 내재적 가치를 지닌다고 보는 세계관이다. 이 관점에서는 모든 피조 세계가 인간을 위해 존재한다거나 인간이 다른 피조물보다 우월하다고 보지 않는다. 즉, 인간은 생태계의 중심이 아니라 그 안의 한 구성원으로 이해된다. 이러한 사상은 제임스 러브록(James Lovelock)이 제시한 '가이아(Gaia) 이론'과 밀접한 관련이 있다. '가이아'는 그리스 신화에 등장하는 대지의 여신의 이름으로, 러브록은 이를 지구 전체를 하나의 유기적 생명체로 표현하기 위해 차용하였다. 그는 지구를 구성하는 생물적, 무생물적 요소가 서로 긴밀하게 상호작용하며 끊임없이 변화와 진화를 이루는 자기 조절적 시스템으로 보았다. 이러한 관점에 따르면, 지구는 단순한 물리적 행성이 아니라 살아있는 유기체이며, 우주는 내재된 신성(divine immanence)을 지닌 존재로 이해된다. 따라서 생태 중심주의는 범신론(pantheism) 또는 범재신론(panentheism)과 유사한 세계관을 띠게 된다. 성경은 분명히 자연을 신격화하거나 숭배하는 행위를 우상숭배로 규정하기 때문에 생태 중심주의가 기독교 신학의 기본 전제가 되기는 어렵다.

성경적 창조신학(creation theology)은 인간의 자연에 대한 절대적 지배권을 부정하면서도, 인간이 하나님의 형상(Imago Dei)으로 창조된 독특한 존재임을 인정한다. 이 관점은 인간의 특별한 위치를 유지하면서도, 우주 전체를 하나의 생명 공동체로 인식하는 일원론적(holistic) 세계관을 제시한다. 즉, 인간은 창조 세계 속에서 하나님이 부여하신 청지기적 사명(stewardship)을 감당해야 하며, 다른 피조물들과 더불어 상호의존적 관계 안에서 살아가야 한다. 신 중심적 청지기 주의(theocentric stewardship) 세계관은 오늘날 기독교 생태윤리와 창조신학의 핵심 개념으로, 인간과 자연 그리고 하나님 간의 관계를 창조주 하나님 중심에서 다시 바라보려는 관점이다. 신 중심적 청지기 주의(theocentric stewardship)는 인간이 피조세계의 주인이 아니라 하나님의 대리인으로서, 하나님이 창조하신 세계를 그분의 뜻에 따라 돌보고 보존하는 사명을 가진 존재라는 신앙적 세계관이다.

신 중심적(theocentric)이란, 모든 가치와 판단의 기준이 인간(human)이 아니라 하나님(God)에게 있다는 의미이다. '청지기 주의(stewardship)'는, 하나님이 창조하신 세계의 관리권을 인간에게 위탁하셨다는 개념이다. 즉, 인간은 관리자(steward)이지 소유자(owner)가 아니다. 이 관점에서 인간은 창조의 관리자이자 봉사자, 즉 하나님의 집을 돌보는 하나님의 동역자로 부름받은 존재이다. *"하나님이 사람을 자기 형상대로 창조하시고… 땅을 정복하라, 바다의 고기와 공중의 새와 땅에 움직이는 모든 생물을 다스리라"(창세기 1:26–28)* 인간의 다스림은 지배가 아니라 돌봄과 보호의 사명을 내포한다는 것이다.

"여호와 하나님이 그 사람을 이끌어 에덴동산에 두어 그것을 경작하며 지키게 하시니라"(창세기 2:15) 말씀도 돌봄의 의미로 인간이 자연을 섬기는 청지기임을 드러낸다. *"땅과 거기 충만한 것과 세계와 그 가운데 사는 자들은 다 여호와의 것이로다"(시편 24:1)* 말씀과 같이 소유권은 하나님께 있으며, 인간은 단지 위탁받은 관리자일 뿐임을 명확히 한다.

한편 생태적 경제학(ecological economics)은 공동체가 지속적으로 생존하기 위해 희소한 자원을 어떻게 공정하고 효율적으로 배분할 것인가에 초점을 맞춘 경제학적 접근이다. 이 경제학의 목적은 개인의 욕망을 충족시키는 데 있지 않으며, 오히려 공동체 전체의 안녕(well-being)과 지속 가능한 삶의 질을 추구하는 데 있다. 따라서 생태 경제학은 인간 중심의 경제 패러다임을 넘어, 인간이 속한 전체 생태 시스템의 건강성을 전제로 한다. 그 궁극적 지향점은 '공동체를 위한 경제학(an economics for community)'이라 부를 수 있다.

이것은 한 가정이 자신이 살고 있는 '집'을 잘 관리하여 그 사용가치를 높이고, 모든 구성원이 오랫동안 안정적으로 살아갈 수 있도록 하는 경영 행위에 비유할 수 있다. 따라서 생태 경제학의 핵심 개념은 '집(eco)', '모든 구성원(community)', 그리고 '시간적 지속성(sustainability)'에 있다. 그 결과, 공동체성, 정의, 지속가능성은 생태 경제학의 가장 중요한 가치 영역으로 자리 잡는다. 생태 경제학은 인간과 지구가 상호의존적인 관계 속에 존재함을 인식하지 못한다면, 인간 자신의 생존 또한 불가능해질 것이라고 주장한다. 즉, 인간은 독립된 존재가 아니라 지구 생태계의 한 부분으로서, 자연과의 관계 회복 없이는 생존할 수 없다는 것이다.

이러한 관점은 신고전주의 경제학(neoclassical economics)과 뚜렷한 대비를 이룬다. 신고전주의가 인간의 끝없는 욕망과 효용 극대화를 전제로 하는 반면, 생태 경제학은 인간의 필요를 중심에 둔다. 필요는 욕망보다 더 근원적이며, 공동체적 생존을 위한 필수 조건이기 때문이다. 양자의 공통 관심사는 자원의 분배와 분배 정의, 지속가능성이지만, 접근 방식은 정반대이다. 신고전주의 경제학은 자원이 무한히 공급될 수 있다는 전제하에, 경쟁하는 개인의 자유로운 선택이 결국 공정한 분배와 지속가능성을 스스로 이루어낼 것이라 믿는다. 반면, 생태 경제학은 자원이 유한하며, 그 희소성을 고려하지 않는 경쟁적 시장은 오히려 불평등과 파괴를 심화시킨다고 본다. 따라서 생태 경제학은 제한된 자원 안에서의 공정한 분배와 지속 가능한 공동체의 보존을 경제의 핵심 원리로 삼는다. 그 목표는 '더 많은 생산'이 아니라, '지속 가능한 생명 공동체의 번영'이다.

이는 단순한 경제이론을 넘어 "하나님의 창조 질서 속에서 인간과 공동체가 어떻게 살아야 하는가"에 대한 신앙적 대답이 될 수 있다. '생태(ecology)'라는 단어는 그리스어 oikos(집)에서 유래한다. 이는 곧 "하나님의 집을 관리하는 경제학(economy of God's household)", 즉 청지기적 경제관과 깊이 연결된다. 성경은 인간이 이 땅의 주인이 아니라, 하나님이 창조하신 세계를 맡아 관리하는 청지기(steward)임을 분명히 한다. *"여호와 하나님이 그 사람을 이끌어 에덴동산에 두어 그것을 경작하며 지키게 하시니라"(창세기 2:15)* 말씀과 *"땅과 거기 충만한 것과 세계와 그 가운데 사는 자들은 다 여호와의 것이로다"(시편 24:1)* 말씀은 생태 경제학이 말하는 공동체적 자원 관리와 지속가능한 배분의 원리는 바로 창조의 질서를 보존하라는 하나님의 명령을 현대 경제의 언어로 옮긴 것이라 할 수 있다. 하나님의 집(creation)을 지키는 일은 단순한 환경 보호가 아니라 하나님의 주권을 인정하는 경배 행위라는 것이다.

생태적 경제학은 개인의 이익이 아닌 공동체 전체의 안녕과 정의로운 분배를 추구한다. 이는 성경이 말하는 사랑과 공의의 경제 질서와 일치한다. *"너희 중에 큰 자는 너희를 섬기는 자가 되어야 하리라"(마태복음 23:11)* 말씀과 *"오직 정의를 물 같이, 공의를 마르지 않는 강 같이 흐르게 할지어다"(아모스 5:24)* 말씀은 하나님의 경제(오이코노미아)는 이윤의 극대화가 아니라 이웃 사랑과 생명 보존을 위한 분배 정의(distributive justice)에 있음을 드러내며, 따라서 생태 경제학이 공동체적 복지를 우선시하는 것은, "네 이웃을 네 자신과 같이 사랑하라"(마태복음 22:39)는 그리스도의 명령을 경제적 차원에서 구현하는 것으로 볼 수 있다.

생태 경제학이 강조하는 지속가능성(sustainability)은, 하나님이 창조하신 세계가 다음 세대에게도 생명의 터전으로 남도록 보존하라는 명령과 연결된다. *"의인은 그 산업을 자손의 자손에게까지 남긴다"(잠언 13:22)*는 말씀과 *"너희는 그 땅을 더럽히지 말라. 내가 그 가운데 거하리라"(민수기 35:34)*라는 말씀과 같이 지속가능한 경제는 미래 세대가 누릴 몫을 침해하지 않는 하나님 나라적 정의의 표현이다. 따라서 오늘의 경제적 결단은 단지 이익의 문제가 아니라, 미래 세대를 향한 사랑과 책임의 문제이다.

기독교적 관점에서 생태적 경제학은 하나님 나라의 경제학(Economy of God's Kingdom)이라 부를 수 있다. 그것은 인간의 탐욕을 제한하고, 피조물 전체의 상생을 추구하며, 공동체의 정의를 세우는 경제이다. *"네 보물 있는 그 곳에는 네 마음도 있느니라"(마태복음 6:21)* 말씀과 같이 우리의 소비, 투자, 생산, 분배가 하나님의 뜻과 창조 질서에 일치할 때, 경제는 더 이상 파괴의 도구가 아니라 구속과 회복의 도구가 된다. 즉, 생태경제학은 하나님이 창조하신 집(oikos)을 다시 아름답게 돌보는 신앙의 실천적 형태이며, *"땅이 여호와의 것"*임을 고백하는 예배적 삶의 연장선이다.

제 3 장

ESG 사회가치 경영과 기독교

3.1. 성경 속의 ESG 인권 경영
3.2. ESG 지속가능경영과 공급망 그리고 가치사슬의 성경적 의미
3.3. ESG 지속가능경영과 중소형 교회
3.4. ESG 공급망관리 관점의 중소형 교회
3.5. ESG 지속가능목회와 영적 공급망
3.6. ESG 지속가능경영과 성경 속의 조직 몰입(Organizational Engagement)
3.7. 성경을 통해 보는 ESG 지속가능경영의 다양성
3.8. 성경 속의 화폐가치 평가와 ESG 영향력 가치(Social Impact) 평가
3.9. 재무적 가치와 사회적 가치, 그리고 영적 가치
3.10. 성경 속의 노동윤리와 고용 윤리
3.11. 대기업과 공급망 협력의 성경적 의미

제3장 ESG 사회가치 경영과 기독교

3.1. 성경 속의 ESG 인권 경영

인권경영(Human Rights Management)이란 기업이 사업을 수행하는 모든 과정에서 관련되는 인간의 존엄과 가치를 존중할 책임을 다하는 것을 의미한다. 인권경영의 실패는 기업이 이해관계자의 인권을 직접 침해함으로 발생될 수 있고, 타 기업에 직접 및 간접으로 영향을 미쳐서 해당 기업 이해관계자의 인권을 침해할 수도 있다. 더 넓은 형태로는 인권 침해를 하는 기업과 사업 관계를 가짐으로 해당 기업이 자행하는 인권 위배를 간접적으로 지원하게 되는 경우도 이에 포함된다.

인권경영은 1948년 12월 10일 파리에서 열린 제3차 유엔총회에서 채택된 '세계인권선언(Universal Declaration of Human Rights)'에 바탕을 두고 있다. 세계인권선언은 *"인간은 누구나 인권을 향유한다는 것을 선언함과 동시에 인권을 존중할 의무는 국가뿐만 아니라 사회의 모든 조직과 개인에게도 부과된다"*는 선언이다. 즉, 인권을 보호하고 증진하는 데 있어 기업도 예외가 될 수 없다는 것이다. 2011년 유엔 인권이사회는 '유엔 기업과 인권이행 원칙'을 채택하여 "사회의 구성원으로서 기업도 인권을 존중할 책임이 있으며, 기업 활동으로 인권 침해가 발생하면 피해자를 구제해야 함"을 명확히 했다.

오늘 우리가 이해하고 있는 인권의 개념은 구약시대나 신약시대에는 존재하지 않았지만, 인권존중 정신은 인간 창조 역사와 동시에 전제되어 있다. 창세기 1장 27절에 *"하나님이 자기 형상 곧 하나님의 형상대로 사람을 창조하시되 남자와 여자를 창조하셨다"*고 말씀하신다. 하나님의 형상을 따랐다는 것은 한 사람의 생명과 존재의 가치가 그만큼 귀중하다는 것이다.

창세기 2장 7절에서도 *"여호와 하나님이 땅의 흙으로 사람을 지으시고 생기를 그 코에 불어 넣으시니 사람이 생령이 되니라"*고 말씀하신다. 하나님은 생기, 즉 자신의 영을 인간의 코에 불어 넣으셨고, 그러자 사람이 생명체가 되었다는 것이다. 그런데 그 생명체가 단순한 생명체가 아니라 하나님의 형상을 따라 창조되었으며 하나님의 영이 내재하고 있다는 것이다. 흙 자체는 아무런 생명력이 없지만 하나님의 살리는 영이 흙으로 지은 형상에 들어가자 인간은 살아있는 영이 되었으며, 영적 존재로서 하나님과 교제할 수 있는 존귀한 특권을 가지고 있다는 것이다.

창세기 말씀 이외에도 배경이나 지위와 관계없이 모든 사람이 공정하고 정의로운 대우를 받아야 함을 강조한 말씀이 있다. 레위기 19장 13~15절에 *"네 이웃을 억압하지 말며 착취하지 말며 품꾼의 삯을 아침까지 밤새도록 네게 두지 말며, 너는 귀먹은 자를 저주하지 말며 맹인 앞에 장애물을 놓지 말고 네 하나님을 경외하라 나는 여호와이니라, 너희는 재판할 때에 불의를 행하지 말며 가난한 자의 편을 들지 말며 세력 있는 자라고 두둔하지 말고 공의로 사람을 재판할지며"*라고 말씀하신다. 어떤 형태로든 사람을 차별하지 말라는 것이다. 빈부에 따라, 신분의 차이에 따라, 장애 여부에 따라 인간이 차별받아서는 안 되며 존중받을 권리가 있다는 것이다.

예수님은 당시의 신분제 사회 속에서도 지위고하를 막론하고 모든 인간이 구원받을 수 있는 길을 열어주셨다. 사회적으로 천대받던 한센병 환자, 세리와 창녀, 노예를 포함하여 모든 사람이 믿음을 통해 구원에 이르는 동일한 은혜를 베푸신 것이다. 예수 그리스도의 사랑과 평등의 정신은 초대교회 성도들에게로 계승되었다. 초대교회 성도들은 신분과 계급, 성별과 연령 차이와 관계없이 그리스도 안에서 서로 도우며 극심한 박해를 이겨나가고 함께 신앙을 지켰다.

에베소에서 바울이 전해주는 복음을 듣고 회심한 빌레몬은 도망한 노예 오네시모를 용서하고 교회공동체로 초대하여 신앙의 형제로 받아들였다. 빌레몬 당시의 로마 사회는 노예를 사유재산이자 사고 팔 수 있는 물건으로 여기는 노예의 인권이 없던 사회였다. 그리스도 안에서 사회제도와 신분을 초월하여 공동체를 만들어간 초대교회는 21세기 ESG 인권경영을 실천한 것이다.

ESG경영의 지표 중 인권과 관련된 몇 가지 요소가 중요한 평가 지표로 포함되어 있다. 가령 국내외 주요 13개 ESG 평가 지표와 공시 기준을 반영하여 정리한 'K-ESG 가이드라인'을 보면, 유엔 '세계인권선언' 및 '기업과 인권 이행원칙' 등 주요 인권 관련 국제원칙과 협약에 기반하여, 기업이 인권경영 정책을 실행하고 있는지를 평가한다. 구체적으로는 차별금지, 근로조건 준수, 인도적 대우, 강제근로 금지, 아동노동 착취 금지, 결사 및 단체교섭의 자유, 산업안전 보장, 지역 주민 인권 보고, 고객의 인권 보호와 관련된 정책 여부다.

'K-ESG 가이드라인'은 유엔 세계인권선언 제20조에서 제시하는 결사의 자유를 보장받을 수 있는지와 근로자 이해 대변 및 협력적 노사관계를 위한 협의기구 유무와 실효성, 안전보건 추진체제를 갖추고 있으며 효과적으로 운영되고 있는지도 평가하도록 제시한다. 산업안전과 관련해서는 산업 평균을 고려한 산업재해율 현재 수준과

추세를 동시에 고려함으로 그 효과성을 평가하도록 제시하고 있다.

ESG 인권경영은 인간의 존엄성을 지키자는 관념적 수준에 머무는 것이 아니고 기업을 운영하면서 생산, 유통, 판매과정에서 관련되는 모든 인간의 존엄성이 구체적으로 지켜져야 함을 의미한다. 가령 근로자들이 유해한 작업환경에 노출되므로 건강을 잃게 된다면 근로자의 생명권을 위협하는 것이며 비인도적이기도 하다. 공장이 위치한 지역에 폐수를 방출하는 것은 지역 주민의 주거환경과 안전성, 보건을 위협하는 직접적인 인권 침해행위이다.

기업이 우수한 협상력을 이용하여 협력사 또는 하청 업체에 부당한 거래조건을 강요함으로써 노동기준을 위반하는데 간접적으로 영향을 준 것도 인권경영에 실패한 다른 사례가 될 수 있다. 이러한 인권침해는 중지되어야 하며 기업은 선제적으로 예방될 수 있는 절차와 규정을 갖추어야 한다.

유럽연합(EU) 집행위원회는 '기업 지속가능성 실사 지침(Directive on Corporate Sustainability Due Diligence)'을 통해 공급망 상의 인권 침해에 대한 실사를 요구하고 있다. 인권 훼손을 하는 다른 기업과 거래 관계를 가짐으로 그들의 수익 창출에 이바지해서는 안 되며, 인권경영의 대상을 노동자, 소비자, 협력업체, 지역사회 등으로 확산한 지침이다. 예를 들어 거래 기업이 온실가스 저감(低減)과 관련된 신재생에너지 설비를 생산하는 기업일지라도 강제 노동, 인권탄압과 관련된 기업이라면 거래를 하지 않는 것이 인권경영의 취지에 맞는다는 것이다.

잠언 31장 8~9절 말씀에 *"너는 말 못하는 자와 모든 고독한 자의 송사를 위하여 입을 열지니라. 너는 입을 열어 공의로 재판하여 곤고한 자와 궁핍한 자를 신원할지니라"* 즉 기업은 사업을 운영하는 가치사슬(Value Chain) 과정에서 만나게 되는 다양한 이해관계자 중 처지가 딱하고 어려운 약자의 존엄성과 가치를 훼손시키지 않는 방향으로 공정하게 의사결정을 하라는 것이다. 더 나아가 신원(伸冤)하다, 즉 더 적극적으로 가슴에 맺힌 원한까지 풀어 주라고 말씀한다.

최근 들어 국내외의 많은 기업이 인권경영을 위한 실질적인 노력을 기울이기 시작했다. 가령 POSCO 홈페이지에 공지된 'ESG 인권경영 가이드라인'을 보면, "세계인권선언, 유엔 기업과 인권에 관한 이행원칙, 유엔글로벌콤팩트, OECD 다국적기업 가이드라인 등 국제적으로 통용되는 인권 관련 국제기준을 존중하고 지지한다"고 명시하고 있다. 이러한 기업의 인권경영 노력은 단기적으로 비용을 증가시키겠지만 결국 명성을 높이고 리스크를 낮추며 새로운 수익 창출 기회를 가져다줄 것이다. 존귀하게 창조된 인간의 가치를 소홀하게 생각하는 기업의 물건은 구매하지 않는 가치소비가 더욱 활성화되어야 할 시점이다.

3.2. ESG 지속가능경영과 공급망 그리고 가치사슬의 성경적 의미

베드로전서 2장 9절의 말씀에는 *"너희는 택하신 족속이요 왕 같은 제사장들이요 거룩한 나라요 그의 소유가 된 백성이니 이는 너희를 어두운 데서 불러내어 그의 기이한 빛에 들어가게 하신 이의 아름다운 덕을 선포하게 하려하심"*을 전하고 있다. 즉, 성도의 거룩한 영향력에 대해 말씀하고 있는 것이다.

ESG경영은 예수 그리스도의 아름다운 덕을 선포하라는 성경 말씀의 권면과 밀접하게 연결될 수 있다. 예수 그리스도의 아름다운 덕을 선포하라는 것은 '예수님을 본받아 선한 일을 하자!' 또는 '하나님의 자녀로 거룩한 삶을 살자!' 등 좋은 말 잔치로 끝나는 것이 아니라, 구체적인 행동을 요구하는 것이다.

하지만 막상 구체적인 행동을 하려고 하니, 무엇부터 해야 할지 판단하기 어렵다. 결국 성도들은 교회 공동체 속에 있을 때만 거룩한 모습을 가장하고, 막상 삶 속에서는 아름다운 덕의 선포를 위한 자각과 실행 과정이 없음을 자연스럽게 받아들인다.

ESG경영의 목적은 아이러니하게도, 베드로전서 2장 말씀에 성도들에게 명령한 '아름다운 덕을 선포하라'를, 법적 및 경제적 실체인 기업이 나서서 실행하자는 것이다. 기업의 가치 창출은 자원의 투입(input)과 목표 달성을 위한 핵심역량의 적용(process), 그리고 일차적 목표에 해당하는 산출(output)로 이어지는 일련의 과정을 거치게 된다.

이러한 가치창출과정은 가치사슬(value chain)로 표현되기도 하는데, 가치사슬은 기업 활동에서 부가가치를 만들어 내기 위해 직접 또는 간접적으로 연결되는 일련의 활동과 기능, 프로세스를 말한다. ESG경영은 이러한 전통적인 가치사슬을 연장하여, 결과(outcome)와 영향(influence)으로까지 확장한 개념이다.

ESG경영의 관점에서 투입(input)이란, 기업이 이웃(공동체)을 위한 가치를 만들어내기 위한 목적으로 자원을 투입하고 기회비용을 기꺼이 부담한 부분을 말한다. 이러한 투입은 기업이 나서서 공동체가 부담할 비용을 줄여준 부분이기도 하다.

과정(process)이란 자원을 투입하여 자신뿐 아니라, 공동체(이웃)가 함께 누릴 수 있는 부가가치를 만들어 내기 위해 수행한 전체 활동을 의미한다. 이러한 과정을 거친 ESG 프로그램은 일차적 성과인 산출(output)로 실현되는데, 가령, 코로나19로 인해 어려움에 빠진 소상공인의 재기를 돕기 위해 특정 ESG 프로그램을 실행한 결과, 총 500명의 소상공인이 해당 프로그램의 혜택을 보았다든지, 취약계층 위생개선 및 긴급재난지원 프로그램의 실행 결과 특정 지역 주민 6천 명에게 식생활 용품 및 위생용품을 제공해 주었다는 등 일반적으로 계량화된 실행의 수치로 나타낼 수 있다.

결과(outcome)는 이러한 실행이 일차적인 수혜자에게 장기적으로 어떠한 부가가치를 만들어 냈는지와 관련되며, 영향(influence)은 이러한 ESG 활동의 결과 사회와 공동체에 어떠한 긍정적인 파급효과를 가져다 줄 것인가와 관련된다. 이상과 같이 기업에서 실천하는 ESG경영은, 예수 그리스도의 아름다운 덕을 세상에 널리 선포하라는 베드로전서의 명령과 너무나 일치되는 접근이다.

특히 최근에는 유럽연합(EU)의 '공급망 실사법(Directive on corporate sustainability due diligence)'과 독일의 '공급망 실사법' 등으로 기업의 공급망 전반에 대한 환경 및 인권 위험에 대한 성과에 대한 관심이 높아졌다. 기업들이 공급망 내에서 ESG 지표를 어떻게 관리하고 성과를 높일 것인가에 대한 구체적인 실행을 요구받게 된 것이다. 공급망이란 상품 또는 서비스를 생산하고 유통하는 일련의 프로세스이다.

그리고 공급망관리(Supply Chain Management, SCM)란 기업에서 생산·유통 등 모든 공급망 단계를 최적화해 수요자가 원하는 제품을 원하는 시간과 장소에 제공함으로 고객의 가치를 극대화하고 경쟁우위를 확보하기 위한 모든 활동을 뜻한다.

이러한 공급망관리의 관점을 교회에 적용해 보면 하나님의 진리의 말씀을 세상에 널리 전하고, 삶의 현장에서 '그리스도의 아름다운 덕을 선포'하는 전체의 과정이라고 할 수 있다. 공급망관리는 예수 그리스도의 진리를 선포하는 신앙공동체로서 교단과 개교회, 담임목사와 부교역자, 직분자와 성도에 이르는 모든 관계 속에서 '신령과 진정으로 드리는 예배'(요한복음 4:24)를 회복할 수 있도록 함께 협력하자는 것이다.

또한 지속가능공급사슬 운영관리는 쇠퇴기를 경험하고 있는 21세기 교회가 지속가능한 영적, 사회적 가치를 창출하고 세상에 흘려보내기 위해 참고해야 할 중요한 개념이다. 이는 신령과 진정의 예배를 회복하고, 말씀을 연구하고 기도하며, 세상과 소통을 위한 다양한 노력, 교회에서 사용되는 각종 물품과 서비스, 자원을 지혜롭게 관리하여 성경적 가치사슬 내에서 환경적, 사회적 선한 영향력을 지속적으로 확장시켜 갈 수 있도록 하는 것이다. 교회의 공급망관리는 이 땅에 실현되는 하나님 나라의 가치사슬에 변화를 가져오고, 작은 변화가 모여서 교회의 아름다운 문화와 그리스도의 향기를 만들어 낼 것이다.

3.3. ESG 지속가능경영과 중소형교회

기독교 공동체는 지난 2019년 이후 이어져 온 ESG 지속가능경영에 대한 세계적인 관심과 흐름에 주목해야 할 중요한 이유가 있다. 특히 MSCI(Morgan Stanley Capital Investment)나 S&P Dow Jones 등 주요 글로벌 ESG 평가 기관들이 기업의 ESG 성과를 평가할 때 최근 들어 더욱 강조하는 항목 중 하나는, 기업의 가치사슬 내 중소 협력업체와의 협력 여부와 그에 대한 관리체계의 실효성이다. 유사한 맥락에서 볼 때 개신교는 개 교회 중심의 목회 구조로 인해 대형교회와 중소형교회 간 협력이 체계적으로 이루어지지 못하는 한계를 안고 있다. 그러나 최근 들어 일부 대형교회와 교단 차원에서 중소형교회의 건강한 성장을 위한 협력의 중요성을 인식하고, 보다 구조적인 협력 모델을 모색하려는 시도가 나타나고 있다. 한편 중소형교회들 가운데에서도 '하나님 사랑, 이웃 사랑'이라는 복음의 핵심 가치를 실천하는 전략으로 ESG 목회를 채택하려는 움직임이 조금씩 나타나고 있다.

이웃 사랑을 어떻게 실천할 것인가를 고민하며 시행착오를 겪어 온 교회 공동체들이, 이제는 ESG 목회, 그린교회 운동이나 지역사회와의 협업 및 소통 등 대안을 모색하고 있는 것은 매우 고무적인 일이다. 오늘날 주요 선진국에서는 젊은 세대의 교회 이탈과 기독교 가치에 대한 도전이 날로 심화되고 있다. 이러한 위기 상황 속에서 교회는 ESG 지속가능경영의 실제 사례를 통해 목회 방향 설정에 있어 새로운 통찰과 실적적 지혜를 얻을 수 있을 것이다. 이는 교회가 세상으로부터 아무것도 배울 것이 없다는 이원론적 사고에서 벗어나, 오히려 겸손한 자세로 구별되어야 하며 도전과 교훈을 받아들이고, 이를 통해 자신을 성찰하고 갱신하려는 태도로 연결되어야 한다.

복음 전파의 관점에서 중소형교회는 우리 신체의 실핏줄에 해당한다고 볼 수 있다. 대형 물류기업이 재화의 최종 소비자까지의 모든 유통을 책임질 수 없듯이 중소형교회는 기독교 공동체를 건강하게 만드는 데 중요한 역할을 할 수 있다. 중소형교회는 대형교회가 미치기 어려운 지역사회 깊숙한 곳까지 복음을 전달하고, 세밀한 돌봄과 관계 중심의 사역을 펼칠 수 있는 강점을 가지고 있다. 이는 마치 인체의 실핏줄이 주요 장기와 말단 조직 사이에서 생명을 유지하는 필수적 역할을 하듯, 중소형교회는 지역의 소외된 이웃, 복음이 닿기 어려운 생활권, 그리고 개별 가정에 이르기까지 복음의 생명을 흘려보내는 통로가 된다. 대형 물류기업이 전국적인 배송망을 구축하더라도, 실제로 고객에게 상품을 전달하는 역할은 지역 단위의 소형 배송 시스템이나 택배망에 의존하는 것과 유사하게, 복음도 결국 각 개인과 가정에까지 도달하기 위해서는 중소형교회와 같은 밀착된 공동체의 사역이 필수적이다.

중소형교회는 소수 인원 중심의 목회 구조로 인해 성도 한 사람 한 사람을 깊이 돌보고, 삶의 변화에 직접 관여할 수 있는 목회적 유연성을 가진다. 또한 특성에 따라 지역사회와의 물리적·심리적 거리도 가깝기 때문에 이웃을 위한 실질적 봉사와 연대, 소외계층과의 정서적 연결, 공공기관이나 지역 리더십과의 협력, 지역 청소년과 가정 회복 사역 등에서 실질적 영향력을 발휘할 수 있다. 무엇보다도 중소형교회는 익명성이 아닌 공동체성을 기반으로, 정서적 유대가 높을 수 있고 삶을 나누는 교회다. 이로 인해 사람들은 단순한 종교적 체험이 아니라, 살아 있는 그리스도의 몸을 경험하게 되며, 이는 곧 복음이 실현되는 장소가 된다.

오늘날 한국 사회는 IT 기술의 급속한 발전과 개인화된 문화의 확산으로 인해 점점 더 파편화되고, 전통적인 공동체의 틀이 약화되고 있다. 이러한 변화는 교회의 사역 방식에도 변화를 요구한다. 더 이상 '한 교회가 모든 것을 다 감당할 수 있다'는 전제는 통하지 않는다. 복음 사역도 분화된 사회 구조에 맞춰 다양하게 접근해야 하며, 대형교회와 중소형교회가 각각의 강점을 살려 사역의 역할을 분담하고 상생할 수 있는 구조를 마련하는 것이 시급하다.

대형교회는 풍부한 인프라와 자원을 바탕으로 대중적이고 공공적인 사역인 미디어 선교, 글로벌 선교, 전문사역자 양성, 재난 구호 등에 집중할 수 있다. 이는 마치 인체의 대동맥과 대정맥이 신체 전체에 혈액을 공급하고 순환시키는 것과 같다. 그러나 혈액이 실제로 세포에 영양을 공급하는 기능은 실핏줄을 통해 이루어진다. 이와 같이, 중소형교회는 우리 몸의 실핏줄과 같이 지역 공동체의 세밀한 필요를 살피고, 개인과 가정 중심의 밀착형 목회와 전도 사역을 감당할 수 있다. 소규모 공동체 안에서의 치유, 상담, 구제, 교육은 훨씬 더 유기적이며, 단절된 현대 사회에서 점점 더 중요한 가치로 부각될 수 있다.

기술 발전은 정보를 쉽게 전달하지만, 동시에 인간관계를 단절시키기도 한다. 이런 시대적 변화 속에서 공통의 관심사를 공유하는 소그룹 사역, 또는 지역성과 문화를 반영한 맞춤형 사역은 점점 더 필요해지고 있다. 중소형교회는 유연성과 접근성을 바탕으로 이러한 관심 공동체를 수용하고 돌보는 데 강점을 가지고 있다. 반면 대형교회는 보다 전문적인 온라인 콘텐츠 제작, 플랫폼 구축, 교단 네트워크 연결 등을 통해 중소형교회가 사역에 필요한 리소스를 공급하는 허브 역할을 감당할 수 있다.

ESG 지속가능경영의 핵심 원리는 '상생'이다. 이는 기업만이 아니라 교회에도 적용될 수 있는 윤리적 프레임인 것이다. 대형교회는 콘텐츠 및 플랫폼의 인프라를 제공하고, 중소형교회는 지역 단위에서 실제 실행력을 확보하는 구조로 협력할 수 있다. 교회는 투명한 재정 운영, 공동체적 의사결정 구조, 리더십의 책무성을 갖추어야 하며 ESG 기반 목회 협력 네트워크 구축을 고려할 수 있다. 즉 사회봉사와 환경운동을 연계한 지역 협력체 구성을 통해 공공성과 공신력을 확보하고 선한 영향력을 실행하는 것이다.

예수님의 산상수훈은 구제의 '은밀함'을 강조하셨지만, 동시에 그 선행은 감추어져 있어도 반드시 드러나는 빛이 되어 세상에 영향을 미칠 것이라고 하셨다.

(마태복음 5:14-16)

14 너희는 세상의 빛이라 산 위에 있는 동네가 숨겨지지 못할 것이요

15 사람이 등불을 켜서 말 아래에 두지 아니하고 등경 위에 두나니 이러므로 집 안 모든 사람에게 비치느니라

16 이같이 너희 빛이 사람 앞에 비치게 하여 그들로 너희 착한 행실을 보고 하늘에 계신 너희 아버지께 영광을 돌리게 하라

이 시대, 교회의 빛은 규모의 확장이 아니라 공동체성과 진정성, 그리고 공공성을 통해 드러나야 한다. 대형교회와 중소형교회가 경쟁의 프레임을 넘어 협력의 관계로 전환할 때, 한국교회는 다시 세상을 비추며 새로운 부흥의 지평을 맞이하게 될 것이다. 이것이 바로 ESG 지속가능경영이 강조하는 '상생의 윤리와 지혜'가 기독교계에도 필요한 이유이다. 교단과 대형교회가 대동맥과 대정맥의 역할을 감당하고, 중소형교회들이 실핏줄처럼 각자의 정체성을 세워 건강하게 기능할 수 있도록 함께 고민하고 협력할 때, 한국교회 전체는 마침내 모든 사람을 비추는 거룩한 빛으로 서게 될 것이다.

한편 예수님께서는 산상수훈에서 *"너는 구제할 때에 오른손이 하는 것을 왼손이 모르게 하라(마태복음 6:3)"*고 말씀하시며, 사람에게 보이기 위한 외식적인 구제가 아니라 하나님 앞에서 은밀하게 행하는 참된 구제를 강조하셨다. 이는 진정성이 없이 행해지는 워싱(washing), 곧 보여주기식 선행을 경계하신 말씀으로 볼 수 있다. 교회와 그리스도인의 선한 행실은 의도적으로 드러내지 않더라도, 결국 사회 공동체 안에서 자연스레 드러나며, 그 선한 영향력을 통해 세상을 변화시키는 거룩한 힘이 될 수 있다.

오히려 이제는 다양한 문화와 배경을 가진 사람들에게 예수 그리스도의 복음을 실천적 진리로 전하고, 그들과 소통할 있는 전략적 지혜가 기독교 공동체에 더욱 요구되는 시대다. ESG경영의 원리를 접목한 'ESG 지속가능목회'를 통해 교회와 신앙인들이 시대의 변화와 요구를 바르게 이해하고 실천하며 세상과 소통할 때, 비로소 새로운 부흥의 전환점을 만들어 갈 수 있을 것이다.

3.4. ESG 공급망관리 관점의 중소형교회

공급망관리란 기업이 원자재 및 부품에서 제조, 물류, 유통, 소비자에 이르기까지의 흐름을 설계하고 집행하며, 통제와 모니터링을 하는 활동이다. 여기에는 다수의 공급자, 유통채널, 외부 파트너들이 연결되어 있고, 기업은 이 전체 네트워크 속에서 비용 효율성, 품질, 납기, 리스크 관리를 하게 된다. ESG 관점이 공급망관리에서 중요한 이유는 공급망이 환경·사회·지배구조 측면에서 기업의 가장 큰 영향력 통로가 되기 때문이다.

ESG 관점의 공급망관리(Supply Chain Management)를 성경적으로 조명하려면, 책임 있는 관계망 관리, 공정성과 투명성, 창조세계의 돌봄, 상생과 신뢰의 네트워크라는 핵심 개념과 연결할 수 있다. 시편 24편 1절에는, "땅과 거기 충만한 것과 세계와 그 가운데 사는 자들은 다 여호와의 것"임을 명확히 한다. 모든 자원과 생태는 하나님의 소유이므로, 기업의 자원 관리와 공급망 설계도 하나님의 주권 아래 있음을 인식하는 것이 중요하다.

공급망은 가치 창출을 위한 관계의 네트워크이다. 기독교 안에서도 가치 창출을 위한 건강한 네트워크의 존재가 중요하다. 성경은 공동체적 상생과 정의의 질서를 강조한다. 전도서 4장 9~10절에는 *"두 사람이 한 사람보다 나음은 그들이 수고함으로 좋은 상을 얻을 것임이라. 혹시 그들이 넘어지면 하나가 그 동무를 붙들어 일으키려니와"*라는 말씀이 나온다. 이는 공급망 ESG경영의 핵심 가치인 상생과 협력을 위해 협력사 및 파트너의 네트워크의 작동이 필요하듯 ESG 공급망관리의 원리는 교회 간의 관계 안에서도 성취되어야 할 영적 원리임을 보여준다.

로마서 12장 4~5절에는 *"우리가 한 몸에 많은 지체를 가졌으나 모*

든 지체가 같은 기능을 가진 것이 아니니, 이와 같이 우리 많은 사람이 그리스도 안에서 한 몸이 되어 서로 지체가 되었느니라" 말씀한다. 이 말씀은 공급망의 다양한 구성원이 하나의 생명체처럼 유기적으로 연결되어야 함을 시사한다. 유사하게 빌립보서 2장 4절에는 *"각각 자기 일을 돌아볼 뿐더러 또한 각각 다른 사람들의 일을 돌아보아 나의 기쁨을 충만하게 하라"*고 말씀한다. 이는 ESG 공급망의 기본 정신인 '타인의 행복을 고려하는 경영'에 대한 성경적 원리임을 나타낸다.

생산된 물건을 최종적인 소비자에게 전달하는 다운스트림(Downstream)에서 발생하는 ESG 이슈를 어떻게 관리할 것인가가 중요한 주제로 부상하면서, 중소 물류업체들의 역할이 새롭게 주목받고 있다. ESG경영의 관점에서 보자면 중소 물류업체가 공급망의 마지막 단에서 고객과 직접 맞닿아 가치를 전달하듯, 중소형교회 역시 진리의 말씀을 '최종 소비자'에게 전하는 역할을 감당한다. 즉, 리테일(Retail) 단계에서 말씀 공급망의 탄력성과 유연성을 확보할 수 있는 중소형교회는, 하나님의 말씀을 세상 속으로 흘려보내는 건강한 실핏줄과 같은 존재이다. 물론, 대기업처럼 규모의 경제를 추구하며 조직과 자원을 동원해 복음을 전하는 대형교회의 역할도 여전히 중요하다. 그러나 규모가 작다는 이유로 "우리가 무엇을 할 수 있을까?" 절망하거나 자신의 가치를 낮게 볼 것이 아니라, 바로 중소형교회야말로 변화의 선봉에 서서 놀라운 역사를 준비하는 원천이 될 수 있다는 사고의 전환이 필요하다.

공급망 상의 모든 실체가 함께 협력하지 않으면 ESG 지속가능경영의 진정한 목표를 달성할 수 없다. 기독교의 공급망은 말씀과 성령의 공급망이다. 말씀과 성령의 공급망이 건강하게 작동되려면 대형교회와 중소형교회의 협력이 매우 중요하다. 이는 지속적인 디지털화와 초연결성으로 대표되는 4차 산업혁명 시대에 가치사슬의 최종목적지인 다양한 개인 소비자 삶의 현장 가장 가까이에서 궁극적 가치를 전달하는 중소물류기업의 역할이 더욱 중요한 것과 마찬가지이다.

ESG경영을 평가하는 MSCI나 S&P Dow Jones 등의 기관에서도 기업의 ESG 성과를 평가할 때 가치사슬 내의 중소협력업체와의 협력 여부와 관리체계의 실효성에 대해 많은 비중을 두고 있다. 기독교 공동체의 위기는 이런 기치 사슬 내의 협력의 중요성을 인지하지 못하고 있는 것이다. 기독교의 개교회 중심 목회의 특성상 대형교회와 중소형교회의 협력이 체계적으로 이루어지지 못하는 측면도 있다. 다행히 최근 들어 일부 대형교회와 교단 차원에서 진리의 말씀을 전파하고 선교적 사명을 실천하는 데 있어서 중소형교회 역할의 중요성을 인식하고 체계적인 지원에 나서고 있다. 한편 최근 들어 여러 중소형교회에서 신약시대 교회 공동체에 주신 계명인 하나님 사랑, 이웃 사랑 실천을 위한 전략으로 ESG 목회를 채택하는 움직임이 나타나기 시작했다. 하나님 사랑, 이웃 사랑을 어떠한 방식으로 실천할지를 많이 고민해 왔고 시행착오를 겪어왔던 교회 공동체가 ESG 지속가능경영에서 그 대안을 찾기 시작한 것이다.

교회는 신앙의 본질을 고수하면서도 변화하는 사회질서와 문화, 환경에 대처하고 모든 민족과 세대에게 복음을 전해야 한다는 최종 목표를 달성하기 위해 끊임없이 변화하고 혁신해야 한다. 이러한 변화와 혁신은 위로부터가 아니라 아래로부터의 이루어 가는 것이 더 효과적일 수 있다. 이를 위해서는 다양한 형태의 중소형교회가 그 역할을 해 줄 수 있다. 환경의 변화에 유연하게 대처하고 다양한 공동체의 상황과 서로 다른 관심을 가지고 있는 사람들에게 더욱 밀접하게 다가갈 수 있는 인생 여정의 파트너로서의 중소형 교회의 역할은 대형교회가 할 수 없는 이 시대에 반드시 필요한 사역이다.

교회의 핵심 이해관계자는 모든 인류를 포함한다. 하지만 ESG 지속가능경영에서와 마찬가지로 교회의 일차적인 이해관계자는 교회 공동체의 구성원인 성도들이다. 성도들에게 올바르고 균형 잡힌 하나님의 진리 말씀을 전하는 것이 교회의 첫 번째 사명이며, 두 번째 중요한 사명이 바로 잠재적인 말씀의 소비자에 해당하는 지역사회에 선한 영향력을 전파하는 것이다. ESG경영에서 선한 영향력의 확산은 임팩트(Impact) 경영으로도 표현된다. 기업 또는 공동체의 선한 영향력이 범위를 넓혀 직접적인 이해관계자와 사회 전반적으로까지 확산시키는 것이다. 교회 공동체의 이해관계자는 좁게는 현재의 성도와 교회가 위치한 지역사회, 넓게는 미래 세대를 포함하는 전 인류, 더 나아가 하나님이 창조하시고 관리하도록 맡기신 자연계에까지 그 개념이 확장된다.

세계역사를 보면 변화와 혁신은 그 필요성을 가장 먼저 경험하게 되는 새로운 세대와 비주류에서 시작되었다. 그동안 전통 교단과 대형교회에서 하지 못했던 혁신을 제한된 자원과 어려움 가운데 있는 중소형 교회에서 먼저 시작될 수 있다는 것이다. 중소교회가 지역사회와 함께 할 수 있는 영적 혁신을 선도해야 하는 시점이 된 것이다. 그 구체적인 전략은 현재 진행 중인 기업의 수많은 ESG 공급망 관리 사례를 통해서도 배울 수 있다. 교회가 지역사회와 어떻게 소통하고 선교적 사명을 지혜롭게 실천할 것인가의 관점에서 교회가 ESG 지속가능경영에서 참고할 수 있는 사례가 많다는 것이다.

교회의 가치는 교회의 크기나 교인 수와 같은 유형자산에 있지 않다. 오히려 하나님께서 주신 사명을 어떻게 지혜롭게 감당하느냐에 달려 있으며, 그 핵심은 진정성과 실천력이라는 무형자산에 있다. 누가복음 16장 10절 말씀 *"지극히 작은 것에 충성된 자는 큰 것에도 충성되고, 지극히 작은 것에 불의한 자는 큰 것에도 불의하니라"*는 바로 이러한 진리를 우리에게 들려준다. 유럽과 미국 교회의 쇠퇴 역사는 대형교회나 인프라의 부재 때문이 아니었다. 진정한 위기는 영적 공급망의 붕괴, 그리고 작은 변화의 귀중함을 기독교 공동체가 잊어버린 데서 비롯된 것이다. 그 순간부터 교회는 스스로 쇠퇴의 길을 재촉하기 시작했다.

3.5. ESG 지속가능목회와 영적 공급망(Sacred Supply Chain)

대한예수교장로회 제108회 총회에서 채택된 「지속가능(ESG) 목회 지침」은 기후 위기, 사회 불평등, 교회 내 구조적 문제 등을 창조 질서 회복의 신앙적 과제로 제시하고 있다. 본 지침은 *"하나님의 창조 세계는 인간의 소유가 아니라 하나님의 것"(시편 24:1)*이라는 성경적 선언 위에서, 신앙인의 삶 전반에 걸친 지속가능한 영적 실천을 요청하고 있다. 이 지침은 환경(Environment), 사회(Social), 지배구조(Governance)를 단순한 경영의 틀로 보지 않고, '하나님 나라의 청지기적 질서'로 재해석한다. 즉, ESG는 기업의 관리체계가 아니라 하나님의 정의와 사랑, 그리고 창조의 질서가 인간 사회 속에서 구현되는 방식이다.

총회 지침은 지속가능목회를 다음 세 가지 방향으로 구체화한다. 첫째, 환경적 지속가능성은 창조 세계의 보전이다. 교회는 예배와 건축, 에너지 사용, 식생활, 교통 등 일상에서 창조를 보전하는 영적 실천의 공동체가 되어야 한다. 둘째, 사회적 지속가능성은 사랑과 정의의 공동체 회복이다. 교회는 인권, 다양성, 공정노동, 세대 간 연대 등에서 사회적 책임을 감당해야 한다. 셋째, 지배구조의 지속가능성은 공공성과 투명성이다. 교회의 의사 결정은 민주적이며 공정해야 하며, 재정과 권력은 하나님의 정의에 복종하는 질서 속에 있어야 한다. 이러한 방향성은 '경영'의 언어를 사용하지만, 본질적으로는 "거룩한 삶의 구조화된 질서", 곧 하나님의 통치가 구체적 제도 속에 구현되는 신학적 실천을 뜻한다.

가치사슬(Value Chain)상에서 공급망의 ESG는 현대 조직의 지속가능성과 신뢰성을 결정하는 핵심축이다. 기업의 경쟁력은 단순히 제품과 서비스의 품질에 의해서만 결정되는 것이 아니라, 그 생산과 전달의 전 과정이 얼마나 윤리적이고 지속가능하게 운영되는가에 의해 평가되는 시대가 되었기 때문이다. 가치사슬은 원재료의 조달에서부터 생산, 물류, 판매, 소비, 그리고 폐기 및 재활용에 이르는 전 과정의 가치 창출 활동을 의미한다. 이 전체 과정은 단일 기업의 내부 활동에 국한되지 않고, 수많은 협력업체, 물류 네트워크, 지역사회, 소비자와의 상호 연계 구조 속에서 작동한다. 따라서 가치사슬의 실질적 기반은 공급망(Supply Chain)이며, 공급망의 건전성과 지속가능성이 곧 가치사슬의 품질을 결정한다.

ESG 공급망관리는 단순한 규제 대응이 아니라, 장기적 가치 창출의 전략적 수단이다. 기업이 공급망 단계에서부터 ESG 원칙을 내재화하면, 원가절감과 효율성 향상뿐 아니라 브랜드 신뢰도, 투자 유치, 글로벌 시장 접근성 측면에서도 유리한 위치를 확보할 수 있다. 또한 ESG 공급망은 리스크관리의 선제적 장치이다. 환경오염, 인권침해, 부패 사건은 단일 협력업체의 문제에 그치지 않고, 전체 가치사슬의 신뢰를 붕괴시키는 연쇄적 위기로 확산될 수 있다. ESG 기준을 통한 정기적 평가, 데이터 공개, 협력업체 교육 및 공동 개선 프로그램은 공급망 리스크를 예방하고, 장기적 관계를 강화하는 역할을 한다.

ESG 공급망의 개념은 경제적 효율성의 문제가 아니라 공동선

(Common Good)과 청지기적 책임의 문제로 이해되어야 한다. 성경은 모든 피조물이 서로 연결되어 존재함을 강조하며(시편 104편, 골로새서 1:16~17), 인간이 창조 질서를 보전하는 관리자로 부름을 받았음을 선언한다.

(시편 104:1-5)
1. 내 영혼아 여호와를 송축하라 여호와 나의 하나님이여 주는 심히 위대하시며 존귀와 권위로 옷 입으셨나이다
2. 주께서 옷을 입음 같이 빛을 입으시며 하늘을 휘장 같이 치시며
3. 물에 자기 누각의 들보를 얹으시며 구름으로 자기 수레를 삼으시고 바람 날개로 다니시며
4. 바람을 자기 사신으로 삼으시고 불꽃으로 자기 사역자를 삼으시며
5. 땅에 기초를 놓으사 영원히 흔들리지 아니하게 하셨나이다
...
(골로새서 1:16-17)
16. 만물이 그에게서 창조되되 하늘과 땅에서 보이는 것들과 보이지 않는 것들과 혹은 왕권들이나 주권들이나 통치자들이나 권세들이나 만물이 다 그로 말미암고 그를 위하여 창조되었고
17. 또한 그가 만물보다 먼저 계시고 만물이 그 안에 함께 섰느니라

따라서 공급망에서의 ESG 실천은 단순히 기업의 도덕적 선택이 아니라, 하나님이 세우신 창조 질서 속에서 정의와 공의를 실현하는 행위이다. 교회의 관점에서도 ESG 공급망은 영적 공급망(Sacred Supply Chain)과 맥을 같이한다. 물질적 가치사슬이 지속가능성과 윤리를 통해 생명을 보전하듯, 교회 역시 복음의 공급망을 통해 사랑과 진리를 순환시켜야 한다.

가치사슬 상의 공급망 ESG는 기업과 사회, 그리고 신앙공동체의 미래를 좌우하는 핵심 가치의 구조적 실천이다. ESG가 내재된 공급망은 단순한 물류 시스템이 아니라, 생명과 정의, 공공성을 지탱하는 도덕적 인프라이다. 따라서 공급망의 ESG는 비용이 아니라 신뢰의 자산이며, 규제가 아니라 지속가능한 번영의 조건이다. 궁극적으로 ESG 공급망의 회복은 세속적 시장을 넘어서, 하나님이 기뻐하시는 창조 질서의 회복과 생명 순환의 구현이라 할 수 있다. 공급망 ESG는 '영적 공급망(Sacred Supply Chain)'의 개념으로 연결되어 기독교 공동체에 적용될 수 있다. 신학적 내용을 교회 구조와 생명 순환의 비유로 확장하는 것이다. 즉, ESG 지속가능 목회는 단순히 환경보호나 사회적 책임의 이행이 아니라, '하나님이 세우신 생명의 순환 구조 안에서 교회가 서로 '영적 공급망'으로 연결되어 존재하는 방식'을 의미한다.

'영적 공급망'의 개념은 다음과 같은 세 가지 축으로 설명될 수 있다. 첫째, 창조 질서의 공급망이다. 하나님은 창조 세계를 상호의존적인 생명 체계로 설계하셨다. 마찬가지로 교회 역시 상호 보완적 관계 속에서 존재해야 하며, 이는 창조의 원리를 교회 공동체 안에 구현하는 행위이다. 둘째, 교회의 협력 구조와 관련하여 대형교회는 대동맥, 중소형 교회는 모세혈관처럼 기능하여, 복음과 자원이 순환되는 '영적 생태계'를 형성해야 한다. 셋째, 사명과 실천의 흐름을 연결하는 '영적 공동체'로서의 존재가치이다.

교회의 존재 목적은 규모의 확장이 아니라 공공성과 진정성을 통한 생명의 흐름 회복이다. 말씀과 사랑, 정의와 나눔이 신앙의 공급망을 따라 세상으로 흘러가야 한다. 즉 영적 공급망은 단순한 비유가 아니라, 신학적이고 조직적이며 선교적 구조의 회복을 지향하는 개념이다. ESG의 'G'(Governance)가 지배구조의 윤리성을 뜻한다면, '영적 공급망(Sacred Supply Chain)'은 그 윤리의 영적 실체화를 의미한다.

ESG 지속가능목회는 교회가 세상 속에서 빛과 소금의 역할을 감당하기 위한 새로운 선교적 패러다임이다. 환경을 돌보는 것이 곧 예배이며, 사회 정의를 실천하는 것이 곧 말씀의 순종이며, 교회의 투명한 운영이 곧 복음의 신뢰성을 드러내는 것이다. 즉, 지속가능목회는 '거룩한 경영'이며, 영적 공급망은 그 경영의 생명적 네트워크' 이다. 이 관점에서 교회의 사명은 '성장을 위한 경쟁'이 아니라 '공동체를 위한 순환'이다. 교회는 세상과 단절된 폐쇄적 조직이 아니라, 하나님의 생명 흐름에 참여하는 유기적 존재이다. 따라서 대형교회와 농촌교회, 한국 교회와 세계교회가 협력의 공급망으로 연결될 때, 그것이 바로 하나님의 창조 질서를 회복하는 ESG 목회의 완성이라 할 수 있다.

결국 ESG 지속가능목회는 하나님의 창조 질서와 복음적 정의를 교회 공동체 안에서 재구조화하는 신앙의 체계이다. '영적 공급망(Sacred Supply Chain)'은 그 구조적 메타포로서, 교회가 창조 세계의 생명 순환에 참여하며 복음을 사회 속에 흘려보내는 통로로 서는 것을 의미한다. 이것은 단순한 목회지침이 아니라, 21세기 교회의 존재 방식에 대한 신학적 선언이며, 동시에 교회 생태계 전체를 지속가능하게 하는 거룩한 전략 구조이다.

오늘의 교회가 회복해야 할 것은 화려한 건물이나 규모의 확장이 아니라, 하나님이 세우신 영적 공급망의 회복이다. 대형교회와 중소형 교회, 도시교회와 농촌교회, 한국 교회와 세계교회가 각자의 자리에서 서로 연결되고, 그 생명의 순환을 따라 사랑과 나눔, 정의와 진리를 흐르게 할 때, 교회는 비로소 하나님의 지속가능한 생태계, 곧 거룩한 공급망으로 세워질 것이다.

3.6. ESG 지속가능경영과 성경 속의 조직 몰입 (Organizational Engagement)

경영학에서 조직 몰입(組織沒入: Organization Engagement)이란 조직 내 구성원들이 어떤 목적을 달성하기 위해 정서적으로 몰입된 상태로 자발적 헌신과 열정을 수반한다. 구성원들의 높은 몰입도는 효율성을 높이고 조직이 추구하는 목적을 성공적으로 달성하는데 핵심적인 역할을 한다.

여기서 조직이란 특정한 목적을 달성하기 위하여 여러 개체나 요소를 모아서 체계 있는 집단을 이루는 것으로 기업을 비롯한 영리 및 비영리 기업과 각종 단체를 포함하며 크게는 국가도 이에 속한다. 예수 그리스도를 구주로 고백한 성도들의 모임인 교회, 그리고 교회들로 구성된 교단도 당연히 조직이며, 교회 내에서도 교구, 남녀 선교회, 청년회, 교회학교, 성가대 등 다양한 조직이 있을 수 있다.

몰입 수준이 높은 구성원들은 조직의 목표 달성뿐 아니라 자신의 미래를 위해 무엇을 해야 하는지를 알고 있고, 자신에게 주어진 과업을 성공적으로 마무리하려는 자발적이고 강한 동기와 의지를 가지고 있다.

조직이 최적의 성과를 달성하기 위해서는 구성원들이 높은 몰입 상태를 유지할 수 있는 기술적, 물리적, 문화적 환경을 만드는 것이 중요하다. 전통적 조직이론은 구성원의 조직몰입을 달성하기 위해 다양한 수단을 고려한다.

성과급을 제시하고, 질 높은 음식을 제공하며, 경조사 지원, 건강검진 및 의료비 지원 등 복지 수준을 높이는 것도 그 방안 중 하나이다. 이를 통해 자발적 참여 의지를 높이고 생산성을 높이겠다는 것이다. 하지만 이러한 전통적인 몰입 전략은 구성원의 신뢰와 소속

감을 제고하거나 잠재력을 발휘하도록 하는 데 한계가 있다.

미래학자 제이콥 모건(Jacob Morgan)은 그의 책 '직원 경험(The Employee Experience Advantage)'에서 경험을 통해 조직 몰입도를 높일 수 있다고 제안했다. 사업조직은 수익모델과 물적 및 인적자원이 있어야 하는데 수익모델이나 물적 자원은 다른 조직이 모방하거나 외부에서 조달할 수 있지만, 다른 조직이 모방할 수 없는 것이 바로 인적자원, 즉 구성원이라는 것이다. 모건은 직원 경험(employee experience)을 위한 조직의 문화와 기술, 물리적 환경을 설계함으로써 구성원들이 일하고 싶은 조직을 만들어야 몰입도가 높아진다고 주장했다.

ESG경영의 관점에서도 구성원의 몰입도는 중요한 관리 요소이다. 산업통상자원부가 2021년 말 제시한 'K-ESG 가이드라인'과 2022년 발표한 '공급망 대응 K-ESG 가이드라인', 국제 ESG 보고기준인 GRI(Global Reporting Initiative) 기준에도 고충 처리, 자발적 이직률, 복리후생, 안전보건 의사소통 등 구성원의 몰입과 관련된 지표가 다수 포함되어 있다. 이러한 지표들은 전통적인 인적자원관리의 관점인 보수 및 직무만족도, 유인(誘引)제공이라는 관점이 반영된 것이다.

진정한 조직 몰입은 각 구성원이 자신의 존재 이유에 대한 자각을 기반으로, 수행하는 일을 통해 더 높은 가치를 만들어 내고 사회에 선한 영향을 만들어 내는 데 기여하고 있음을 확인하므로 제고될 수 있다. 단순히 생산성을 높여 더 많은 보수를 받고 각종 복지혜택에만 관심을 가진 구성원이 대부분인 조직이라면 진정한 의미의 조직 몰입을 달성할 수 없다. 이러한 관점에서 현재의 'K-ESG 가이드라인이'나 'GRI 기준'에서 제시한 지표들은 진정한 구성원의 조직 몰입을 평가하는 데 한계가 있다.

성경에도 조직몰입의 좋은 사례가 있다. 바로 다윗의 군대이다.

다윗의 군대는 몰입을 위해 전통적인 보상과 각종 복지혜택을 제공해 줄 상황이 아니었다. 사울왕의 박해를 피해 유대 광야로 쫓겨나 도망 다니는 신세인지라 물적 자원은 당연히 없었고 인적자원도 변변치 않았다. 사무엘상 22장에 보면, 다윗이 아둘람 굴로 도망했을 때, 환란 당한 자, 빚진 자, 마음이 원통한 자들이 다윗 주위에 모여 들었다고 기술한다. 객관적으로 검증된 제대로 된 능력을 가진 인재가 없었다는 것이다.

조직의 리더로서 다윗은 어떠한가? 다윗은 외모, 학문, 경력과 같은 리더로서의 외적인 자격과는 거리가 멀었다. 사무엘이 초심을 잊고 오만하고 불순종하는 사울의 뒤를 이을 왕을 찾기 위해 베들레헴, 이새의 집을 방문한다. 하나님은 출중한 용모와 큰 키를 가진 이새의 큰아들 엘리압과 다른 아들들을 선택하지 않고 양을 지키고 있던 막내아들 다윗을 선택하여 머리에 기름을 붓고 축복한다. 하나님은 사람의 외모를 보고 판단하지 않고 중심이 되는 마음과 생각을 보시는 분(사무엘상 16:7)이시기 때문이었다.

(사무엘상 16:7)

여호와께서 사무엘에게 이르시되 그의 용모와 키를 보지 말라 내가 이미 그를 버렸노라 내가 보는 것은 사람과 같지 아니하니 사람은 외모를 보거니와 나 여호와는 중심을 보느니라 하시더라

동굴에 정착한 다윗을 찾아온 사람들은 비천하고 오합지졸이었지만 그들은 다윗을 중심으로 조직 몰입을 이루고 용감하고 충성스러운 신하가 된다. 새로운 비전과 왕국 건설을 위한 몰입도가 높은 조직이 탄생한 것이다. 구성원의 몰입도를 높이기 위해서는 리더가 존재의 목적을 명확히 하고 비전을 공유할 수 있어야 한다. 다윗은 유대 광야를 떠돌면서 신하들과 생사고락의 경험을 공유하며 위대한 나라를 만들기 위한 비전을 조직몰입으로 실현시킨 것이다.

사울 왕을 피해 다니는 생활에 지친 다윗은 고향 베들레헴 성문 곁의 우물물을 마실 수 있으면 좋겠다는 이야기를 한다(사무엘하 23:15~17). 이 말을 들은 충성스러운 부하 세 명은 블레셋 군이 점령하고 있던 베들레헴에 들어가 우물물을 물통에 채우고 다윗에게 가져다준다. 이 사실을 알게 된 다윗은 자신을 위해 목숨을 걸었던 사람들의 피 값으로 구해온 물을 내가 마실 수 없다고 선언하고 그 물을 하나님께 드린다. 더 나아가 *"여호와여 내가 나를 위하여 결단코 이런 일을 하지 아니하리이다"(사무엘하 23:17)* 선언한다.

(사무엘하 23:15-17)
15. 다윗이 소원하여 이르되 베들레헴 성문 곁 우물 물을 누가 내게 마시게 할까 하매
16. 세 용사가 블레셋 사람의 진영을 돌파하고 지나가서 베들레헴 성문 곁 우물 물을 길어 가지고 다윗에게로 왔으나 다윗이 마시기를 기뻐하지 아니하고 그 물을 여호와께 부어 드리며
17. 이르되 여호와여 내가 나를 위하여 결단코 이런 일을 하지 아니하리이다 이는 목숨을 걸고 갔던 사람들의 피가 아니니이까 하고 마시기를 즐겨하지 아니하니라 세 용사가 이런 일을 행하였더라

다윗은 사울 왕처럼 논공행상에 따른 보상과 처벌이라는 전통적인 조직 몰입 수단을 사용하지 않았다. 대신에 다윗은 다음과 같은 요건을 통해 조직 몰입이라는 결과를 이끌어 낼 수 있었다. 첫째, 다윗과 그의 신하들은 고난과 성취의 과정을 함께 경험했다. 둘째, 그들은 하나님 중심이라는 문화를 공유했다. 셋째, 다윗은 위기 상황에 처할 때마다 목동이었던 청소년 시절 터득한 기술과 지혜를 활용했다. 블레셋 군대의 거인 장수인 골리앗을 물맷돌 기술로 물리친다.

맹수로부터 양을 지키기 위해 발휘했던 용맹함과 지략으로 수많은 전쟁을 승리로 이끌었다. 다윗은 열악한 물리적 환경에 따른 경험을 구성원과 함께하고, 여호와 중심의 문화를 공유하고, 지략과 기술을 통해 위대한 왕국을 이룬 것이다.

3.7. 성경을 통해 보는 ESG 지속가능경영의 다양성

다양성(diversity)은 ESG 중 중요한 사회성과(social performance) 평가 요소 중 하나이다. 기업의 다양성을 평가하는 주요 목적은 우선 조직 내에 고착화된 차별적 문화를 완화함으로써 구조적 부정의(lack of justice)를 개선하자는 것이며 이는 조직의 사회적 가치를 높이는데 기여하기 때문이다. 조직 내 다양성 제고의 또 다른 중요한 목적은 창조적이고 혁신적인 조직 문화 형성과 이를 통해 기업의 경제적 가치를 높이는 데 있다. 다양한 시각과 혁신적 문화는 새로운 사업 기회를 발굴하고 변화된 환경에 대처하는 역량을 높이는 데 도움이 된다.

물론 조직 구성원이 다양하다고 무조건 좋은 것은 아니다. 산업의 특성과 수익모델, 조직의 라이프사이클 단계에 따라 다양성의 효과가 달라질 수 있다. 또한 다양한 관점보다는 일사불란하고 신속한 추진력이 필요한 라이프사이클상의 시기도 있다. 그럼에도 불구하고 다양성을 ESG 사회성과 영역에서 중요하게 고려하는 이유는 기업의 지속가능성에 틀림없이 긍정적인 효과가 있기 때문이다. 그리고 그 효과는 과거 어느 때보다 더욱 커지고 있으며 앞으로 더 커질 것이다.

다양성을 평가하기 위해서 MSCI, Bloomberg, CDP, S&P, 한국 ESG 기준원 등 주요 ESG 평가기관들은 몇 가지 측정지표를 제시하고 있다. 국가 차원에서도 ESG경영과 평가대응을 위해 노력하고 있으며, 그 일환으로 산업통상자원부 등 관계부처 합동연구팀은 2021년 12월 K－ESG 가이드라인 1.0을 발표했다. 이 가이드라인은 위에 언급한 주요 평가기관을 포함한 13개 기관의 평가지표를 종합한 내용으로 구성되어 있는데 ESG의 사회성과 영역 중 다양성 평가지표로 2가지를 제시하고 있다.

첫 번째 지표는 조직 내의 여성 구성원의 비율이다. 가이드라인은 "국내 인구 구조적 특성을 반영하여 성별에 따른 다양성을 강조했음"을 강조하고 있다. 미국과 같이 다인종 사회에서는 성별 다양성뿐 아니라 인종별 다양성도 매우 중요한 평가지표 중 하나이다. 모든 종류의 차별을 금지하고 있는 미국의 경우 인종과 성별뿐 아니라, 연령, 국적 다양성 등도 ESG사회성과 측정 시 중요한 고려 요소이다. 다양성을 측정하기 위해 조직의 전체 구성원 대비 특성별 구성원이 차지하는 비율을 직급별로 점검하여 구성원 다양성이 관리되고 있는지를 확인하는 것이다.

두 번째 지표는 평균 급여액 대비 여성 급여 비율이다. 이는 단순한 신체적 차이를 사유로 급여 지급에 차별을 두는 인사제도, 고용관행이 있는지를 평가하겠다는 것이다. 구체적으로 조직의 구성원 중 성별 급여 차이를 비율로 환산하여 평가함으로 ESG 성과평가에 반영하겠다는 접근이다. 물론 조금 더 정교하게 측정하기 위해서는 동종 산업 내 비율을 비교하여 상대평가를 할 수도 있다.

특정 그룹이 조직을 장악하고 기득권을 유지하는 방식으로 조직을 운영하는 것은 기업의 경제적 가치에도 해가 될 것이지만 기독교적 가치에도 일치하지 않는다. 성경에서도 ESG 성과평가 시 다양성 측정 취지와 연결될 수 있는 여러 사례가 등장한다. 여호수아 14장 6~15절을 보면 그니스 사람 여분네의 아들 갈렙에 대한 이야기가 나온다. 성경은 갈렙에 대해서 말씀할 때마다 굳이 그니스 사람이라고 밝히고 있다. 그니스 사람은 이스라엘 민족이 아니라 에돔 출신 이방인이었다. 그니스 사람들이 애굽에서 히브리인들과 함께 섞여서 노예살이하고 있다가 모세가 출애굽시킬 때 같이 섞여 나온 것으로 추정된다. 그리고 갈렙이 섞여 살던 이웃이 아마 유다 지파이었던 것 같다.

(여호수아 14:6-15)

6. 그 때에 유다 자손이 길갈에 있는 여호수아에게 나아오고 그니스 사람 여분네의 아들 갈렙이 여호수아에게 말하되 여호와께서 가데스 바네아에서 나와 당신에게 대하여 하나님의 사람 모세에게 이르신 일을 당신이 아시는 바라

7. 내 나이 사십 세에 여호와의 종 모세가 가데스 바네아에서 나를 보내어 이 땅을 정탐하게 하였으므로 내가 성실한 마음으로 그에게 보고하였고

8. 나와 함께 올라갔던 내 형제들은 백성의 간담을 녹게 하였으나 나는 내 하나님 여호와께 충성하였으므로

9. 그 날에 모세가 맹세하여 이르되 네가 내 하나님 여호와께 충성하였은즉 네 발로 밟는 땅은 영원히 너와 네 자손의 기업이 되리라 하였나이다

10. 이제 보소서 여호와께서 이 말씀을 모세에게 이르신 때로부터 이스라엘이 광야에서 방황한 이 사십오 년 동안을 여호와께서 말씀하신 대로 나를 생존하게 하셨나이다 오늘 내가 팔십오 세로되

11. 모세가 나를 보내던 날과 같이 오늘도 내가 여전히 강건하니 내 힘이 그 때나 지금이나 같아서 싸움에나 출입에 감당할 수 있으니

12. 그 날에 여호와께서 말씀하신 이 산지를 지금 내게 주소서 당신도 그 날에 들으셨거니와 그 곳에는 아낙 사람이 있고 그 성읍들은 크고 견고할지라도 여호와께서 나와 함께 하시면 내가 여호와께서 말씀하신 대로 그들을 쫓아내리이다 하니

13. 여호수아가 여분네의 아들 갈렙을 위하여 축복하고 헤브론을 그에게 주어 기업을 삼게 하매

14. 헤브론이 그니스 사람 여분네의 아들 갈렙의 기업이 되어 오늘까지 이르렀으니 이는 그가 이스라엘의 하나님 여호와를 온전히 좇았음이라

15. 헤브론의 옛 이름은 기럇 아르바라 아르바는 아낙 사람 가운데에서 가장 큰 사람이었더라 그리고 그 땅에 전쟁이 그쳤더라

선민의식으로 배타적인 이스라엘 민족 속에서 갈렙과 같은 이방인 출신이 겪었을 서러움은 대단했을 것이다. 그럼에도 불구하고 갈렙은 꿋꿋하게 그 차별을 견뎌냈다. 더 나아가 충성스러움과 지혜로움으로 가데스 바네아에서 유다 지파의 대표 정탐꾼으로 지명되기도 했다. 지도자 모세의 인재 등용 원칙을 보여주는 좋은 사례이다. 인종 및 출신성분과 관계없이 능력과 성품에 따라 인재를 등용한 것이다. 여호수아에 나오는 갈렙은 굉장히 긍정적인 성품과 비전을 가진 사람이었는데 그의 긍정적인 사고는 하나님 약속에 대한 굳건한 믿음에서 온 것이었다.

모세를 이어 새로운 지도자가 된 여호수아가 가나안 정복에 나서게 될 때 갈렙은 이미 85세나 되었다. 여호수아는 전쟁의 전략을 바꾼다. 지금까지는 게릴라전과 그때그때 필요한 군사를 각 지파에서 차출하는 방식으로 전쟁을 수행했는데 앞으로는 정복 전쟁을 위해 목표로 삼을 가나안 땅을 지파별로 분배하기로 한 것이다. 보상 체계를 바꾸어 동기부여를 확실히 하기 위해 각 지파가 정복하는 땅을 삶의 터전으로 정해 주겠다는 것이다. 당연히 누구나 정복하기 쉬우면서도 기름지고 더 좋은 땅을 차지하기를 원하고 험준하고 정복하기 어려운 지역은 피하고자 할 것이다.

여호수아는 이러한 이해 상충과 갈등을 막기 위해 어쩔 수 없이 제비를 뽑기로 했다. 서로 쉽고 좋은 땅을 차지했으면 하고 마음 졸이고 있을 때 갈렙이 자신은 헤브론 땅을 점령하겠다고 자청하고 나선다. 당시의 수명을 고려했을 때 85세나 된 초고령인 갈렙이 험준한 난공불락의 헤브론 땅을 점령하겠다고 한 것이다. 그 헤브론 산지가 얼마나 힘든 곳인가를 갈렙은 잘 알고 있었다. 그가 오래전에 정탐하러 가서 본 땅이 바로 헤브론이었기 때문이다. 지도자 여호수아는 갈렙에게 그 사명을 기꺼이 맡기고 갈렙은 한 번의 공격으로 헤브론 땅을 점령해버린다. 연령에 대한 편견을 깨 버리고 지도자인 여호수아가 연령 다양성 ESG경영을 실천한 것이다.

한편 사사기 4장에는 하나님께서 극심한 탄압에 시달리던 이스라엘 민족을 구원하기 위해 드보라를 사사로 세우신다. 드보라는 하나님을 향한 절대적인 믿음을 가지고 있었고 통찰력과 판단력이 뛰어난 여성이었다. 가나안 군과의 싸움에서도 의기소침한 바락 장군을 격려하고 함께 전쟁터인 게데스로 가서 가나안 군사를 물리친다. 전승에 따르면 드보라는 원래 장막의 등잔불을 지키는 여자였다고 한다. 하나님이 여성 지도자를 어떻게 들어 쓰시는지를 잘 보여주는 예이다. 기독교의 위기도 성경 말씀의 본질적 가치를 벗어나 서로 차별하고 개교회가 협력하지 못함으로 공교회성을 잃어버렸기 때문에 온 것이 아닌가 돌아보아야 할 때이다.

3.8. 성경 속의 화폐가치 평가와 ESG 영향력 가치 (Social Impact) 평가

인류 역사에서 공동체가 형성되는 모든 곳에서는 가치척도이자 지급수단이며, 교환기능을 가진 화폐가 예외 없이 등장한다. 유발 하라리는 그의 저서 「사피엔스」에서 화폐의 역사에 대해 설명하는데

"화폐는 각 물건의 상대가치를 비교하기 위한 필요성과 저장과 이동의 편의성에 따라 도입된 매개체"라는 것이다. 성경에도 다양한 화폐단위가 등장한다. 구약성경에 언급된 화폐로는 다릭(Daric), 게라(Gerah) 등이 있고, 신약 성경에는 렙돈(Lepton), 고드란트(Godrant), 앗사리온(Assarion), 데나리온(Denarius), 드라크마(Drachma) 등이 있다. 또 어떤 화폐단위는 구약과 신약에 모두 등장한다. 므나(Mina) 세겔(Shekel), 달란트(Talent) 등이 그들이다.

구약에 등장하는 화폐 중 하나인 다릭(Daric)은 페르시아의 표준금화로 황제 다리우스 1세의 초상이 새겨져 있는데 금 8.4g에 해당한다. 이는 2025년 11월 16일 기준 순금 매도가 기준으로 약 1,624,000원에 해당하는 가치를 가진다. 물론 뒤에 언급되는 로마의 화폐와 마찬가지로 황제의 초상과 글이 새겨진 제국의 화폐이기 때문에 단순히 재료비로만 가치를 매길 수는 없다. 구약에서 가장 많이 등장하는 화폐단위는 세겔(Shekel)이다. 세겔은 무게 단위이자 가치 단위로 은을 계량할 때 가장 널리 사용되었다고 한다. 가령 창세기 23장 15절에 보면 아브라함이 막벨라 굴을은 400세겔에 구입하는 장면이 나온다. 출애굽기 30장 13절에는 세겔의 1/20에 해당하는 게라(Gerah)가 나오고, 에스겔 45장 12절에는 미나(Mina)가 화폐단위로 등장한다. 한 미나는 50~60 세겔의 가치를 가지고 있었다. 이 밖에 출애굽기 25장, 37장, 38장 그리고 열왕기상 9~10장, 역대하 8~9장, 예레미야 52장, 에스겔 45장 등에서 등장하는 달란트(Talent)가 있는데 달란트는 구약에서 약 34~36kg에 해당하는 가장 큰 단위로 금 또는 은 등 고가 자산을 측정할 때 사용되었다.

다시 신약으로 돌아가서 신약 성경 누가복음 21장 2절에 나오는 가난한 과부 이야기에 등장하는 렙돈은 헬라(그리스의 옛 이름)의 가장 작은 화폐단위이다. 마가복음 12장 42절에는 두 렙돈이 한 고드란트에 해당한다고 부가적으로 설명하고 있다. 고드란트는 로마에서 쓰이는 화폐 중 최소단위로 대중목욕탕 문화가 발달했던 로마의 일반적인 목욕탕 입욕료에 해당한다고 한다. 이렇게 두 렙돈은 비록 대중목욕탕에 입장하는데 필요한 적은 금액이지만 가난한 과부의 입장에서는 매우 큰 가치를 가진 금액이다. 즉 같은 화폐 금액이라 할지라도 하늘나라에서 보는 가치로 환산을 한다면 누가 그리고 어떠한 상황에서 동일한 금액을 사용하는지에 따라 그 영향(Impact)이 매우 다를 수 있음을 의미한다. 가난한 과부의 두 렙돈이 하나님이 준비하신 공동체인 하늘나라에서 커다란 시너지를 일으켜 높은 가치로 실현된다는 것이다. 재무적으로는 미미한 금액이지만, 과부의 현실과 마음을 고려하면 이 적은 금액은 '전체 생활비 전부'라는 영적·도덕적 무게를 가진다. 이 장면은 하나님 나라에서의 가치평가는 금액 절대 값이 아니라 '맥락(Context)'과 '의도(Intent)'에 의해 결정된다는 사실을 보여준다.

(마가복음 12:41-44)

41. 예수께서 헌금함을 대하여 앉으사 무리가 어떻게 헌금함에 돈 넣는가를 보실새 여러 부자는 많이 넣는데

42. 한 가난한 과부는 와서 두 렙돈 곧 한 고드란트를 넣는지라

43. 예수께서 제자들을 불러다가 이르시되 내가 진실로 너희에게 이르노니 이 가난한 과부는 헌금함에 넣는 모든 사람보다 많이 넣었도다

44. 그들은 다 그 풍족한 중에서 넣었거니와 이 과부는 그 가난한 중에서 자기의 모든 소유 곧 생활비 전부를 넣었느니라 하시니라

마태복음 10장 29절에 등장하는 앗사리온은 로마의 소액 동전으로 참새 두 마리의 가치를 가졌다고 언급되어 있다. 예수님 당시 제물로 성전에 바치는 짐승으로는 소나 양, 비둘기와 참새가 가능했다.

가난한 사람은 비둘기를, 조금 형편이 나은 사람은 양을 드렸으며, 경제적 여유가 있는 사람은 소를 드렸다. 너무나 가난한 사람은 참새를 제물로 드리기도 했는데 예수님은 제물의 재무적 가치로 제사의 가치를 평가하지 않으셨다. 하나님께 드리는 제물은 그 제물의 화폐가치의 크고 적음이 아니라, 제물을 드린 사람의 마음과 영적 진정성에 따라 그 비중(weight)을 다르게 부여하여 평가하신 것이다.

(마태복음 10:29)
참새 두 마리가 한 앗사리온에 팔리지 않느냐 그러나 너희 아버지께서 허락하지 아니하시면 그 하나도 땅에 떨어지지 아니하리라

한편 마가복음 14장 3절 이하에 등장하는 은화인 데나리온은 앗사리온의 16배의 가치를 가진 로마의 화폐로 노동자의 하루 품삯에 해당한다고 한다. 예수님께서 베다니 한센병 환자 시몬의 집에서 식사하실 때, 한 여자가 삼백 데나리온 이상의 가치를 가진 나드(Nard) 향유를 예수님의 머리에 붓는 사건에서 이 화폐단위가 등장한다. 이 광경을 본 일부 사람들은 가난한 자들을 도울 수 있는 큰돈을 낭비했다고 여성을 비난한다. 예수님의 머리에 재무적 가치가 큰 향유가 부어짐으로, 사회적 약자를 돌보는 데 사용될 수 있는 기회를 잃어버리게 되었다고 분노하는 것이다. 만일 그 여자가 향유를 예수님 머리에 붓지 않았다면 군중들이 생각한 대로 실제로 가난한 사람들을 위해 쓰였을 것인가는 차치하고, 예수님의 감당하실 엄청난 비용의 크기를 이해하지 못한 사람들이 단순히 향유의 재무적 가치만 놓고 분노한 것이다. 또한 부어진 향유의 영적 가치에 대해서 인식하지 못한 군중의 영적 무지함을 보여주는 사례이다.

(마가복음 14:3-5)

3. 예수께서 베다니 나병환자 시몬의 집에서 식사하실 때에 한 여자가 매우 값진 향유 곧 순전한 나드 한 옥합을 가지고 와서 그 옥합을 깨뜨려 예수의 머리에 부으니

4. 어떤 사람들이 화를 내어 서로 말하되 어찌하여 이 향유를 허비하는가

5. 이 향유를 삼백 데나리온 이상에 팔아 가난한 자들에게 줄 수 있었겠도다 하며 그 여자를 책망하는지라

로마의 데나리온과 유사한 가치를 가진 헬라의 기본 화폐단위로, 누가복음 15장 8절 이하에 등장하는 드라크마도 있다. 이 말씀은 잃어버린 드라크마의 비유로 잘 알려져 있다. 한 드라크마도 데나리온과 같이 노동자 하루 품삯이다. 종일 열심히 일해서 한 드라크마를 벌었는데 이를 잃어버렸다면 너무나 낙심될 것이다. 그 한 드라크마를 찾기 위해 여인은 등불을 켜고 집을 쓸며 전심을 다 해 부지런히 찾을 것이다. 이 말씀은 죄인 한 사람, 한 사람의 생명이 모두 귀중하다는 가르침을 주기 위해 예수님이 사용하신 화폐단위이다.

(누가복음 15:8-9)

8. 어떤 여자가 열 드라크마가 있는데 하나를 잃으면 등불을 켜고 집을 쓸며 찾아내기까지 부지런히 찾지 아니하겠느냐

9. 또 찾아낸즉 벗과 이웃을 불러 모으고 말하되 나와 함께 즐기자 잃은 드라크마를 찾아내었노라 하리라

구약과 신약에 걸쳐서 나타나는 화폐단위로 세겔(Shekel)이 있다. 신약시대는 헬라와 로마의 화폐 체계가 지배적이어서 구약의 전통 단위였던 므나, 게라 등은 종교적, 의례적 기준으로만 주로 사용되었다. 이 세겔은 창세기 24장 22절에서는 무게 단위로 사용되다가 출애굽기에서는 화폐단위로 사용되기도 한다. 세겔은 신약시대에 헬라의 네 드라크마에 상당하는 은화로 성전세 기준으로 통용된다. 마태복음 17장 24절 이하에 보면 예수님이 가버나움에 이르렀을 때, 율법에 의해 유대의 20세 이상의 남자가 일 년에 한 번씩 내는, 반 세겔의 성전세를 내라는 요구를 받는다. 예수님은 하나님이 아들로서 성전세를 낼 이유가 없지만, 17장 27절에 보면 성전세를 받는 사람들이 실족하지 않게 하도록, 베드로에게 명하여 낚시로 잡은 물고기의 입에 있는 한 세겔로 예수님과 베드로의 성전세를 내게 하는 장면이 나온다. 성전에서 필요한 재정에 쓰이기 위한 성전세를 기꺼이 부담하신 것이다.

(창세기 24:22)

낙타가 마시기를 다하매 그가 반 세겔 무게의 금 코걸이 한 개와 열 세겔 무게의 금 손목고리 한 쌍을 그에게 주며

(마태복음 17:24, 27)

24. 가버나움에 이르니 반 세겔 받는 자들이 베드로에게 나아와 이르되 너의 선생은 반 세겔을 내지 아니하느냐

27. 그러나 우리가 그들이 실족하지 않게 하기 위하여 네가 바다에 가서 낚시를 던져 먼저 오르는 고기를 가져 입을 열면 돈 한 세겔을 얻을 것이니 가져다가 나와 너를 위하여 주라 하시니라

조금 더 가치가 있는 화폐단위로 므나가 있다. 한 므나는 100드라크마로 노동자가 100일 동안 일해야 벌 수 있는 큰 가치를 가졌다고 한다. 누가복음 19장 12절 이하에 등장하는 므나의 비유에는 귀인이 여행을 떠나면서 열 명의 종에게 각각 한 므나씩 맡기고 장사하라 명한다. 각자 자신의 능력에 따라 최선을 다해 장사를 하여 이윤을 남겼으나, 한 종만은 맡겨진 한 므나를 수건으로 싸 두고 아무

것도 하지 않는다. 시간이 흘러 주인이 돌아왔을 때 그 종은 보관하고 있던 한 므나를 있는 그대로 돌려준다. 돈을 돌려주면서 하는 보고의 내용인즉, "당신이 엄한 사람인 것을 내가 무서워함이라 당신은 두지 않을 것을 취하고 심지 않을 것을 거두나이다" 보고한다.

(누가복음 19:12-13)

12. 이르시되 어떤 귀인이 왕위를 받아가지고 오려고 먼 나라로 갈 때에

13. 그 종 열을 불러 은화 열 므나를 주며 이르되 내가 돌아올 때까지 장사하라 하니라

주인은 한 므나를 맡기면서 틀림없이 장사, 즉 부가가치를 만들기 위한 사업을 하라고 명령했으나, 그 종은 충실한 관리자로서 자신의 의무를 다하지 않은 것이다. 더 나쁜 것은 주인에게 책임을 돌리면서 자신의 행위를 정당화하고 있다. 자신의 게으름을 주인 탓으로 교묘하게 돌리는 것이다. 주인이 모든 장사에는 위험이 따른다는 것을 몰랐을 리가 없다. 종들이 자신에게 맡겨진 한 므나라는 자금을 기반으로 사업에 나서서 얼마나 많은 재무적 이익을 남겼는가 아닌가가 핵심이 아니라는 것이다. 그 사업에 어떤 마음으로 임했으며 어떤 선한 부가가치를 만들어 냈는가가 중요한 것이었다. 주인은 누가복음 19장 22절에 무책임과 무사안일로 안주했던 종을 악하다고 저주한다.

(누가복음 19:20-22)

20. 또 한 사람이 와서 이르되 주인이여 보소서 당신의 한 므나가 여기 있나이다 내가 수건으로 싸 두었었나이다

21. 이는 당신이 엄한 사람인 것을 내가 무서워함이라 당신은 두지

않은 것을 취하고 심지 않은 것을 거두나이다

22. 주인이 이르되 악한 종아 내가 네 말로 너를 심판하노니 너는 내가 두지 않은 것을 취하고 심지 않은 것을 거두는 엄한 사람인 줄로 알았느냐

마지막으로 달란트(Talent)라는 화폐단위이다. 달란트는 마태복음 25장 14~30절에 등장하는 달란트 비유와 마태복음 18장 23절 이하에 나오는 일만 달란트 빚진 자의 비유에 언급된 화폐단위이다. 달란트는 세겔의 3,000배의 가치를 가지며 금으로 만든 달란트는 은으로 된 달란트보다 15배 더 큰 가치를 지녔다고 한다. 금 한 달란트는 육천 데나리온에 해당하는데, 이는 노동자가 16년 동안 하루도 쉬지 않고 일해야 벌 수 있는 큰돈이다. 예수님이 이렇게 큰 화폐단위를 사용하여 비유를 말씀하신 이유는 그만큼 천국의 가치가 큰 것임을 나타나고자 함일 것이다. 또한 우리 인간의 생명은 화폐가치로 환산할 수 없이 귀한 것이라는 의미이기도 하다.

(마태복음 25:14-30)

14. 또 어떤 사람이 타국에 갈 때 그 종들을 불러 자기 소유를 맡김과 같으니

15. 각각 그 재능대로 한 사람에게는 금 다섯 달란트를, 한 사람에게는 두 달란트를, 한 사람에게는 한 달란트를 주고 떠났더니

16. 다섯 달란트 받은 자는 바로 가서 그것으로 장사하여 또 다섯 달란트를 남기고

17. 두 달란트 받은 자도 그같이 하여 또 두 달란트를 남겼으되

18. 한 달란트 받은 자는 가서 땅을 파고 그 주인의 돈을 감추어 두었더니

....

28. 그에게서 그 한 달란트를 빼앗아 열 달란트 가진 자에게 주라

29. 무릇 있는 자는 받아 풍족하게 되고 없는 자는 그 있는 것까지 빼앗기리라

30. 이 무익한 종을 바깥 어두운 데로 내쫓으라 거기서 슬피 울며 이를 갈리라 하니라

(마태복음 18:23-25)

23. 그러므로 천국은 그 종들과 결산하려 하던 어떤 임금과 같으니

24. 결산할 때에 만 달란트 빚진 자 하나를 데려오매

25. 갚을 것이 없는지라 주인이 명하여 그 몸과 아내와 자식들과 모든 소유를 다 팔아 갚게 하라 하니

마태복음 25장 달란트 비유에서는 주인이 타국에 갈 때 종들을 불러 자기 소유를 맡기는데 각각 그 재능대로 다른 달란트 금액을 배분해 주었다고 기록되어 있다. 이렇게 다른 금액을 주었다는 말씀의 의미는 하나님이 각자에게 주신 재능과 환경이 제각기 다름을 의미하기도 하지만 이 땅에서 크리스천에게 주신 서로 다른 특권과 기회에 대한 의미일 수도 있다. 주어진 달란트를 가지고 부가가치를 만들어 낸 종들은 "잘했다! 착하고 신실한 종아"라는 칭찬을 받는다. 종들은 소유자가 권리를 가지고 있는 재산을 관리해서 돌려주었을 뿐인데 주인은 종들이 착하고 신실하다고 칭찬하는 것이다. 이 칭찬은 주어진 달란트의 크기나 수익 금액 또는 수익률의 크기와 관련된 것이 아니다.

다섯 달란트 받은 종에게도 "착하고 충성된 종아 네가 적은 일에 충성하였으매 내가 많은 것을 네게 맡기리니 네 주인의 즐거움에 참여할지어다" 칭찬을 한다. 두 달란트를 받아 두 달란트를 남긴 자에게도, 동일한 평가와 칭찬을 하고 있다. 하나님의 가치평가는 개개인이 맡겨진 일에 임하는 진정성에 따라 재무적 가치를 영적 가치로 재환산하여 평가하시는 것이다. 반면에 한 달란트 받은 종은 그 돈을 땅에 묻어 두었다가 가져와서 "주인님이 굳은 분이시라, 심지 않은 데서 거두시고 뿌리지 않은 데서 모으시는 줄로 알고"라고 변명을 늘어놓는다. 이 주장은 명백한 오류이고 그 종이 가지고 있는 세상을 바라보는 왜곡된 내면적 시각을 드러내는 말이다. 영적인 가치 창출의 진정한 의미를 곡해하고 남 탓을 하면서 책임회피에 급급하고 있는 것이다. 달란트의 비유는 '투자수익률' 자체가 아니라 맡겨진 자원의 영적 부가가치를 어떻게 창출했는가를 묻는다. 주인은 단순히 수익의 많고 적음을 보지 않고, 종들의 '진정성', '성실함', '책임성'을 기준으로 평가한다. 이는 곧 자원 관리의 질(Quality of stewardship)이 가치평가의 중심이었다는 뜻이다.

성경 속 화폐는 단순한 경제 단위를 넘어서서 하나님 나라의 가치 시스템을 계시하는 도구로 사용된다. 특히 구약과 신약에서 반복되는 동일한 주제는 같은 금액일지라도 하나님은 그 금액의 재무적 크기가 아니라, 그것이 누구에게서, 어떤 마음으로, 어떤 맥락 안에서 나왔는가를 기준으로 평가하신다는 원리이다. 즉, 기업이 만든 재무적 성과만큼이나, ESG경영이 만든 영향(impact)이 중요하다는 것이 성경이 제시하는 가치평가 방식이다.

3.9. 재무적 가치와 사회적 가치, 그리고 영적 가치

코로나 팬데믹 이후 기업 활동의 성과를 단순히 화폐단위로 측정하는 재무적 가치(financial value) 또는 경제적 가치(economic value)에만 한정하지 않고, 사회전체의 지속가능성과 공동선을 고려하는 기업의 사회적 가치(Social value) 실현에 관한 관심이 국제적으로 크게 높아지고 있다. 이러한 흐름의 중심에 있는 논제가 바로 환경

(Environmental), 사회(Social), 지배구조(Governance)의 약자인 ESG이다. ESG경영은 기업의 활동을 통해 재무적 가치와 더불어, 인류 공동체의 지속가능한 번영을 위한 환경적, 사회적 문제들을 해결하는 사회적 가치를 만들어 내자는 전 지구적 요청이라 할 수 있다. 그러나 성경적 관점에서 볼 때, 여기서 한 걸음 더 나아가 질문해야 할 영역이 있다. 그것은 '이 모든 가치의 궁극적 기준은 무엇인가?,' 그리고 '하나님은 무엇을 가치로 평가하시는가?'라는 질문이다.

2015년 UN 총회에서 채택된 지속가능발전목표(SDGs; Sustainable Development Goals)는 전 세계 빈곤을 종식하고 지구를 보호하며, 2030년까지 모든 사람이 평화와 번영을 누릴 수 있도록 17개 핵심목표와 169개 세부 목표를 제시했다. 즉 인류사회에 존재하는 사회적 문제를 공동의 노력을 통해 해결하자는 선언이다. 이러한 목표를 달성하기 위해서는 기업과 개인 수준에서의 구체적인 실천이 필요하며 실천을 통해 절약된 사회적 비용과 창출된 사회적 부가가치의 합계에 해당하는 금액이 사회적 가치라고 볼 수 있다. 기업 수준에서 창출하는 사회적 가치란, "환경, 사회, 문화적 영역에서 공공의 이익과 공동체 발전에 기업이 이바지하는 가치"를 의미한다. 이러한 사회적 가치는 사회문제 해결을 위해 특정 기업이 부담하는 기회비용(opportunity cost)과 해당 목적을 위해 투입한 자원이 만들어 내는 사회적 부가가치(social value added)의 합산금액으로 정의할 수 있다.

기업 수준의 사회적 가치 창출을 위한 시도가 사회 공동체에 가져오는 긍정적 결과(outcome)와 영향(impact)까지 고려하여 비교 가능한 화폐가치로 측정할 수 있다면, 기업이 가지고 있는 귀중한 자원이 더욱 의미 있게 사용되어 사회적 가치를 지속적으로 높일 수 있는 유용한 정보가 될 것이다. 사회적 가치에 대한 화폐가치 평가는 성경이 다양한 화폐단위를 사용하여 단순히 재무적 가치가 아니라 영적 가치를 볼 수 있도록 우리에게 교훈하고 있는 것과 유사한 관점의 접근을 하는 것이다.

기업이 수행하는 활동의 사회적 가치 창출을 화폐가치로 평가하기 위한 연구와 노력이 전 세계에서 가장 선도적으로 진행되고 있는 나라가 있는데 바로 대한민국이다. 삼성전자의 경우 이미 2015년부터 기업 활동을 통한 사회적 가치 창출액이 화폐가치로 얼마에 해당하는지를 측정하여 보고하기 시작했다. SK그룹의 경우 2018년 그룹 내의 연구기관인 사회적가치연구원(Center for Social value Enhancement Studies)의 주관하에, 사회적 가치를 측정하는 지표를 개발하기 시작했다. SK그룹 차원의 경영정책 결정 시에 경제적 가치와 더불어 사회적 가치도 반영하도록 하고 성과평가의 주요 지표로 사회적 가치를 활용함으로써 기업의 사회적 책임을 실천하겠다는 의지를 표명한 것이다.

실물경제에 지대한 영향력을 가지고 있는 금융기업에서도 자신들이 실천한 사회적 가치 창출 활동을 화폐가치로 평가하려는 노력을 진행하고 있다. 신한금융그룹의 경우 2019년 이후 지난 4년 간에 걸쳐 15개 산하 금융계열사들이 수행한 사회적 가치 창출 활동에 대해 가치평가 작업을 진행하고 있는데, 산학협력의 일환으로 대표적 기독교 대학인 연세대학교 경영대학, ESG/기업윤리연구센터와 공동으로 연구를 진행하여 그 결과를 외부에 공개하고 있다.

이렇게 화폐라는 매개체는 인간의 욕심과 죄성을 상징하기도 하지만, 피조물인 인간이 만들어 낼 수 있는 선한 영향력이라는 귀중한 가치도 평가해서 전달할 수 있는 수단이 될 수도 있다. 성경에 언급된 화폐단위를 둘러싼 이야기들과 오늘날 대한민국에서 이루어지고 있는 기업 활동의 사회적 가치 측정 사례를 살펴봄으로써 21세기를 사는 크리스천으로서 개인과 몸담고 있는 조직이 사회적 그리고 영적 가치를 어떻게 만들어 나갈 수 있을까에 대한 교훈을 얻을 수 있을 것이다.

하나님이 크리스천과 교회를 평가하실 때에는 외형적으로 드러나는 숫자와 재무적 가치만을 보시는 것이 아니라, 측량할 수 없는 은혜에 개인과 교회가 얼마나 진정성 있게 반응하고 있는지와 선한 영향력에 가중치를 부여하여 영적 가치를 평가하실 것이다.

현재 다수의 ESG 관련 이니셔티브에서 기업의 ESG 활동 성과를 평가하기 위한 자체기준을 발표하고 기업을 평가하고 있다고 밝히고 있다. 대부분의 성과평가 방식은 사업보고서, 지속가능경영보고서, 지배구조보고서 등 공개된 정보와 설문조사에 의한 답변을 근거로 하여 ESG의 세부 요소별 책크리스트(check list)를 통해 점수로 환산한다. 환산된 점수는 매스컴 등에 공개된 부정적인 사건 사고에 대해 점수조정을 한 후 등급을 결정해서 발표하는 방식이다. 원론적인 ESG의 주요 지표는 모든 평가기관이 크게 다르지 않음에도 불구하고, 각자의 ESG 성과평가 기준을 사용하여 기업을 평가하고 있다 보니, 회계감사의견 이나 신용등급과 관련하여 자본시장 정책당국과 투자자들 사이에서 제기되어온 등급 쇼핑의 우려도 나오고 있다. 평가기관들 간 등급 차이가 나타나는 것은 각각의 평가요소를 점수로 환산함에 있어, 각 분류체계 내의 세부 지표의 평가 체크리스트를 기관별로 다르게 구성할 수 있고, 또한 각 지표별 가중치를 다르게 줄 수 있기 때문이다. 또한 특성상, 각 지표별 중요성 점수 배정에서도 평가자의 상당한 주관이 개입할 수 있다는 측면이 크기 때문이기도 하다.

한편 소수의 기업에서 체크리스트 방식의 ESG 등급평가의 한계를 인식하고, ESG경영성과를 화폐가치로 환산하는데 관심을 가지고 있다. 대표적인 예가, 삼성전자, SK그룹 계열사 및 신한금융그룹, 하나금융그룹, KT, 포스코 등이다. 이는 경제활동의 결과로 창출되어 재무제표에 화폐가치로 보고되는 경제적 가치와 더불어, 그동안 화폐가치 측정의 영역이 아니라고 생각했던, 비재무적 ESG 활동의 결과도 화폐가치로 환산하기 위한 선도적인 시도로서 의미가 크다.

기업 경영을 통해 이해관계자 중 주주, 채권자, 국가, 종업원에게 제공함으로 창출된 사회적가치의 경우는 배당금, 이자, 납세, 임직원에게 지급된 급여 및 상여 등의 형태로, 재무제표에 이미 반영되어 있다. 따라서 ESG 활동의 결과이나, 재무제표에 직접적으로 반영되지 못한, 기업이 창출한 사회적, 환경적 가치를 평가하는 것이 바로 ESG 활동의 화폐가치 평가의 진정한 목적일 것이다. 이해관계자자본주의의 철학을 담고 있는 ESG경영의 결과를 화폐가치로 평가하기 위해서는, 진정성의 원칙이 가장 우선적으로 고려되어야 할 개념이다.

ESG경영은 사회적 가치를 창출해 내고자 하는 최고경영진의 진정성이 확보되어야만, 기업 내부로부터 구성원의 공감을 이끌어 낼 수 있으며, 내재화 및 지속적인 고도화가 가능할 것이다. 이러한 진정성은 정보통신기술의 발달로 인해, 기업에서 의도했던, 의도하지 않았던, 투명하게 외부의 이해관계자들에게도 그 진정성이 전달될 것이다. 진정성의 원칙은 기업이 진행하는 ESG 활동의 목적에 대한 근본적인 질문이다. 진정성이 전제되지 않은 ESG 활동의 가치평가는 그린워싱(greenwashing)과 불루워싱(bluewashing)을 포함한, ESG 워싱기업이라는, 부정적인 부메랑으로 돌아올 것이기 때문이다.

진정성 확보를 위해 기업은 ESG 프로그램의 기획 단계에서부터 사회적 가치 창출을 고려했음을 명확히 해야 한다. 또한 내부 및 외부 이해관계자와의 효과적인 소통이 매우 중요한데, 이를 위해 해당 프로그램과 관련된 취지문, 약관, 각종 계약서 등에 사회적 가치 창출 의도를 명확히 반영하는 것이 필요하다. 내부적으로는 해당 프로그램의 효과성을 확보하기 위해 투입(input), 과정(process), 산출(output), 결과(outcome)에 걸친 전 가치 창출 과정에 대한 모니터링이 필요하다.

이러한 모니터링은 진정성에 기반을 둔 자원의 투입(input)과 투입의 결과 나타나는 사회적 부가가치(value added)의 관점으로 나누어 화폐적 가치로 평가함으로, 자신의 ESG 활동에 대한 이해와 내재화를 심화시키고, ESG경영의 지속적인 가치 창출에 기여할 것이다. 다만, 재무제표를 작성할 때도 여러 가정이 사용되는 것과 마찬가지로, ESG 활동의 사회적 가치평가와 관련해서도, 기업의 수익모델의 특성, 거시경제환경 등 다양한 제반 요소들의 변동에 따라 중대한 영향을 받을 수 있으므로, 측정된 사회적 가치 총액이 실제 ESG 활동의 가치를 보증하는 것은 아님을 명시하고, 외부 보고 목적보다는, 내부 ESG경영의 역량 강화 목적인 관리회계의 관점에서 측정체계를 지속적으로 고도화하는 접근이 바람직할 것이다.

성경은 하나님께서 인간과 공동체를 평가하실 때, 외형적 성과나 숫자만을 보시지 않는다고 분명히 말한다. 하나님이 보시는 것은 무엇을 위해 그 일을 했는가 하는 진정성, 누구의 영광을 위한 선택이었는가 하는 동기, 측량할 수 없는 은혜에 어떻게 응답했는가 하는 감사와 공동체와 이웃에게 어떤 생명의 열매를 남겼는가 하는 영향력이다. 화폐가치로 담아 낼 수 있는 요소들을 초월한 영적가치는 하나님 앞에서 한 선택과 행위가 하나님의 뜻에 얼마나 정합성을 가지고 있는지를 나타내는 가치일 것이다.

3.10. 성경 속의 노동윤리와 고용 윤리

성경이 말하는 노동관은 인간을 창조하실 때부터 하나님께서 인간에게 부여하신 신성한 소명이다. 성경은 노동을 인간 타락의 결과로 보는 세속적 관점과 다르게, 창조 시점부터 노동을 인간의 존재 목적 중 하나로 제시한다. 다만 타락 이후 노동의 성격이 왜곡되고 고통화된 것이다. 노동은 죄의 저주가 아니라 하나님과 함께 창조 세계를 돌보는 사명이며, 인간 존엄의 표현이라는 것이다.

(창세기 1:28)
생육하고 번성하여 땅에 충만하라… 그들을 다스리게 하시니라
(창세기 2:15)
여호와 하나님이 그 사람을 이끌어 에덴 동산에 두어 경작하며 지키게 하시니라

이 말씀은 노동이 인간의 타락 이전부터 주어진 선하고 창조적인 행위임을 의미한다. 성경은 노동을 단순한 생계 수단이 아니라 하나님 앞에서 행하는 예배의 연장으로 본다. 따라서 성경적 노동윤리는 게으름, 기만, 무책임을 강하게 경고한다.

데살로니가후서 3장 6절에서 15절 말씀은 사도 바울이 공동체 안에서 무질서하고 게으르게 살아가는 자들을 강하게 경고하는 말씀이다. 이 말씀은 단순히 개인의 태만을 꾸짖는 교훈이 아니라, 공동체 전체의 건강성과 지속가능성을 지키기 위한 노동윤리적 명령이다. 그리고 이 노동윤리는 오늘날 기업과 조직이 추구하는 ESG경영, 특히 S(사회적 책임)와 G(거버넌스)의 원리로 연결된다. 바울은 *"게으르게 행하고 우리에게 받은 전통대로 행하지 아니하는 모든 형제에게서 떠나라"(데살로니가후서 3:6)*고 말한다. 여기서 '게으름'은 단순한 성격적 문제가 아니라 무질서로 규정된다. 즉, 공동체의 질서를 깨뜨리는 행동이기 때문에 공동체의 지속성을 해치는 심각한 윤리적 위반이라는 것이다.

데살로니가후서 3장 6절 *"질서 없이 행하는 모든 형제에게서 떠나라"*는 말씀은 노동을 거부하거나 사회적 책임을 회피하는 태도가 공동체 전체의 신뢰와 기능성을 해친다는 선언이다. 바울은 *"우리가 너희와 함께 있을 때에도 누구든지 일하기 싫어하거든 먹지도 말게 하라"(3:10)*고 말한다. 이는 일할 능력이 있음에도 불구하고 일하지 않는 자가 공동체의 자원을 빼앗는 착취적 존재로 변한다는 경고이다. 따라서 게으름은 단순히 '일하지 않음'이 아니라, 공동체 재원의 비효율을 초래하는 지속가능성 위반 행위가 될 수 있다. "일하기 싫어하거든 먹지도 말라." 노동을 회피하는 태도는 다른 사람의 노동에 무임승차하는 것이며, 이는 공동체의 건강한 경제 기반을 흔든다는 의미이다. 바울은 *"우리가 너희 가운데서 무질서하게 행하지 아니하고… 누구에게서든지 음식을 값없이 먹지 않고, 오직 수고하고 애써 밤낮으로 일하였다"(3:7-8)*라고 말한다. 이는 바울의 사역이 단순한 영적 활동이 아니라, 공동체의 재정적·사회적 부담을 덜기 위한 노동의 자기책임 모델임을 밝힌 것이다.

바울은 *"일도 하지 아니하고 일만 만드는 자들"(3:11)*이라고 규정한다. 노동을 하지 않는 자는 단순히 비생산적일 뿐 아니라, 공동체의 질서를 교란시키며 갈등을 야기하는 존재로 묘사된다. 이는 ESG에서 말하는 사회적 비용(Social Cost)을 발생시키는 비윤리적 행위에 해당한다. 데살로니가후서 3장 11절에 "일도 아니하고 일만 만드는 자들." 즉, 노동을 회피하는 자는 공동체에 부정적 영향(Social Negative Impact)을 미치는 자로 규정된다. 바울은 공동체가 게으른 자를 "경계하라"고 명한다. 이는 조직 안에서 윤리적 규율이 제대로 작동하지 않을 때 공동체가 무너진다는 ESG의 거버넌스 원리와 일치한다.

데살로니가후서 3장 6~15절의 *"게으름에 대한 경고"*는 단순한 개인의 문제 지적이 아니라 공동체 전체를 책임 있게 세우기 위한 노동 윤리적 명령이다. 데살로니가후서의 노동윤리는 하나님 나라의 공동체뿐 아니라 오늘날 기업과 조직이 ESG경영을 실천하는 데 필요한 핵심 가치이다. 성실한 노동, 책임감, 질서, 자기 부담, 정직함, 타인 배려는 하나님 나라에서도, 현대 경영윤리에서도 동일하게 지속가능성을 보장하는 본질적 원리이다.

(데살로니가후서 3:6–15)

6. 형제들아 우리 주 예수 그리스도의 이름으로 너희를 명하노니 게으르게 행하고 우리에게서 받은 전통대로 행하지 아니하는 모든 형제에게서 떠나라

7. 어떻게 우리를 본받아야 할지를 너희가 스스로 아나니 우리가 너희 가운데서 무질서하게 행하지 아니하며

8. 누구에게서든지 음식을 값없이 먹지 않고 오직 수고하고 애써 주야로 일함은 너희 아무에게도 폐를 끼치지 아니하려 함이니

9. 우리에게 권리가 없는 것이 아니요 오직 스스로 너희에게 본을 보여 우리를 본받게 하려 함이니라

10. 우리가 너희와 함께 있을 때에도 너희에게 명하기를 누구든지 일하기 싫어하거든 먹지도 말게 하라 하였더니

11. 우리가 들은즉 너희 가운데 게으르게 행하여 도무지 일하지 아니하고 일을 만들기만 하는 자들이 있다 하니

12. 이런 자들에게 우리가 명하고 주 예수 그리스도 안에서 권하기를 조용히 일하여 자기 양식을 먹으라 하노라

13. 형제들아 너희는 선을 행하다가 낙심하지 말라

14. 누가 이 편지에 한 우리 말을 순종하지 아니하거든 그 사람을 지목하여 사귀지 말고 그로 하여금 부끄럽게 하라

15. 그러나 원수와 같이 생각하지 말고 형제 같이 권면하라

한편 이사야 65장 21~23절에서 하나님은 새 하늘과 새 땅에서 이루실 정의로운 노동 질서의 회복을 선언하신다. *"집을 건축한 자가 그 집에 살 것이며, 포도나무를 심는 자가 그 열매를 먹을 것이다"*는 말씀은 노동의 결과가 온전히 노동자에게 귀속되는 정의로운 구조의 회복을 의미한다. 이 말씀은 노동의 열매가 타인에게 착취되지 않는 사회, 즉 노동의 공정성과 경제적 정의가 보장된 세상을 묘사한 것이다. 이사야는 당시 이스라엘 사회에 만연하던 구조적 불의, 노동자는 일해도 그 열매를 소유하지 못하고 권력층이 노동의 결실을 빼앗아가는 사회를 정면으로 비판하였다. 그러므로 이 구절은 단순한 위로의 메시지가 아니라 노동의 가치와 인간 존엄을 회복하시는 하나님의 정의의 선언이다.

(이사야 65:21-23)

21. 그들이 가옥을 건축하고 그 안에 살겠고 포도나무를 심고 열매를 먹을 것이며

22. 그들이 건축한 데에 타인이 살지 아니할 것이며 그들이 심은 것을 타인이 먹지 아니하리니 이는 내 백성의 수한이 나무의 수한과 같겠고 내가 택한 자가 그 손으로 일한 것을 길이 누릴 것이며

23. 그들의 수고가 헛되지 않겠고 그들이 생산한 것이 재난을 당하지 아니하리니 그들은 여호와의 복된 자의 자손이요 그들의 후손도 그들과 같을 것임이라

이 말씀은 오늘날 ESG 지속가능경영의 핵심 원리와 직접적인 연결점을 가진다. ESG경영은 기업의 경제활동이 단순한 재무 성과에 그치는 것이 아니라, 노동자·지역사회·환경·미래세대를 공정하게 대우하는 지속가능한 구조를 구축하는 것을 목표로 한다. 이사야 65장의 메시지는 바로 이러한 지속가능성의 근간을 이루는 정의로운 노동 질서, 부당한 노동력 착취의 금지가 공동체의 번영으로 연결된다는 원리를 선포하고 있다. "집을 지은 자가 그 집에 살 것이다"는 생산 주체의 권리 보장과 공정한 분배의 원리이다. 이 말씀은 노동의 가치가 적절하게 평가받지 못하고 구조적인 불공정을 유지하는 것에 대한 반전 메시지이다.

자신이 창출한 부가가치가 불공정한 관행이나 제도로 인해 정의롭지 못한 방법으로 배분되는 구조를 하나님이 심판하신다는 선언이다. 이는 현대 ESG경영에서 말하는 '공정한 가치 분배'와 일치한다. 생산 과정에 참여한 자가 그 결과물에 대해 정당한 권리를 보장받는 것이 지속가능한 조직의 기초라는 원리이다. 동일한 맥락에서 공급망에서 하청 노동자의 노동 결과를 대기업이 자의적으로 빼앗지 않는 구조를 만드는 것도 ESG경영에서 중요한 목표 중 하나인 책임 있는 공급망과 일치한다. 즉, "자기가 지은 집에 살 것이다"는 노동의 소유권과 결과의 공정한 귀속을 보장하는 원리이다.

"그들의 수고가 헛되지 않을 것이다"는 지속가능한 노동조건과 인간 중심의 경영 원리이다. 노동자가 아무리 수고해도 그 열매가 사라지는 구조는 지속가능하지 않은 사회이다. 이사야서 말씀은 노동의 수고가 헛되지 않은 시대가 하나님의 공의가 살아 있는 시대임을 선언하며 노동자 보호와 안전을 강조한다. 이는 ESG의 "S(Social)" 요소 중 핵심 원리이다. 이사야서 65장 23절 말씀, *"주님께 복 받은 자손이며, 그들의 자손도 그들과 같이 복을 받을 것이다"*는 공의가 살아 있는 하나님께서 새롭게 창조하는 새 하늘과 새 땅은 단지 현재 세대의 번영만이 아니라 그들의 자손인 미래 세대도 함께 복을 받는다는 선언이다. 이는 단순한 개인 윤리나 경제 윤리를 넘어 세대 간 지속가능성으로 연결된다.

한편, *"집을 지은 사람들이 자기가 지은 집에 들어가 살 것이며, 포도나무를 심은 사람들이 자기가 기른 나무의 열매를 먹을 것이다"* 말씀은 결국, 환경을 파괴하거나 미래 자원을 소진하는 단기적 이익 추구는 집을 짓되 지속가능하지 않은 집을 짓는 것이며 자기가 파괴한 자연이라는 집에서 살아야 하기에 오염과 훼손의 부작용과 폐해를 겪게 될 것이며 환경 호르몬에 노출되고 오염된 음식을 먹을 수밖에 없는 결과를 초래할 것이라는 경고의 말씀이기도 하다.

3.11. 대기업과 공급망 협력의 성경적 의미

최근 한국 대기업들은 ESG경영을 선도적으로 도입하며 국제적 흐름에 발맞추고 있다. 삼성, 현대자동차, SK, LG 등 주요 그룹은 탄소 저감, 사회적 책임, 투명한 지배구조 강화를 선언하였다. 그러나 이러한 노력은 대체로 대기업 중심에서 이루어지고 있으며, 중소기업은 재정적·기술적 제약으로 ESG를 실천하는 데 어려움을 겪고 있다. 공급망 전반으로 ESG를 확산시키기 위해서는 대기업의 지원과 협력이 필수적이다. 일부 대기업은 협력업체 지원 프로그램을 마련하여 친환경 전환 비용을 분담하거나, 사회적 책임 이행을 돕는 다양한 지원책을 고민하기 시작했다. 이는 과거 효율성과 단기적 이익만을 중시했던 경영 인식이 바뀌고 있음을 보여준다. ESG 지속가능경영은 개별 기업 차원이 아니라 가치사슬 전체에서 구현되어야 한다. 따라서 대기업의 ESG 지속가능경영이 공급망 전반을 아우르는 구조적 변화로 확장될 때 비로소 지속가능성이 담보될 수 있음을 인식한 것이다.

성경은 강한 자가 약한 자를 돌보고, 부유한 자가 가난한 자를 책임지라고 가르친다. 대기업이 공급망 속 협력업체와 함께 ESG 지속가능경영을 실천하는 것은 곧 이웃 사랑과 청지기적 책임을 기업의 현실 속에서 구현하는 행위라 할 수 있다. 한국의 경우 산업화의 역사가 다른 나라와 다르고 재벌이라는 독특한 소유 구조가 자리 잡고 있다. 국내 기업에서 지배주주들과 일반 투자자들 사이에 정보 비대칭이 심각하게 나타나는 경우도 있고, 그 탓에 한국 기업 주가가 비슷한 수준의 외국 기업 주가에 비해 낮게 책정되는 '코리아 디스카운트(Korea discount)'가 발생하기도 한다. 여기서 파생되는 특징 중 첫째는 특히 지배구조 관련 제도들이 매우 정교하게 형성되었다는 점이다. 지배구조에 관한 여러 회계제도나 개혁 법안들이 마련되었고, 외부 감사제도나 표준감사시간제도 등 해외에서는 시행되지 않는 다양한 제도적 장치가 존재한다.

또 다른 특징으로는 ESG 지속가능경영 체계에서 중소기업들이 당면한 상황이다. 환경성과를 높이고 지역사회에 기여하기 위한 자원과 여력, 그리고 기관투자자들을 유치하기 위해 지속 가능 경영 보고서를 작성하는 역량 역시 중소기업 입장에서는 부족할 수밖에 없다. 그런데 이는 한국뿐 아니라 전 세계 다른 국가에서도 마찬가지이다. 유럽연합의 공급망 실사법을 살펴보면, 환경과 인권에 대한 정보 공시를 요구하면서 3가지 스코프(scope)를 제시하고 있다. 스코프 1은 온실가스 직접 배출, 스코프 2는 에너지와 난방과 관련된 간접 배출, 스코프 3은 가치사슬 및 공급망에 속한 다양한 협력업체들이 발생시키는 온실가스를 추적하고 있다.

과거 수년간 제출된 Apple Inc.사의 지속가능경영 보고서에 따르면 전체 탄소 배출량 중 스코프 1과 2를 합친 비중은 0.3%였고, 나머지 99.7%는 가치사슬 내 협력 중소기업들과 연결된 것이었다. 따라서 기후 및 사회적 위기 상황에 더 많이 노출될 수 있는 머지않은 미래에 중소기업에게도 특히 환경(E) 및 사회(S)와 관련된 성과관리가 요구될 것으로 예상된다. 아직 한국 중소기업에서는 온실가스를 스코프 별로 정확하게 측정하고 관리할 수 있는 수준은 아니나, 중소벤처기업진흥공단이나 대한상공회의소, KOTRA 등에서 ESG 성과 관리와 전략 개발을 위한 플랫폼이나 자문 등을 제공하는 등 중소기업의 ESG경영을 위한 정부 차원의 노력도 이어지고 있다.

국내 대기업의 최근 사례에서도 가치사슬 내 협력 중소기업들과의 협력이 강화되고 있음을 보여준다. 예컨대, POSCO Holdings는 ESG 성과를 이사회 평가 및 임원 보상 체계와 연동하여, 온실가스 배출량, 사고율, 글로벌 ESG 이슈관리 상태 등을 평가 지표로 삼고 있는 것으로 나타났다. 또한, 한국의 전자업계 선도기업들은 공급망 주도형 지속가능공급망관리(Sustainable Supply Chain Management)를 통해 협력사와 함께 환경성과·사회성과를 강화하려는 노력을 진행 중이다.

성경은 다음과 같이 말한다:

(출애굽기 22:24)

네 형제가 네게 가난하거든 마음이 고정되지 아니한 채 그의 마음에 품은 것을 남김해 주라 그리하면 네가 그것을 주리니 …

(갈라디아서 5:13)

강한 자가 약한 자를 짐지라 그리스도께서 너희를 자유롭게 하시려고 자유를 주셨으니 그러므로 서서 다시는 종의 멍에를 메지 말라

이처럼, 기업이 공급망 속 더 약한 파트너(중소기업)를 품고 함께 지속가능한 길을 가는 것은 복음적 이웃 사랑과 청지기 정신이다. 또한, 온유한 자처럼 자기의 권리를 주장하지 아니하고 오히려 섬김으로 실천하는 태도는 지배구조와 공급망 협력을 통해 ESG를 구현하는 기업문화와 맞닿아 있다. 또한, 창조주 하나님께서는 창세기 1장 28절에서 *"땅과 만물을 너희가 다스리라"*라고 명령하셨고, 이는 단지 자연을 지배하라는 뜻이 아니라 창조 질서를 보존하고 책임 있게 관리하라는 의미이다. 따라서 기업이 자신이 속한 생태계와 공급망 전체의 지속가능성을 고민하고 행동하는 것은 청지기적 소명의 일부라 볼 수 있다. 이처럼, 기업이 공급망 중심의 ESG 협력 모델을 모색하고 있는 것은 단지 경영적 선택이 아니라, 공동체적 책임과 창조 질서 회복을 향한 신앙적 실천이기도 하다. 이러한 기업의 경영방침은 고린도전서 12장 26절 말씀인 *"한 지체가 고통을 받으면 모든 지체가 함께 고통을 받고"* 말씀과 일치한다.

한편, ESG경영이 대기업 중심으로만 추진되고, 중소기업은 재정적·기술적 한계로 인해 실천하기 어려운 현실은 오늘날 경제 구조 속의 '지체의 불균형'을 보여주는 단면이다. 이는 성경이 말하는 공동체의 원리와는 대조적이다. 사도 바울이 고린도전서 12장에서 말씀한 교회를 '한 몸'으로 비유하며 "한 지체가 고통을 받으면 모든 지체가 함께 고통을 받고"는 단지 교회 공동체에만 해당되는 것이 아니라, 모든 인간관계와 사회 구조 속에서 하나님의 질서가 작동함을 보여주는 진리이다. 즉, 경제 생태계에서 대기업과 중소기업은 서로 다른 '지체'로서 기능한다. 어느 한쪽이 고통 받을 때 전체 생태계가 병들게 된다. 그러므로 공급망 전반의 ESG 확산은 단지 경제적 연대가 아니라, 창조 질서 속의 공동체적 책임 회복이라는 신학적 의미를 가진다.

일부 대기업이 협력업체의 친환경 전환 비용을 분담하고, 사회적 책임을 함께 지는 프로그램을 운영하기 시작한 것은 경영의 목적이 '효율'에서 '책임'으로 이동하는 가치의 회개라 할 수 있다. 이는 누가복음 19장에서 세리 삭개오가 주님을 만난 후 *"내 소유의 절반을 가난한 자들에게 주겠나이다"*라고 고백한 장면과도 닮아 있다. 그의 변화는 단순히 도덕적 결심이 아니라, 관계의 회복과 정의의 실천이었다. 마찬가지로 기업이 공급망 속 약한 협력사를 돌보는 것은 시혜(施惠)가 아니라 하나님 앞에서의 회개와 책임의 결단이다. 그것은 경제적 구조 안에서 일어나는 삶의 예배이다.

ESG는 개별 기업의 이미지 관리나 자선, 시혜 활동의 확장이 아니라, 기업의 가치사슬 전체를 하나의 생명망으로 바라보는 관점이다. 이러한 관점은 성경이 제시하는 '청지기 정신(Stewardship)'의 현대적 표현이라 할 수 있다. 창세기 2장 15절에서 하나님은 인간에게 *"에덴동산을 경작하며 지키라"* 명령하셨다. 이는 단순한 노동 명령이 아니라 하나님의 창조 세계를 보존하고 돌보라는 책임의 부여이다. 기업의 공급망 또한 바로 이 '돌봄의 질서' 속에 있다.

대기업이 협력업체의 지속가능한 성장을 돕는 것은 일방적 자선이 아니라, 창조질서를 관리하는 청지기의 실천이다. 이는 경제의 언어로 표현된 '섬김'이며, *"서로 종노릇하라"(갈라디아서 5:13)*는 말씀을 조직적, 경제적 차원에서 구현하는 것이다. 협력업체와 ESG 협력은 함께 살아가기 위한 선한 투자이며 단순한 시혜나 자선이 아니다. 이는 지속가능한 성장을 위한 윤리적 투자이다. 곧 *"서로의 짐을 지라"(갈라디아서 6:2)*는 하나님 나라의 윤리를 기업의 언어로 옮기고 실천하는 것이다. 한편, 시장 경쟁 속에서 공급망이 상생하는 것은 하나님이 창조 질서를 회복하는 신앙의 행위이다.

교회는 기업이 말하는 ESG의 가치가 복음의 언어로 어떻게 해석될 수 있는지 가르칠 책임이 있다. 기업의 사회적 책임은 하나님 앞에서의 윤리적 책임이며, 공급망의 상생은 하나님 나라의 연대와 사랑의 확장이다. 크리스천은 직장과 시장 속에서 단순한 경제 행위자가 아니라 경제의 청지기로 살아가야 하며, 교회는 말씀과 훈련을 통해 이를 뒷받침해야 한다.

한편 한국 사회는 전통적으로 재벌 중심의 독특한 산업구조와 소유 지배 체계를 가지고 있으며, 이로 인해 지배주주와 일반 투자자

정보 비대칭이 크게 나타나는 경우가 많다. 그 결과 한국 기업의 가치가 해외 기업 대비 낮게 평가되는 '코리아 디스카운트(Korea discount)' 문제가 지속된다. 이러한 구조적 문제는 곧 거버넌스의 취약성을 드러내며, 그로 인해 한국에서는 해외에 없는 다양한 지배구조 개혁과 제도, 외부감사 장치, 표준감사시간 제도 등 복잡한 규제가 도입되어 왔다. 이러한 맥락에서 볼 때, 대기업이 공급망 전반에 걸쳐 공정성과 투명성을 확보하고 협력업체의 지속가능성을 지원하는 것은 단순한 기업 전략이 아니라, 한국 사회의 지배구조 문제를 치유하는 공적 사명이며 동시에 성경적 청지기 정신의 실천이다. 공급망의 연대와 상생은 복음의 가치가 새장 속에서 구현되는 구체적 형태이며, 하나님 나라의 질서가 경제 영역에서 드러나는 방식이다.

제 4 장

ESG 지배구조와 기독교 가치

4.1. 기업지배구조(Governance)의 신학적 의미
4.2. 아브라함(Abraham)의 리더십과 ESG 지배구조
4.3. 요셉(Joseph)의 리더십과 ESG 지배구조
4.4. 갈렙(Caleb)을 통해서 보는 ESG 지배구조
4.5. 성경 속의 여성리더십
4.6. 십일조 정신과 ESG 지속가능경영
4.7. ESG 지속가능경영과 청지기 정신 그리고 달란트의 비유
4.8. ESG 지속가능경영 정신의 선구자 유일한
4.9. 칙필레(chick-fil-A)의 ESG 지속가능경영을 통한 기독교 정신의 실천 사례
4.10. 월마트(Walmart)의 ESG 지속가능경영을 통한 기독교 정신의 실천 사례
4.11. 파타고니아(Patagonia) ESG 지속가능경영 사례를 통해 보는 기독교

제4장 ESG 지배구조와 기독교 가치

4.1. 기업지배구조(Governance)의 신학적 의미

기업지배구조(Corporate Governance)란 기업이라는 경제활동 단위를 둘러싼 여러 이해관계자 간의 상호관계를 조정하는 메커니즘이다. 다른 말로는 기업을 운영하는데 필요한 자본의 조달과 조달된 자본을 사업에 투자하고, 실현된 경영 수익을 분배하는 등, 부가가치 창출과 배분 과정의 주요 의사 결정에 참여하고 모니터링을 담당하는 일련의 체계가 기업지배구조다. 경영진이 기업의 선량한 관리자로서 합당한 책임을 다할 수 있도록 지원하고 감독하며 잠재적인 위험이 잘 관리될 수 있도록 감시하는 것도 기업지배구조가 추구하는 목적이다.

기업지배구조와 관련된 논의는 대리인이론(principal-agent theory)을 기초로 한다. 대리인이론에 따르면 기업가치 극대화를 위해서는 운영을 책임지고 있는 수탁자이자 대리인(agent)인 경영자와 경영자에게 자신의 소유를 맡기고 관리를 위탁한 주인(principal)으로 간주되는 투자자 간에는 정보비대칭(information asymmetry)이 존재하며 이에 따라 대리인 비용(agency cost)이 발생하게 된다는 것이다. 그리고 대리인비용을 낮추기 위해서는 모니터링과 유인제공이 필요하다는 이론이다.

주인과 대리인 개념은 마태복음 25장에 기록된 예수님의 달란트 비유에도 등장한다. 예수님을 상징하는 어떤 한 주인(principal)이 먼 나라에 여행 갈 일이 생겼다. 떠나기 전에 종(servants)들을 불러 자신의 소유를 맡긴다. 주인은 자기 재산을 종들에게 맡기는데 각각 그 재능대로, 한 사람에게는 금 다섯 달란트를, 한 사람에게는 두 달란트를, 한 사람에게는 한 달란트를 주고 떠나게 된다. 시간이 지나 주인이 돌아와서 맡기고 간 소유, 즉 자금을 어떻게 관리했는지를 결산하게 되는 내용이다. 이 비유에 등장하는 달란트란 용어는 오늘날 개인이 가지고 있는 고유의 재능을 가리키는 데 사용되기도 하지만 원래는 무게의 단위이자 매우 큰 가치의 화폐단위였다.

종들은 주인이 돌아오기 전에 주어진 자금과 기회를 충실하게 활용해서 주인의 재산을 지킬 뿐 아니라 선량한 관리자로 그 재산을 이용하여 부가가치를 만들어 낼 책임이 있다. 달란트 비유에 등장하는 종에 해당하는 영어 성경의 단어는 서번트(servant)인데 기업지배구조에서 논의되는 모든 주제와 연결된 단어가 바로 서번트이다. 기업의 경영자는 서번트로서 자신보다 자신에게 권한을 부여한 주인의 이익을 우선시하는 리더십을 가지라는 것이 오늘날의 서번트 리더십(servant leadership)이자 기업지배구조가 추구하는 이상적인 경영자상(像)이다.

달란트 비유에서도 나타났지만, 문제는 주인이 먼 나라를 오랜 기간에 걸쳐 여행하는 동안 서번트가 과연 주인을 위해 선량한 관리자로서 최선을 다하고 있는지를 관찰할 수 없다는 것이다. 여기서 서번트는 기업의 기업지배구조를 논의하게 될 때 대리인과 같은 의미로 사용될 수 있다. 구체적으로 대리인(agent)이란 위임을 받아 기업에서 경영의사결정을 하는 경영자를 의미하며 주인(principal)이란 경영자들에게 기업 경영을 위임한 투자자(주주)를 의미한다. 따라서 경영자는 기업의 주인인 주주의 재산 가치를 높이기 위해 자신의 역량을 집중해야 된다는 것이다.

사기업에서 재무적 이윤이 없다면 당연히 지속가능하지 않다. 다만 이윤추구의 과정과 방법, 이윤추구의 궁극적 수혜자가 누구인 것인가에 대한 논의가 기업지배구조에서 다루어진다. 다섯 달란트 받은 서번트는 바로 장사를 시작하고 다섯 달란트를 남긴다. 서번트로서 사명감을 가지고 있었으며 임무가 주어졌을 때 바로 사업을 추진할 수 있는 역량을 갖추고 준비가 되어 있었다는 것이다. 또한 평소에 주인의 뜻에 대해 잘 알고 있었기에 지체함이 없이 사업에 나설 수 있었을 것이다. 경영자는 신의성실을 기본 특성으로 가져야 하지만 맡겨진 한정된 자원을 지혜롭고도 창의적으로 사용할 수 있는 능력을 가져야 한다.

두 달란트를 받은 두 번째 서번트도 "잘하였도다 착하고 충성된 종"이라고 칭찬을 받는다. 이어서 "네가 적은 일에 충성하였으매 내가 많은 것을 네게 맡기리니 네 주인의 즐거움에 참여"하라는 다섯 달란트를 남긴 서번트와 동일한 칭찬과 축복을 받는다. 두 서번트의 이야기는 오늘날 기업의 경영자평가에도 적용할 수 있다. 기업지배구조의 주요 논의 사안 중 하나는 경영자에 대한 평가와 보상에 대한 것이다. 달란트 비유에서 등장하는 주인은 결산할 때 두 서번트가 남긴 절대 금액의 크기를 기준으로 평가한 것이 아니다. 그들의 마음의 중심과 맡겨진 자본을 어떻게 관리했는지 그 과정을 높이 평가한 것이다.

한편 세 번째 서번트는 한 달란트를 받은 후 땅을 파서 그 주인의 돈을 감추어 두었다. 한 달란트를 땅속에 파묻어 버리고 자신의 일을 보러 가버린 것이다. 아마도 자신에게 맡겨진 분량이 상대적으로 작다는 사실에 집착하여 의기소침해졌을 수도 있으며 자존심이 상해 무책임한 결정을 했을 수도 있다. 한 달란트를 땅에 파묻어 버리고 자신의 실속을 챙길 수 있는 일에 집중했을 것이다. 시간이 지나 주인이 돌아와서 결산할 때 한 달란트 받은 서번트는 "주인이여 당신은 굳은 사람이라 심지 않은 데서 거두고, 헤치지 않은 데서, 모으는 줄을 내가 알았으므로, 두려워하여 나가서 당신의 달란트를 땅에 감추어 두었었나이다 보소서 당신의 것을 가지셨나이다" 보고한다. 아마도 자신이 차별 대우를 받았고 자신에게는 작은 자금만 제공해서 주인이 불공정한 요구를 했다고 생각했을 수도 있다.

마태복음 25장 24절에, *"주인님, 저는, 주인님이 굳은 분이시라, 심지 않은 데서 거두시고, 뿌리지 않은 데서 모으시는 줄로 알고..."* 말도 안 되는 주장을 하고 있다. 이 주장은 그가 주인을 보는 시각이 어떤지를 나타낸다. 해당 구절을 현대인의 성경으로 보면 "주인님 나는 주인님이 아무 수고도 하지 않고 남이 뿌려 놓을 것을 거둬들이는 지독한 분이라고 알았습니다"로 기록되어 있다. 한 달란트 받는 사람은 주인을 악독한 수전노와 같은 사람이라고 이야기하고 있는 것이다. 이 말에는 서번트가 주인에 대한 충성심과 신뢰감이 없는 자기중심적인 사람이라는 것이 명확하게 드러난다. 자신이 왜 달란트를 땅에 파묻었는지를 설명할 때 제일 먼저 하는 말이 주인에 대한 자신의 생각이다. *"지독한 사람인 줄 내가 알았습니다"* 자신이 한 달란트를 가지고 선량한 관리자로서의 의무를 다하지 않은 이유를 주인의 책임으로 돌리고 있는 것이다. 남 탓을 하면서 책임회피에 급급하고 있다.

현실에서도 한 달란트 받는 서번트와 같은 사람이 있을 수 있다. 2012년부터 2018년까지 국내 U은행에서 기업 구조조정 관리 업무를 맡은 직원이 세 차례에 걸쳐 614억 원을 개인 계좌로 인출하여 횡령한 사건이 있었다. 고객이 맡긴 귀중한 돈을 자신의 사적 용도로 사용하다 2022년 적발된 것이다. 2022년 Q사의 경우도 재무관리팀장에 의해 1,880억 원이나 되는 막대한 회사의 돈을 횡령한 사건이 적발되었다. 2018년 S사의 경우는 직원의 실수로 주당 1,000원을 현금 배당할 것을 주당 1,000주 배당으로 잘못 입력하였다. 문제는 잘못 입력된 것을 인지한 내부 직원 중 일부가 자신의 계좌에 잘못 입고된 주식을 시장에 내다 팔았다는 것이다. 조직의 구성원으로 해당 조직에 해를 입히는 불법행위를 서슴지 않고 행한 것이다. 2009년 D사에서는 법정관리 중인 회사에서 재무 담당 간부 한 사람이 1,800억 원대의 돈을 횡령하여 도박과 유흥비로 탕진한 사례가 있었다. 이러한 비윤리적인 행태는 청지기 정신의 부재와 직접적으로 관련된다. 자신이 하고 있는 업무가 어떤 가치가 있으며 무엇을 위해서 하고 있는지 판단력을 잃어버린 결과이다. 수사 과정에서 밝혀진 내용을 보면, 기업에서 발생하는 횡령 사건의 이면에는 어김없이 자신에 대한 합리화가 있었다. 한 달란트 맡은 서번트가 마태복음 25장 24절에 나타난 것 같이 자신의 행위에 대해 남 탓을 하는 유사한 모습이 있었다는 것이다.

해외의 경우에도 1990년대 미국의 대학생들이 가장 취업하고 싶어 하던 엔론(Enron)이란 기업이 있었다. 엔론은 당시 Fortune 매거진에서 6년 연속 가장 혁신적인 기업으로 뽑기도 한 최고의 기업으로 명성을 누렸다. 하지만 현실은 당시 최고경영자였던 케네스 레이(Kenneth Lay)와 제퍼리 스킬링(Jeffrey Skilling) 등이 막대한 분식회계를 통해 실적을 부풀리고 엄청난 금액의 성과급을 챙겨가다 결국 회사가 부도난 사건이었다. 이러한 사건은 바로 정보의 비대칭으로 인한 대리인 비용이 구체화된 것이다.

기업지배구조는 성경 시대에 존재하지 않았던 개념이기 때문에 성경에는 이에 대한 직접적인 언급이 없다. 그러나 기업 지배구조와 관련된 몇 가지 원칙과 가치를 언급하는 구절이 있다. 빌립보서 2장 3~5절에 *"아무 일에든지 다툼이나 허영으로 하지 말고 오직 겸손한 마음으로 각각 자기보다 남을 낫게 여기고, 각각 자기 일을 돌볼 뿐 더러 또한 각각 다른 사람들의 일을 돌보아 나의 기쁨을 충만하게 하라. 너희 안에 이 마음을 품으라 곧 그리스도 예수의 마음이니"* 말씀하신다.

인간이 자신의 이익에 관심을 가지는 것 그 자체가 비난받을 일은 아니다. 다만 자신에게 주어진 책임과 권한, 환경이 자신의 노력만으로 이뤄진 것이 아니라는 것을 잊지 말아야 한다는 것이다. 기업의 주인이 자신이 아니라는 관점에서 경영자는 주주의 대리인으로 수탁책임을 다해야 한다는 것이다. 더 나아가 크리스천은 모든 것을 허락하신 하나님의 은혜에 빚진 자로서 "오직 겸손한 마음으로" 수탁책임에 최선을 다해야 한다는 것이다. "자기 일을 돌볼 뿐 더러 또는 각각 다른 사람들의 일을 돌보아 나의 기쁨을 충만하게 하라" 이것이 바로 그리스도 예수의 마음이라는 것이다. 이러한 빌립보서의 말씀은 기업의 ESG경영 중 사회적 책임과 직접적으로 연결되며 기업지배구조의 핵심 의사결정기구인 이사회의 책임과 의무, 윤리경영과 같은 맥락을 가지고 있다.

기업지배구조의 정신은 골로새서 3장 22~23장에도 잘 나타나 있다. *"종들아 모든 일에 육신의 상전들에게 순종하되 사람을 기쁘게 하는 자와 같이 눈가림만 하지 말고 오직 주를 두려워하여 성실한 마음으로 하라. 무슨 일을 하든지 마음을 다하여 주께 하듯 하고 사람에게 하듯 하지 말라"* 당부하신다. 이 말씀은 우리의 일이 개인의 이익을 위해서만이 아니라 더 높은 가치를 위한 책임수행의 형태로 이루어져야 한다는 것을 강조한다. 누가복음 12장 48절 하반절에 결산할 때에 주인이 *"많이 받은 자에게는 많이 요구할 것이요 많이 맡은 자에게는*

많이 달라 할 것"이라 말씀한다. 기업 경영을 위임 받은 경영자는 귀중한 자원을 현명하게 사용하고 그를 통해 가치를 만들어 내고 공동체에 긍정적인 영향을 주어야 하는 책임이 있다는 것이다.

지난 4~5년 동안 기업지배구조와 관련되어 기업의 진정한 주인이 주주일까에 대한 회의적인 시각이 나타나기 시작했다. 기업의 주인은 주주에 머무는 것이 아니고 주주를 비롯한, 채권자, 종업원, 지역사회까지 확대된다는 이해관계자 자본주의 개념이 확산되기 시작했다. 이해관계자 자본주의는 ESG경영으로 실천되며 더 나아가 ESG 경영을 적극적으로 실천함을 통해 사회문제를 해결하고 선한 영향력을 극대화하자는 개념이 임팩트 경영이다. 임팩트 경영을 실천하기 위해서는 기업의 목적을 재점검하고, 구체적인 비즈니스 모델을 개발해야 하며, 어떠한 임팩트를 만들어 낼 것인가에 대한 고민과 구체적인 목표를 설정하는 것이 중요하다. 임팩트 경영은 성경의 청지기 정신과 밀접하게 관련된 예수 그리스도의 제자로서 크리스천이 현실 세계에서 어떠한 삶을 살아가야 할지에 대한 방향을 제시하며 그 중심에 하나님이 주인 되는 지배구조를 어떻게 실현할지에 대한 체계를 잡아가는 것으로 적용될 것이다.

4.2. 아브라함(Abraham)의 리더십과 ESG 지배구조

현대 기업의 지배구조는 단순히 경영의 효율성을 넘어서, 사회적 책임과 윤리적 가치 실현을 요구받는 시대에 이르렀다. ESG(Environmental, Social, Governance) 경영의 핵심은 '지속가능한 통치'에 있으며, 이는 지도자의 가치관과 리더십의 품성에 따라 결정된다. 이러한 맥락에서 창세기에 기록된 아브라함(Abraham)의 생애는 고대의 종교적 인물 서사에 머무르지 않고, 오늘날의 ESG 지배구조 논의에 통찰을 제공한다. 아브라함은 '믿음의 조상'일 뿐 아니라, 하나님의 언약과 공동체를 책임지는 리더로서 신뢰, 투명성, 책임의 원리를 실천한 인물이다. 그의 리더십은 하나님과의 언약 속에서 형성된 내면의 윤리가 외적 통치구조로 드러나는 '신앙의 지배구조'였다.

아브라함의 리더십은 세속적 권력 중심 리더십이 아니라 '언약(Covenant)'에 근거한 리더십이다. 그는 명예나 제도적 권위로 사람들을 이끌지 않았다. 창세기 12장에서 하나님은 *"너는 너의 본토 친척 아비 집을 떠나 내가 네게 보여줄 땅으로 가라"*고 말씀하셨다. 아브라함은 어떤 보장도 없는 그 부르심 앞에서 단지 *"여호와의 말씀을 따라갔다"(창세기 12:4)* 이는 확실한 계약서 없이도 하나님의 신실함을 신뢰한 투명한 신앙적 결단이었다. 이후 아브라함은 가나안에 정착하여 여러 부족과의 관계 속에서 '공정한 리더십'을 실천하였다.

대표적인 장면이 조카 롯과의 분리 사건이다. 가축이 많아져 목초지가 좁아졌을 때, 그는 *"네가 좌하면 나는 우하리라"(창세기 13:9)*라며 선택권을 롯에게 먼저 양보했다. 이는 '지배'가 아닌 '신뢰'의 리더십이었다. 아브라함은 하나님의 주권을 믿기에 인간적 계산을 내려놓을 수 있었고, 결과적으로 하나님은 그에게 더 넓은 약속의 땅을 보여주셨다. 이 장면은 오늘날 기업 거버넌스에서 강조되는 투명한 의사 결정 구조, 권한 위임, 이해관계자 존중의 원리를 잘 보여준다. 아브라함의 리더십은 통제의 리더십이 아니라, 신뢰의 분산과 책임의 공유를 통해 지속가능한 공동체를 세운 '언약적 거버넌스'의 모범이었다.

ESG의 환경 영역(E)은 단순한 환경보호가 아니라 창조 질서에 대한 청지기적 책임을 의미한다. 아브라함은 목축 공동체의 지도자로서 자연환경과의 조화를 중시하였다. 그는 거대한 도시나 요새를 세우기보다, 하나님이 주신 땅을 따라 장막을 치고 이동하는 순례자의 삶을 살았다. 롯과의 분리 장면은 그의 경영 윤리를 잘 드러낸다. 그는 "그 땅이 네 앞에 있지 아니하냐"라며 토지의 소유권보다 공존의 질서를 선택하였다. 이는 자원을 둘러싼 다툼 대신 지속 가능한 공존과 자발적 절제를 택한 결정이었다.

현대 ESG의 관점에서 보면, 이는 천연자원 남용 대신 책임 있는 자원 관리(Responsible Resource Use)의 원리와 같다. 또한 아브라함은 이동할 때마다 제단을 쌓았다(창세기 12:7, 13:18). 그는 돌과 나무 등 자연의 요소를 이용해 예배를 드렸으며, 이 과정에서 자연은 예배의 도구가 아니라 하나님과의 관계를 매개하는 창조물로 존중되었다. 이것은 환경을 단순한 인간의 소유물이 아니라 하나님과의 관계 안에서 '함께 존재하는 피조물'로 보는 기독교 생태윤리의 근본 사상이다. 결국 아브라함의 리더십은 '소유가 아닌 맡김', '지배가 아닌 돌봄'이라는 신학적 원리를 담고 있다. 오늘날의 기업 경영자가 이 정신을 따른다면, 환경은 더 이상 비용의 항목이 아니라 하나님의 창조 질서 안에서 지켜야 할 언약의 일부로 이해될 것이다.

아브라함의 사회적 리더십은 공동체적 정의와 환대(hospitality)로 나타난다. 창세기 18장은 그의 인격을 가장 잘 드러내는 장면이다. 그는 나무 아래에서 더위를 식히다가 세 나그네를 보았을 때, 급히 달려가 "내 주여, 내게 은혜를 입으셨거든 종을 떠나지 마옵소서"라 하며 발을 씻기고 음식을 대접하였다. 그 나그네들이 사실은 하나님과 두 천사였음을 그가 미리 알지 못했음에도, 그는 타인을 향한 무조건적 환대의 리더십을 보여주었다. 이 사건은 단순한 예절이 아니라, 약자 보호와 생명 존중의 실천적 사회책임(Social Responsibility)이었다. 사막을 지나던 나그네를 환대하지 않으면 그는 곧 생명을 잃을 수도 있었다. 아브라함은 자신의 자원과 시간을 들여 이 낯선 자들을 섬겼다.

오늘날 기업이 사회적 책임을 다한다는 것은 단순한 자선사업이 아니라, 바로 이 '생명을 살리는 환대의 정신'을 실천하는 것이다. 또한 아브라함은 포용의 리더십을 보였다. 그는 혈연과 민족의 경계를 넘어, 종들과 이방인에게도 언약의 표를 주었다(창세기 17:11~13). 이는 다양성(Diversity)과 포용성(Inclusion)을 중시하는 현대 ESG경영의 정신과 같다.

(창세기 17:11–13)

11. 너희는 포피를 베어라 이것이 나와 너희 사이의 언약의 표징이니라

12. 너희의 대대로 모든 남자는 집에서 난 자나 또는 너희 자손이 아니라 이방 사람에게서 돈으로 산 자를 막론하고 난 지 팔 일 만에 할례를 받을 것이라

13. 너희 집에서 난 자든지 너희 돈으로 산 자든지 할례를 받아야 하리니 이에 내 언약이 너희 살에 있어 영원한 언약이 되려니와

아브라함의 그의 사회적 리더십의 정점은 소돔과 고모라를 위한 중보기도에서 드러난다. 아브라함은 하나님께 "의인 50명이 있으면 그 성을 멸하시겠나이까"에서 시작하여, 끝내 "의인 열 명만 있어도 멸하지 않으시겠나이까"라며 간청하였다(창세기 18:23~32). 이것은 정의(justice)를 요구하면서도, 동시에 긍휼(mercy)을 구한 기도였다. 그는 타인의 죄에도 불구하고 회복을 바라는 리더의 마음을 보였다. 이처럼 아브라함은 '규범적 정의'가 아닌 관계적 정의(relational justice)를 실천하였다. 오늘날 기독교적 ESG 리더십이 회복해야 할 것도 바로 이 관계적 정의이다. 기업의 사회적 책임은 단순히 기부금이 아니라, 사람과 하나님, 사람과 사람, 그리고 사람과 자연의 관계를 회복하는 일이다.

아브라함의 리더십의 절정은 이삭 번제 사건(창세기 22장)에서 드러난다. 하나님께서 *"네 아들, 네 사랑하는 독자 이삭을 번제로 바치라"* 명하셨을 때, 그는 다음 날 아침 일찍 일어나 나귀에 안장을 얹었다. 그는 자신의 판단보다 하나님의 주권을 우선시하는 책임윤리(responsibility ethics)를 택하였다. 그는 하나님의 명령을 숨기지 않고, 거짓으로 합리화하지도 않았다. 아브라함은 하나님 앞에서 자신의 의사결정을 숨기지 않는 내면의 투명성(coram Deo)을 유지했다. 그 결과 하나님은 *"이제야 네가 나를 경외하는 줄을 아노라"* 하시며 그를 축복하셨다. 이 사건은 오늘날 기업의 지배구조가 추구해야 할 윤리적 투명성과 신뢰 기반의 거버넌스의 본질을 상징한다.

진정한 리더십은 카리스마에서 나오는것이 아니라 하나님 앞에서의 겸손함과 정직성에서 비롯된다. 아브라함은 또한 후손에게 신앙의 유산을 전수하였다. 그는 이삭의 배우자를 구할 때도 *"여호와께서 그 앞서 인도하실 것이다"(창세기 24:7)*라며 종을 보내 신앙의 기준안에서 결정을 내리게 했다. 이는 단기적 효율보다 장기적 지속가능성(sustainability)을 택한 리더십이었다. 그의 승계구조는 권력의 세습이 아니라 언약의 계승이었다. 오늘날 기업들이 세대교체를 준비할 때, 아브라함처럼 하나님의 목적과 공동선(Common Good)을 중심에 둘 때 비로소 진정한 지속가능한 거버넌스가 완성된다.

아브라함의 생애는 ESG의 본질을 신앙적 언어로 해석할 수 있는 모범적 서사이다. 그는 하나님과의 언약 관계 속에서 리더십을 발휘하였으며, 그 과정에서 청지기적 환경관(E), 공동체적 사회관(S), 책임적 지배구조관(G)을 형성하였다. 그의 리더십은 자기 이익이 아닌 하나님의 뜻을 중심으로 하였으며, 이는 오늘날 기업과 조직이 추구해야 할 거버넌스의 근본 원리이다. 기독교적 관점에서 ESG 지배구조란 하나님이 주권자이시며 인간은 그분의 청지기로서 책임 있게 세상을 돌보는 구조이다. 따라서 아브라함의 리더십은 단지 역사적 신앙의 유산이 아니라, 오늘의 리더들이 '공동선'과 '하나님의 뜻'을 함께 추구하는 지속가능한 거룩한 경영의 모델이라 할 수 있다. 그의 삶은 경영학이 말하는 리더십보다 더 높은 차원의 통치, 즉, 하나님의 통치에 동참하는 언약적 리더십의 본질을 보여주는 것이다.

4.3. 요셉(Joseph)의 리더십과 ESG 지배구조

창세기 37장 이후에 등장하는 요셉 이야기는 아브라함 언약이 역사 속에서 실제로 어떻게 성취되는지를 보여주는 구속사적 연결고리로써 가장 긴 분량(창세기 37장~50장)을 차지한다. 요셉 이야기는 창세기의 결론이자 출애굽기의 출발점이기에 큰 의미를 가진다. 요셉을 통해 야곱의 가족 70명이 애굽으로 내려가고(창세기 46:27), 이는 결국 출애굽기의 민족 형성으로 이어진다. 요셉의 생애에 나타나는 리더십은 고난과 권력을 관통하여 형성된 윤리적이고 포용적인 리더십의 모범이다. 그는 어린 시절부터 노예, 죄수, 총리대신에 이르기까지 어떤 위치에 있든지 하나님 앞에서 정직하고 공동체 중심적 태도를 유지한 리더였다.

애굽에 노예로 팔린 요셉은 자신의 주인이었던 보디발 장군의 아내가 저질렀던 유혹 앞에서 큰 위험에 처할 것을 알면서도 *"내가 어찌 이 큰 악을 행하여 하나님께 죄를 지으리이까"(창세기 39:9)*라고 말하며 정직을 선택한다. 이는 결과보다 하나님 앞에서의 도덕적 정체성과 진정성을 우선시하는 리더의 자세로, 요셉의 정직함은 그가 이후 맡게 되는 거대한 경제와 행정 권력을 감당할 수 있도록 만드는 윤리적 기반이 된다.

감옥에 갇히게 된 요셉은 애굽(이집트) 왕 바로의 꿈을 해석하며 단순한 예언을 넘어 국가 전체 생존 전략을 제시하였다(창세기 41:

33~36). 풍요로운 7년 동안 미래에 경험하게 될 7년 흉년을 대비하여 곡물을 비축하고 배급하는 정책은 지속가능경영의 모범이 될 수 있다. 그의 전략적 리더십은 애굽뿐 아니라 주변국까지 살리는 여러 국가를 포용하는 영향을 미치게 된다. 요셉은 자신이 총리가 된 이유를 *"많은 사람의 생명을 구원하게 하시려"(창세기 50:20)* 함이라고 이해하였다. 요셉은 히브리인으로서 당시의 패권국가였던 애굽이라는 이방 제국의 총리 자리에 올랐고, 특정 민족의 이익뿐 아니라 주변 국가 전체 백성의 삶을 살리는 리더로 기능하였으며, 다문화 환경 속에서 포용적 통치 모델을 제시한 리더였다(창세기 41:56-57). 이는 오늘날 글로벌 리더십의 성경적 전형이다.

(창세기 41:56-57)
56. 온 지면에 기근이 있으매 요셉이 모든 창고를 열고 애굽 백성에게 팔새 애굽 땅에 기근이 심하며
57. 각국 백성도 양식을 사려고 애굽으로 들어와 요셉에게 이르렀으니 기근이 온 세상에 심함이었더라

요셉의 리더십은 성경 속에서 나타난 가장 체계적이고 통합적인 지속가능경영의 모델이기도 하다. 요셉은 하나님 앞에서의 정직, 공동체 생명 보존, 포용, 회복, 장기 전략, 위험관리, 미래세대 보호의 지속가능성을 고민했던 리더였으며, 이는 오늘날 ESG경영이 추구하는 핵심 가치와 정확히 맞닿아 있다. 요셉의 리더십 사례는 ESG경영의 윤리적 리더십과 연결되며 ESG경영이 단순히 재무적 가치를 높이기 위한 경영 전략이 아니라 하나님께서 기뻐하시는 청지기적 리더십의 구체적 구현임을 제시한다.

ESG의 G(Governance)에서 강조하는 리더십은 정직과 투명성 그리고 윤리성을 기반으로 한다. 조직의 거버넌스는 단순히 체계가 아니라 리더의 포용적 품성과 정직한 마음에서 출발한다는 사실을 요셉이 보여준 것이다. 또한 요셉의 공정성은 ESG 지속가능경영의 '노동과 인권 중심 경영'의 기반이다. 요셉은 감옥에서도 사람들을 섬기며 그들의 고통에 귀 기울였고(창세기 40:6~8), 총리가 된 이후에도 백성의 생명을 보존하는 미래 지향적이고 공정한 정책을 펼쳤다.

요셉의 위기관리 능력은 ESG경영의 '리스크 관리와 지속가능 전략'의 전형이다. 요셉은 7년 풍년과 7년 흉년이라는 닥쳐올 거대한 위험을 예측하고 대비하는 장기 전략을 제시하였다(창세기 41:33~36). 이는 오늘날 기후변화와 공급망 위기, 계층 간의 격차와 갈등 등 사회적 리스크를 예측하여 대응하는 ESG경영의 핵심 원리와 동일하다.

(창세기 41:33-36)

33. 이제 바로께서는 명철하고 지혜 있는 사람을 택하여 애굽 땅을 다스리게 하시고

34. 바로께서는 또 이같이 행하사 나라 안에 감독관들을 두어 그 일곱 해 풍년에 애굽 땅의 오분의 일을 거두되

35. 그들로 장차 올 풍년의 모든 곡물을 거두고 그 곡물을 바로의 손에 돌려 양식을 위하여 각 성읍에 쌓아 두게 하소서

36. 이와 같이 그 곡물을 이 땅에 저장하여 애굽 땅에 임할 일곱 해 흉년에 대비하시면 땅이 이 흉년으로 말미암아 망하지 아니하리이다

요셉의 경제 정책은 ESG경영이 말하는 '공급망 지속가능성(Supply Chain Sustainability)'의 모델이다. 요셉은 국경을 넘어 여러 민족에게 곡식을 공급하며 생명을 살리는 글로벌 공급망을 구축하였다(창세기 41:56~57). 이는 특정 국가만이 아니라 주변국 전체가 살아남는 구조를 만들었다는 점에서 ESG의 공급망 책임을 구현한 것이다. 요셉의 정책은 독점이나 착취가 아니라 생명 보존을 위한 공급망 운영이었다.

(창세기 41:56-57)
56. 온 지면에 기근이 있으매 요셉이 모든 창고를 열고 애굽 백성에게 팔새 애굽 땅에 기근이 심하며
57. 각국 백성도 양식을 사려고 애굽으로 들어와 요셉에게 이르렀으니 기근이 온 세상에 심함이었더라

요셉의 '미래세대 보존' 관점은 ESG경영의 '세대 간 지속가능성(Intergenerational Sustainability)'과 같다. 요셉은 모든 결정을 "많은 사람의 생명을 구원하기 위함"(창세기 50:20)이라고 해석하였다. 이는 단지 현재의 생존이 아니라 미래세대의 생명과 공동체의 지속성을 중심에 둔 관점이다. 오늘날 ESG경영은 기업이 단기 이익을 위해 미래세대를 희생시키지 않도록 요구하는데, 요셉의 리더십은 이러한 미래세대의 지속가능성을 고려한 의사 결정을 가장 명확히 보여주는 성경적 사례이다.

(창세기 50:20)
당신들은 나를 해하려 하였으나 하나님은 그것을 선으로 바꾸사 오늘과 같이 많은 백성의 생명을 구원하게 하시려 하셨나니

4.4. 갈렙(Caleb)을 통해서 보는 ESG 지배구조

여호수아서 14장에 나타나는 갈렙의 리더십은 ESG 지속가능경영이 요구하는 윤리성, 거버넌스, 장기 지속가능성, 가치 중심 경영, 조직을 살리는 포용적 책임감을 가장 선명하게 보여주는 성경적 모델이다.

(여호수아 14:6-15)

6 그때에 유다 자손이 길갈에 있는 여호수아에게 나아오고 그니스 사람 여분네의 아들 갈렙이 여호수아에게 말하되 여호와께서 가데스 바네아에서 나와 당신에게 대하여 하나님의 사람 모세에게 이르신 일을 당신이 아시는 바라

7 내 나이 사십 세에 여호와의 종 모세가 가데스 바네아에서 나를 보내어 이 땅을 정탐하게 하였으므로 내가 성실한 마음으로 그에게 보고하였고

8 나와 함께 올라갔던 내 형제들은 백성의 간담을 녹게 하였으나 나는 내 하나님 여호와께 충성하였으므로

9 그 날에 모세가 맹세하여 이르되 네가 내 하나님 여호와께 충성하였은즉 네 발로 밟는 땅은 영원히 너와 네 자손의 기업이 되리라하였나이다.

10 이제 보소서 여호와께서 이 말씀을 모세에게 이르신 때로부터 이스라엘이 광야에서 방황한 이 사십오 년 동안을 여호와께서 말씀하신 대로 나를 생존하게 하셨나이다 오늘 내가 팔십오 세로되

11 모세가 나를 보내던 날과 같이 오늘도 내가 여전히 강건하니 내 힘이 그 때나 지금이나 같아서 싸움에나 출입에 감당할 수 있으니

12 그 날에 여호와께서 말씀하신 이 산지를 지금 내게 주소서 당신도 그 날에 들으셨거니와 그 곳에는 아낙 사람이 있고 그 성읍들은 크고 견고할지라도 여호와께서 나와 함께 하시면 내가 여호와께서 말씀하신 대로 그들을 쫓아내리이다하니

13 여호수아가 여분네의 아들 갈렙을 위하여 축복하고 헤브론을 그에게 주어 기업을 삼게 하매

14 헤브론이 그니스 사람 여분네의 아들 갈렙의 기업이 되어 오늘까지 이르렀으니 이는 그가 이스라엘의 하나님 여호와께 충성하였음이라

15 헤브론의 옛 이름은 기럇 아르바라 아르바는 아낙 사람 가운데에서 가장 큰 사람이었더라 그리고 그 땅에 전쟁이 그쳤더라

구약성경 여호수아서에 보면, 모세가 죽고 이스라엘의 지도자로 여호수아가 세워진다. 여호수아를 지도자로 해서 그들은 가나안과 정복 전쟁을 벌이게 된다. 그때 여호수아의 옆에는 갈렙이라는 인물이 있었다. 칠 년에 걸친 정복 전쟁이 진행되던 시점에 점령할 지역을 분배하는 과정에서 갈렙이 등장한다. 출애굽 일 세대 중에서 살아남은 유일한 인물은 여호수아와 갈렙 뿐이었고 갈렙은 여호수아의 조력자였다.

이 본문을 좀 더 잘 이해하기 위해, 민수기 13장을 보면 홍해를 건너고 가데스 바네아에 모인 이스라엘 백성들에게 하나님께서 모세를 통해 명령하는 장면이 나온다. “하나님이 모세에게 말씀하시기를 사람을 보내어 내가 이스라엘 자손에게 주는 가나안 땅을 정탐하게 하되 그들의 각 지파 중에서 지휘관 된 자 한 사람씩을 보내라”고 말씀한다.

민수기 13장 4절 이하에서 15절까지 보면 각 지파의 대표들의 이름들이 등장한다. 그리고 16절부터 20절까지 보면, 그 땅 거민이 강한지, 약한지, 많은지 적은지, 그들이 사는 땅이 좋은지 나쁜지, 성읍이 진영인지 산성인지, 토지가 비옥한지 메마른지, 나무가 있는지, 없는지를 탐지하라고 하면서 그 땅의 실과를 가져오라고 명령한다. 정탐꾼들은 40일 동안 구석구석 가나안 땅을 정탐하고 가나안 땅에서 딴 포도송이와 석류와 무화과나무를 메고 가데스 바네아로 돌아온다. 돌아와서 이들은 한 목소리로, 그 땅은 과연 하나님께서 말씀하신 대로 젖과 꿀이 흐르는 땅이라고 하면서 그 땅의 과일을 보여준다. 여기까지는 12명의 정탐꾼은 동일하게 이야기를 한다. 하지만 그 이후에 의견이 둘로 갈라지게 되는데 여호수아와 갈렙은 그 땅은 정말로 젖과 꿀이 흐르는 땅이며 이제 곧 올라가서 그 땅을 취하자, 우리가 능히 이길 것이라고 선포한다. 반면 나머지 10명의 정탐군은 그 땅을 악평하며 그들은 신장이 장대하고 아낙 자손인 거인들을 보았는데 우리는 그들에 비해 메뚜기와 같아서 싸워보았자 이길 승산이 없다고 보고한다.

그 다음 장인 민수기 14장에 보면 10명의 정탐군 말을 들은 온 이스라엘 회중이 모두 밤새도록 통곡하며 모세와 하나님을 원망하면서 우리가 차라리 애굽에서 죽었거나 광야에서 죽었으면 좋았을 것을 왜 하나님이 우리, 그들의 손에 죽게 하려 하는고 절망하면서 다시 애굽으로 돌아가는게 낫겠다고 아우성을 친다. 이때 여호수아와 갈렙은 그 땅을 하나님이 주실 것이라고 선포하면서 여호와를 거역하지 말라, 그 땅을 백성을 두려워하지 말라, 하나님이 우리와 함께 하시니 그들은 우리의 밥이라고 선포한다. 이때 갈렙의 나이가 40세였다.

열 정탐군의 이야기가 실제적으로 틀린 말은 아니었다. 외형적으로 강력하게 보이는 적들을 보고 겁에 질려서 자신들은 메뚜기와 같다고 절망하고 있는 것이다. 이런 상황에서도 갈렙은 다수의 의견에 따르지 않고 "하나님이 우리와 함께 하시니 그들은 우리의 밥이라고 믿음의 선포를 한다" 갈렙이 이렇게 용기 있게 선포할 수 있었던 것은 하나님이 가나안을 주시기로 한 약속을 믿었기 때문이다. 그는 불가능해 보이는 현실보다는 그 현실을 뛰어넘어 역사하시는 하나님 약속의 신실하심을 바라본 것이다.

하나님이 젖과 꿀이 흐르는 땅을 이스라엘에게 주신다는 약속의 말씀을 굳게 믿고 있었던 것이다. 그러나 이스라엘 백성들은 하나님을 신뢰하지 않았다. 여호수아와 갈렙의 말을 듣지 않고 10정탐꾼의 말을 믿은 것이다. 이러한 불신앙의 결과로 7일이면 들어갈 수 있는 거리에 위치한 가나안을 앞에 두고 이스라엘 백성들이 38년간이나 더 광야를 떠돌아야 했다.

민수기 13~14장의 정탐 사건은 지속가능한 미래를 향해 가는 공동체가 왜 실패하는가를 보여주는 대표적인 본문이다. 하나님께서는 가데스 바네아에서 이스라엘에게 젖과 꿀이 흐르는 약속의 땅을 주겠다고 선언하셨고, 그 확인을 위해 각 지파 대표를 정탐꾼으로 보내라고 지시하셨다 12명의 정탐꾼은 40일 동안 가나안을 조사하며 그 땅의 농업환경, 산성 여부, 지형, 토양, 과수 생산성 등 다양한 데이터를 확인하였고, 그들은 모두 "그 땅은 젖과 꿀이 흐르는 땅"이라는 동일한 평가를 내렸다. 그러나 문제는 미래 가치에 대한 해석이었다. 여호수아와 갈렙은 약속의 땅을 "능히 취할 수 있는 지속가능한 미래"로 보았지만, 10명의 정탐꾼은 거인족 아낙 사람들만 바라보며 "우리는 메뚜기"라는 단기적이고 근시안적인 판단을 내린 것이다.

이 장면은 오늘날 ESG경영을 포기하는 기업들의 논리를 그대로 보여준다. 현장에서 ESG, 특히 E와 S 영역의 성과는 단기간에 보이지 않기 때문에, 많은 기업들이 환경투자(E)는 비용이라고 생각하고 사회적 책임(S)은 당장의 수익과 무관하다며 위험회피적 태도로 단기이익만을 추구하려는 경향을 보인다. 이것은 바로 10명의 정탐꾼이 걸었던 길이다. 단기적 위협과 비용만을 보고 "우리는 메뚜기"라고 말하며 장기적 지속가능성이라는 약속된 미래를 스스로 포기하는 경영방식이기 때문이다.

단기적이고 근시안적 태도는 ESG경영의 본질을 이해하지 못한 ESG경영에 따른 자원의 집행이 과연 효과가 있을지에 대한 불신과 단기적인 재무성과를 달성하지 못할 경우 직면하게 될 주가 하락이나 보상의 감소 등 부정적인 결과에 대해 집중하는 공포 중심의 의사결정 방식이다. 반면 갈렙의 리더십은 ESG경영에서 요구되는 장기 비전과 회복력, 지속가능한 미래에 대한 신뢰를 보여준다. 그는

"하나님이 우리와 함께 하시니 그들은 우리의 밥"이라고 선포하며 약속의 땅을 미래 가치 중심으로 해석하였다. 현실적 장애물을 이유로 단기적 안전만을 추구하지 않고, 미래의 축복과 약속을 기준으로 결정을 내렸다. 이는 ESG경영이 추구하는 장기적 가치 중심 경영(Long-term Value Management)과 동일한 시각이다.

ESG는 즉각적 성과가 아닌 미래의 안전과 탄력성 회복, 더 나아가 공동체 번영을 위한 투자이다. 탄소 감축, 자원 순환, 공급망 인권 보호, 지역사회 상생은 모두 단기 주가에는 영향을 미치지 않을 수 있으나, 장기적으로는 조직을 지탱하는 기초체력이다. 그러나 많은 기업들은 정탐꾼처럼 단기 리스크만 바라보고 ESG 실천을 중단하거나 형식적으로만 수행한다. 이것은 결국 미래의 약속의 땅을 스스로 포기하는 길이다.

이스라엘이 불신앙으로 38년을 방황한 것처럼, 기업도 ESG를 포기하고 단기 성과만을 추구할 경우, 기후 리스크는 심각성을 더해갈 것이며 결과적으로 더 강력한 규제를 불러 올 수밖에 없다. 궁극적으로는 사회적 신뢰 붕괴와 국가 간의 갈등과 이해 충돌의 심화로 인해 더 큰 비용과 혼란을 겪게 된다. ESG는 "거인 때문에 포기해야 하는 선택"이 아니라, 장기적인 비전과 미래세대를 위한 투자이다. 따라서 ESG경영에서 중요한 것은 여호수아와 갈렙이 보여준 미래가치에 대한 믿음, 장기적 관점, 지속가능성에 대한 확신이다. 기업은 단기 두려움에 사로잡혀 10명의 정탐꾼처럼 환경경영(E)과 사회책임(S)을 포기해서는 안 된다. 오히려 갈렙처럼 "장기 지속가능성이라는 약속의 땅"을 바라보며, 불확실한 현실조차 미래 기회로 해석하는 리더십이 필요하다. ESG경영은 현재의 두려움이 아니라 미래의 약속을 기준으로 선택해야 하는 길이며, 갈렙의 리더십은 이 길이 올바름을 성경적 관점에서 증언하는 모델이다.

여호수아 14장 전반부에 보면 여호수아가 전쟁의 전략을 바꾼다. 지금까지는 게릴라전과 그때그때 필요한 군사를 각 지파에서 차출하는 방식으로 전쟁에 임했는데 앞으로는 정복 전쟁을 위해 목표로 삼을 가나안 땅을 지파별로 분배하기로 한 것이다. 동기부여를 확실하게 하기 위한 것이기도 하다. 각 지파가 정복하는 땅을 삶의 터전으로 정해 주겠다는 것이다. 당연히 누구나 정복하기 쉬우면서도 기름지고 더 좋은 땅을 차지하기를 원하고 험준하고 정복하기 어려운 지역은 피하고자 할 것이다. 여호수아는 이러한 갈등을 막기 위해 어쩔 수 없이 제비를 뽑기로 결정했다. 제비뽑기 전에 서로 쉽고 좋은 땅을 차지했으면 하고 마음 졸이고 있는데 갈렙이 자기가 헤브론 땅을 점령하겠다고 자청하고 나선다. 헤브론 산지가 얼마나 힘든 곳인가를 갈렙은 잘 알고 있었다. 왜냐하면 그가 바로 정탐하러 가서 본 땅이 그 땅이었기 때문이다. 그 땅은 해발 927m에 있는 고산지대에 있는 난공불락의 요새와 같은 지역이었다. 또 그 성을 지키는 사람들은 아낙 자손으로 거대한 체구를 가지고 있었다. 그들은 지금으로 치면 평균 신장이 2m가 넘는 가나안 최고의 전사들로 알려져 있었다. 45년 전에 열두 정탐꾼이 눈으로 보고 공포에 질렸던 바로 그 사람들이다. 그때 200만 이스라엘 백성들을 주저앉게 했던 그 공포의 아낙 자손의 본거지가 바로 이 헤브론이다. 그런 헤브론을 갈렙이 노년의 나이에 본인이 가겠다고 자원하고 있는 것이다. 지금 갈렙은 여호수아의 버금가는 큰 어른이다. 또한 그동안 크고 작은 수많은 전쟁에서 많은 공을 세웠다. 제일 먼저 내가 편하고 쉽게 목적을 달성할 수 있는 특정 지역으로 가겠다고 선택해도 여호수아가 허락해 주었을 것이다.

그렇다면 현실적인 갈렙이라면 갈릴리 호수 쪽 땅을 달라고 했을 것이다. 거기는 강력한 적도 없고 평야 지대라 곡식이 잘 자라 점령만 하면 안락하고 풍요로운 삶이 기다리고 있다. 갈렙이 속해 있는 유다지파 사람들이 말했을 것이다. 헤브론은 얼마나 험난한 지역인데… 지금 거기를 공격하다가는 꿈을 이루기는커녕 우리 모두가 멸망할 수도 있는 위험한 곳인데 왜 굳이 거길 자원하십니까, 정신이 있으십니까?

그런데 갈렙은 고개를 저었다. "우리는 헤브론으로 간다." 갈렙은 하나님께서 주신 비전을 확고하게 믿고 있었기 때문에 주저하지 않고 말한 것이다. 하나님의 비전에 따라가는 길은 편한 길이 아닐 수 있다. 그리고 좋은 보상이 없을 수도 있다. 하지만 하나님이 가라고 주신 사명을 따르는 것이다. 헤브론은 험준한 요새이며 게다가 신장이 거대한 아낙 자손이 지키고 있었다. 공격하려면 엄청난 희생을 감수해야만 하는데 갈렙이 그걸 알고 있으면서도 헤브론을 선택했다. 많은 사람들은 인생의 순간순간에, 어떤 선택을 해야 할 때 갈렙처럼 하지 않습니다. 이 일이 얼마나 어려운지 내가 어떤 희생을 치러야 하는지 따져 본다. 안전하게 손해 보지 않고 실속을 차릴 수 있을지를 고민한다.

믿음의 사람 갈렙은 장애물에 위축되는 것이 아니라 그 장애물 너머에 있는 헤브론의 영적인 가치를 본 것이다. 갈렙이 왜 그렇게 헤브론을 열망했는지를 이해하려면 45년 전에 처음 열두 정탐꾼의 일원으로서 그 땅을 정탐할 때로 돌아가면 명확해진다. 45년 전 갈렙은 믿음의 눈으로 험준한 헤브론 땅을 해석한 것이다. 이 헤브론은 갈렙이 살기 600년 전에 믿음의 조상 아브라함이 가나안 땅에 들어와서 첫 예배 장막을 세운 곳이다. 하나님이 그의 천사들과 함께 아브라함을 만나주신 곳이었다. 가나안에서 처음으로 아브라함이 자기 돈을 주고 땅을 사서 아내 사라의 무덤을 만든 곳이기도 하다. 그리고 아브라함 자신도 헤브론에 묻혔다. 아브라함의 아들 이삭과

리브가 그리고 야곱과 레아도 헤브론에 묻혔다.

믿음의 조상들이 묻혀 있는 헤브론, 그곳이 아무리 험난하고 거친 땅이라도 갈렙은 예배의 중심지 은혜의 중심지라는 것을 영의 눈으로 본 것이다. ESG경영도 이 세상을 영적 비전의 시각으로 볼 수 있을 때 진정성이 있는 실천이 가능하다. 쉬운 길이 아니라 어렵더라도 하나님의 은혜가 있고 영적인 축복이 있는 헤브론을 선택해야 된다는 것이다. 여호수아에 나타난 갈렙의 성품은 네 가지 핵심 덕으로 요약될 수 있다. 용기, 충성, 정직, 겸손, 일관성과 절제이다. 이 네 가지 덕은 서로 연결되며 갈렙의 선택과 행동, 리더십을 결정한 핵심 동력이었다. 갈렙은 위험을 회피하지 않고 현실을 두려워하지 않고 믿음의 가치와 비전에 따라 행동하였다. 용기란 무모함과 겁 없음이 아니라 선한 목적을 위해 두려움을 이기는 내적 힘이다. 갈렙의 성품은 바로 그러한 덕성의 구현이다.

갈렙의 언행과 삶의 태도는 오늘날 기업이 ESG 원칙을 실천할 때 필요한 리더십의 방향성과 동일한 가치를 가지고 있다. 갈렙은 충성(정직성), 겸손(거버넌스 존중), 변함없음(일관성), 비전 중심의 도전(장기 지속가능성), 공동체성을 갖춘 리더로서의 품성을 갖춘 것이다. 기업에서 ESG의 G(Governance)는 정직·투명성·책임성을 갖춘 리더십을 요구한다. 갈렙은 어떤 역경 속에서도 약속을 왜곡하지 않았고, 정직한 보고와 행동으로 공동체를 바르게 이끌었다. 이는 ESG가 말하는 '리더의 윤리적 내적 기준'의 모델이다. 즉, 갈렙은 정직과 충성을 기반으로 지속가능한 거버넌스의 기초를 보여준 리더이다.

여호수아서에서 갈렙은 45년 동안 변함없는 신실함을 유지한 사람으로 광야의 실패·환경 악화·고통스러운 현실 속에서도 그의 성품과 신념은 흔들리지 않았다. ESG 지속가능경영의 본질은 단기 성과가 아니라 장기적 일관성이다. 기업이 어려움 속에서도 사회적 책임·환경 보존·윤리적 경영 원칙을 지켜내는 것이 ESG의 핵심이다. 갈렙은 45년의 일관성을 통해 지속가능성의 가치를 구현한 리더이다.

기업 ESG경영은 단기 이익보다 미래세대를 위한 투자, 기후 리스크 대응, 공급망 강화, 사회적 가치를 위한 전략적 모험을 요구한다. 갈렙의 헤브론 선택은 미래 비전을 보고 현재의 리스크를 감수하는 전략적 용기를 보여준다. 이는 ESG 기업이 가치 있는 방향을 향해 나아갈 때 필요한 태도이다. 그러한 관점에서 갈렙은 단기 이익이 아닌 장기 비전을 기준으로 결정하는 지속가능 경영형 리더이다.

갈렙은 이스라엘 혈통이 아닌 에돔계 이방인인 그니스 사람이었다. 갈렙은 출신에 따른 차별을 겪었으나 공동체를 향한 충성과 헌신으로 인정받았다. 갈렙이 정복한 헤브론은 후에 레위인을 위한 성읍 제공하고 도피성 기능을 하게 되며 다윗 왕조의 시발점이 된다. 즉, 갈렙의 선택과 리더십은 개인의 성공을 넘어 공동체 전체의 장기적 번영을 만드는 영향력(Impact)이 된다. 이것은 ESG의 본질적 목표와 완전히 동일하다. 기업은 단기 이익을 넘어서 다음 세대, 지역사회, 생태계 전체에 긍정적 영향을 남겨야 한다. 갈렙의 리더십은 곧 ESG 지속가능경영의 성경적 원형으로, 그의 삶은 윤리성, 정직한 거버넌스, 포용성, 장기 지속가능성, 사회적 책임, 공동체 가치 창출, 미래 비전 중심 경영이라는 ESG의 핵심 원리를 모두 포함하고 있다.

4.5. 성경 속의 여성리더십

성경은 고대 사회의 보수적인 문화적 배경 속에서도, 여러 여성들이 주도적으로 행동하며 공동체를 변화시키는 사례를 다수 제시한다. 이 여성 리더들의 등장은 성경이 단일한 리더십 유형을 지지하지 않으며, 다양성과 포용성이 하나님의 구속 역사에서 필수적인 요소임을 보여준다. ESG 지속가능경영이 강조하는 다양성과 포용성의 정신도 바로 이러한 성경적 원리와 일치한다. 성경 속 여성 리더십은 기업이 다양성을 전략적 자산으로 인식해야 함을 신학적·윤리적으로 뒷받침하는 근거이다.

첫째, 미리암(Miriam)은 모세의 누이이자 출애굽한 이스라엘 공동체의 중요한 지도자이다. 그녀는 단순히 위대한 지도자 모세의 배경 인물이 아니라, 출애굽 공동체의 형성과 유지 과정에서 독자적인 리더십을 발휘한다. 미리암은 출애굽기 2장 7절 이하에 등장하는데 나일강에 띄워진 어린 동생, 아기 모세를 멀리서 지켜보며 상황을 판단하고, 바로의 딸에게 히브리 유모를 연결하는 결정적 역할을 수행한다. 이는 위기 상황 속에서 무방비 상태에 놓인 어린 동생을 보호하고 신속하게 대처하는 지혜와 결단력을 보여주는 초기 리더십의 모습이다. 출애굽 이후 미리암은 예언자로서 공동체 앞에 선다. 홍해 도하 이후 그녀는 소고를 들고 여인들을 이끌며 하나님께 찬양을 드린다. 미리암의 리더십은 명령과 통제가 아니라, 참여와 공감, 그리고 정체성의 공유를 통해 공동체를 하나로 묶는 역할이다. 이러한 찬양사역은 이스라엘 백성이 위기에 처할 때 마다 희망과 용기를 북돋고 하나님의 승리의 언약을 확신시키는 긍정의 리더십이다. 그녀는 남성 중심 문화 속에서도 여성들이 신앙과 역사 속 주체임을 드러내는 대표적 존재이다.

미리암의 생애는 영웅적 성공 서사로만 남아 있지 않다. 민수기 12장에서 그녀는 아론과 함께 모세가 이방 여인을 아내로 취하는 것에 대해 비방하면서 모세의 권위에 문제를 제기한다. 공동 리더십에서 발생할 수 있는 갈등과 긴장을 드러내는 것이다. 이 사건으로 그녀는 여호와의 진노하심을 받고 나병에 걸려 진영 밖으로 격리된다. 이는 리더 역시 한계를 지닌 존재이며, 권력과 역할의 경계에 대한 성찰이 필요함을 보여준다. 중요한 점은 공동체가 미리암이 회복될 때까지 진군을 멈추었다는 사실이다. 이는 개인의 실수를 이유로 공동체가 그를 배제하지 않고, 회복의 시간을 존중한 포용의 태도이다.

미리암의 리더십은 오늘날 조직과 기업 경영, 특히 ESG 경영의 다양성과 포용성 개념과 깊이 연결된다. 그녀는 성별, 역할, 공식 직위의 한계를 넘어 공동체에 긍정적인 영향력을 발휘한 인물이다. 이는 다양성이 단순한 숫자나 형식이 아니라, 실제 의사결정과 문화 형성 과정에 참여할 때 의미를 갖는다는 사실을 보여준다. 또한 실수 이후의 회복 과정은 포용적 조직이란 완벽한 사람만을 위한 공간이 아니라, 실패한 구성원에게도 다시 설 수 있는 기회를 제공할 수 있어야 하는 열린구조임을 말해준다. 미리암의 삶은 ESG 경영에서 말하는 '포용적 리더십'의 구약성경에서의 대표적 사례이다. 그녀는 보호자, 예언자, 문화 형성자, 그리고 회복의 대상이라는 복합적 정체성을 지닌 인물이었다. 이는 조직 안에서 다양한 목소리와 역할이 공존할 때 공동체가 더욱 건강해진다는 사실을 증언한다. 미리암의 생애에 나타난 다양성과 포용성의 문화와 리더십은 오늘날 지속가능한 조직과 사회를 설계하는 데 여전히 유효한 통찰을 제공한다.

미리암의 삶은 리더십이 정치와 군사에만 국한되지 않고, 예배와 문화 그리고 감성의 리더십도 공동체를 이끄는 핵심 역량임을 보여준다. ESG경영은 다양성의 영역에서 다양한 재능과 역할, 관점을 존중하는 조직 문화를 요구한다. 미리암의 사례는 한 공동체가 다양한 리더십 형태를 포용할 때 더 건강해진다는 사실을 증언한다.

둘째, 구약 성경 사사기 4~5장에 등장하는 드보라(Deborah)는 이스라엘의 사사이자 예언자이며, 공동체를 영적·사회적으로 이끈 여성 지도자이다. 그녀는 이스라엘 역사 속에서 드물게 사사, 예언자, 재판자의 역할을 동시에 수행한 인물이다. 사사기의 시대는 "각기 자기 소견에 옳은 대로 행하던" 시대로, 영적 기준이 무너지고 공동체의 방향성이 상실된 혼란의 시기였다. 이러한 시대적 혼란 속에서 하나님께 부름을 받은 개인의 권력이 아니라 하나님의 말씀을 근거로 공동체를 이끌었다. 드보라는 에브라임 산지의 종려나무 아래에 앉아 백성들의 송사를 듣는 경청과 분별에 기초한 재판자였다. 가나안 군대의 위협 아래 두려움에 빠진 이스라엘 백성에게 드보라는 바락을 불러 하나님의 명령을 선포한다. 가나안 군대 장관 시스라와의 전쟁을 하나님의 뜻으로 선포하며 전쟁의 주체가 하나님이심을 확신시킨다. 사사기 5장에서 드보라는 바락이 두려움 속에서 동행을 요청했을 때, 이를 정죄하지 않고 함께 동향한다. 결국 야엘이라는 여인을 통해 시스라가 죽임을 당함으로 전쟁이 이스라엘의 승리로 끝나게 되며 하나님께서는 다양한 주체를 통해 역사를 이루심을 보여준다. 사사기 5장의 '드보라의 노래'는 단순한 승전가가 아니라, 하나님께서 어떻게 역사하셨는지를 공동체가 기억하도록 만드는 신앙 고백이다. 자신을 드러내지 않고, 하나님을 찬양하며 자원하여 헌신한 백성들을 기억나게 함으로 공동체 전체를 세우는 성숙한 성품의 리더십을 보여준다. ESG경영이 성공하기 위해 필요한 협력적이고 윤리적 리더십의 전형이라 할 수 있다. 드보라와 바락이 함께 부른 '드보라의 노래'는 이스라엘의 구원 사건을 여호와의 은혜로 해석하고 찬양하며 이스라엘 공동체에게 희망과 확신으로 남기기 위한 선언이었다.

(사사기 5:1-31)

1. 이 날에 드보라와 아비노암의 아들 바락이 노래하여 이르되

2. 이스라엘의 영솔자들이 영솔하였고 백성이 즐거이 헌신하였으니 여호와를 찬송하라

3. 너희 왕들아 들으라 통치자들아 귀를 기울이라 나 곧 내가 여호와를 노래할 것이요 이스라엘의 하나님 여호와를 찬송하리로다

4. 여호와여 주께서 세일에서부터 나오시고 에돔 들에서부터 진행하실 때에 땅이 진동하고 하늘이 물을 내리고 구름도 물을 내렸나이다

5. 산들이 여호와 앞에서 진동하니 저 시내 산도 이스라엘의 하나님 여호와 앞에서 진동하였도다

...

31. 여호와여 주의 원수들은 다 이와 같이 망하게 하시고 주를 사랑하는 자들은 해가 힘 있게 돋음 같게 하시옵소서 하니라 그 땅이 사십 년 동안 평온하였더라

셋째, 구약성경의 에스더(Esther)서는 바벨론 포로 이후, 페르시아 제국 시대를 배경으로 하여 유다 민족이 멸망의 위기 가운데서 하나님의 섭리와 왕비 에스더의 지혜로운 결단을 통해 민족이 구원받는 과정을 서술한 책이다. 한 여성의 용기와 책임 있는 선택을 통해 하나님이 배후에서 역사하심으로 공동체가 보존되는 이야기를 담고 있다. 에스더는 부모를 잃은 고아이며, 포로 공동체 안에서 자라난 보잘 것 없는 존재였다. 모르드개는 사촌의 딸인 부모를 일찍 잃은 에스더를 보호하고 자신의 딸처럼 양육한다(에스더 2:7). 모르드개는 단순히 생계를 책임진 것이 아니라, 에스더에게 "나는 하나님의 백성이다"라는 정체성과 가치관을 심어준다. 에스더는 페르시아 제국의 왕비가 되지만, 다문화·다민족 제국의 권력 중심부에 수많은 왕의 여인 중 하나의 소수자로 그녀의 위치는 특권이 아니라 불확실성과 위험에 둘러싸여 있었다.

유다 민족을 '법도와 풍속이 다른 해로운 민족'으로 규정하고 모두 죽이라는 하만의 조서가 내려졌을 때, 모르드개는 통곡하며 성문 앞에 선다. 모르드개는 에스더에게 왕 앞에 나아가 하만의 조서를 보여 주고, 자기 민족을 위해 간청하라고 요청한다(에스더 4:8). 에스더는 "왕이 부르지 않으면 나아갈 수 없다"는 제도의 현실을 말하고, 모르드개는 "네가 왕후가 된 것이 이때를 위함일 수 있다"고 말한다. 이 장면에서 에스더의 리더십은 전환점을 맞는다. 그녀는 더 이상 보호받는 존재로 머물지 않는다. 공동체의 생존 앞에서 개인의 안전을 포기하는 결단을 선택한다. "죽으면 죽으리이다"라는 말은 감정적 결의가 아니라, 리더가 감당해야 할 소명과 최종 책임의 선언이다. 이는 ESG 경영에서 말하는 책임 있는 의사결정(responsible decision-making)과 맞닿아 있다. 단기적 리스크를 회피하는 것이 아니라, 장기적 공동체 가치와 지속가능성을 위해 현실의 어려움을 감수하는 태도이다. 리더십은 안전한 자리에 서는 것이 아니라, 가장 위험한 자리에서 발휘되는 품성으로 이것이 에스더 리더십의 가장 큰 특징이다.

에스더는 자신의 민족을 말살하려하는 하만을 공개적으로 고발하지 않는다. 그녀는 연회를 준비하고, 왕과 하만을 초대하며, 시간을 벌고, 감정이 아니라 맥락과 구조를 바꾼다. 이는 충돌형 리더십이 아니라 전략형 리더십으로 공동체를 살리기 위한 최적의 경로를 선택한다. 이 점에서 에스더는 21세기 ESG 경영이 요구하는 또 다른 리더십의 전형이다. 에스더는 '일시적 충격'이 아니라, 조직 체계와 왕의 의사결정 구조를 근본적으로 바꾸는 리더십이다. 이것이 지속가능성을 만드는 리더십이다. 에스더의 결단은 단순히 학살을 막는 데서 끝나지 않고 제비(pur)를 뽑아 유다 민족을 말살할 날짜를 정한 사건(에스더 3:7)에서 유래된 단어인 부림절(Purim)이라는 기념제도를 남긴다. 이는 위기를 잊지 않기 위한 공동체적 장치이며, 정체성을 다음 세대에 전달하는 문화적 전통이 되었다. 조직의 지속가능성은 위기를 '해결'하는 데서 끝나지 않고, 기억하고 학습하는 구조를 만드는 데서 완성된다. 이는 오늘날 ESG 경영에서 추구하는 환경적·사회적 지속가능성(Sustainability)과 정확히 맞닿아 있다. 제도와 문화, 그리고 다음 세대를 향한 책임이 포함될 때 조직은 지속된다는 것이다.

에스더의 리더십은 약자에서 시작되어 침묵의 유혹을 넘어 구조를 전환하고, 공동체의 미래를 보존한 리더십이다. 이는 21세기 ESG 경영이 여성 리더십에 기대하는 핵심과 일치한다. 여성 리더십이란 단지 성별 다양성의 문제가 아니라, 다양한 형태의 부정의와 모순을 극복하고 지속가능한 상호호혜의 번영을 이루기 위해 위험을 감수하며 공동체의 장기 가치를 선택하는 리더십이다. 에스더는 말한다. 지속가능성은 우연히 주어지지 않는다. 그것은 한 사람이, 자기의 소명이 '이때를 위함'임을 받아들이는 순간 시작된다.

넷째, 사도행전 16장에는 루디아(Lydia)라는 여성이 등장한다. 루디아의 이야기는 초대교회 형성의 한 장면이면서, 동시에 다양성과 여성 리더십이 어떻게 공동체의 지속가능성을 만들어 가는가를 보여주는 좋은 사례이다. 사도 바울의 2차 전도여행 시 아시아에서 말씀을 전하는 것을 성령이 막으시므로 그들은 브루기아와 갈라디아 지방을 거쳐 가서 무디아를 지나 드로아라는 곳에 이른다. 인간의 전략대로 계획이 실현되지 않는 것이다. 그날 밤에 바울에게 환상이 나타나는데 마케도니아 사람 하나가 바울 앞에 서서 "마케도니아로 건너와서 우리를 도와 주십시오"하고 간청한다. 그 환상을 본 뒤에 바울은 드로아에서 배를 타고 네압볼리를 거쳐 빌립보에 이르게 된다. 당시 빌립보는 마케도니아 지방에서 으뜸가는 도시였다. 바울은 안식일에 성문 밖 강가로 나가서 유대인의 기도처를 찾아 갔다. 그곳에서 만난 사람이 바로 루디아이다. 루디아는 자색 옷감 장수로서, 두아디라 출신이요 하나님을 공경하는 사람이었다고 소개된다(사도행전 16:14). 루디아는 바울의 말씀을 듣고 회심을 하게 되며 집안 식구와 함께 세례를 받게 된다. 루디아는 개인 회심에 머무르지 않고, 교회의 기반을 세운 핵심 후원자이자 여성 리더의 역할을 감당하게 된다. 루디아는 바울이 처음 만난 유럽의 신자로서 복음의 확장이 남성 중심의 권력 구조나 제도적 중심에서가 아니라, 주변부라고 간주되었던 여성과 일상의 공간에서 시작되었음을 보여준다.

루디아는 마케도니아 지방 빌립보에서 활동하던 자주색 옷감 장사인

데, 당시 자주색 염료는 고가의 상품이었기 때문에, 당시로서는 상당한 경제적, 사회적 영향력을 가진 사람이었을 것이다. 그녀는 유대인이 아니었지만 "하나님을 경외하는 자"로서, 안식일에 강가에서 기도 모임에 참여하고 있었다. 루디아는 바울의 메시지를 받아들이고 자신과 자신 집안의 가족들이 함께 세례를 받는다. 신앙이 개인적 체험에 머물지 않고, 가정 단위의 변화로 확장되며 주변의 지인에게로 확산되는 것이다. 사도행전 16장 40절에 보면, 바울과 실라는 옥에서 풀려난 뒤 루디아의 집에 가서 형제들을 만나 위로한다. 이는 루디아의 집이 이미 빌립보 교회의 집회처, 곧 가정교회가 되었음을 의미한다. 루디아는 공적 직분이나 공식 직함을 갖지 않는다. 그러나 그녀는 자신의 경제력을 복음에 사용했고, 자신의 집을 교회로 내어 주었으며, 자신의 사회적 신뢰를 교회의 보호막으로 제공했다.

루디아의 삶은 21세기 ESG경영, 특히 여성 리더십과 다양성(Diversity & Inclusion)의 관점에서 중요한 통찰을 제공한다. 루디아의 리더십은 열어주고 격려하는 리더십이다. 그녀는 자신의 사적 공간과 경제적 자원을 공동체를 위해 사용했으며 단순히 이윤 창출을 넘어, 공적 가치를 만드는데 책임있는 주체로 활약했으며 새로운 가능성과 혁신을 가능케 한 리더였다. 루디아의 삶은 말한다. 복음은 특정 장소와 특정 조건하에서만 전파되는 것은 아니다. 공동체가 이기적 동기에 매몰되지 않고 어려움에 처한 이웃을 품고 지역사회를 위해 나설 때 지속가능성을 확보하게 되는 것이다. 루디아는 초대교회의 여성 리더였으며, 동시에 오늘날 ESG 경영이 지향하는 포용적·관계적·지속가능한 리더십의 원형이다.

성경속의 여성 리더십은 ESG 다양성과 포용성의 신학적 토대이다. 성경 속 여성 리더들은 모두 배경의 다양성, 역할의 다양성, 계층의 다양성, 재능의 다양성을 통해 하나님의 공동체를 세웠다. 이들의 삶은 조직이 다양성과 포용성을 전략이 아닌 문화와 정체성으로 받아들여야 함을 증언한다. 성경의 여성 리더십은 오늘날 ESG 경영의 핵심 가치가 어떻게 구체화되고 실현될 수 있는지를 보여주는 지속가능한 모델이다.

4.6. 십일조 정신과 ESG 지속가능경영

어떤 성경학자들은 십일조는 제정일치 사회였던 구약시대에 있었던 제도이기 때문에 신약시대를 사는 우리에게는 일반적인 주일 헌금만 드리면 되지 십일조라는 개념은 필요가 없다고 주장한다. 또 어떤 성경학자는 십일조는 우리의 모든 것이 하나님의 것임을 인정하는 믿음의 증표로써 하나님께서 그리스도인에게 명령하신 것으로 특별한 의미가 있다고 주장한다.

십일조에 대한 상반된 입장과 관계없이 성경에서 전하는 십일조의 정신은 ESG 지속가능경영의 목적과 관련이 있다. 지배기구에 의한 기업의 의사 결정(G) 시 재무적 가치뿐 아니라 비재무적 가치인 환경(E)과 사회(S)도 균형 있게 고려하는 ESG경영과 같이 십일조의 정신도 재무적으로 창출한 가치 중 일정 부분을 사회적 가치 창출을 위해 직접 이바지한다는 점에서 서로 일관성이 있다.

성경에서 십일조에 관한 이야기가 처음 나오는 곳은 창세기 14장 20절이다. 아브라함이 위기에 빠진 조카 롯을 구출하기 위해 전투를 치르고 그 후에 멜기세덱이라는 제사장을 만나게 되는데 그에게 자신이 얻은 재물의 십 분의 일을 드리는 장면이 나온다.

창세기 28장에서는 야곱이 여행 중에 한 장소에 이르렀는데 그곳에서 돌을 가져다 베개로 삼고 누워 자게 되는 이야기가 나온다. 꿈을 꾸는데 여호와께서 야곱에게 나타나셔서 “땅의 모든 족속이 너와 네 자손으로 말미암아 복을 받을 것이다. 내가 너와 함께 있어 어디로 가든지 너를 지킬 것”이라 축복하신다. 야곱이 잠이 깨어 베개로 삼았던 돌을 가져다가 기둥으로 세우고 그 위에 기름을 붓고 베델이라고 명명한다. 그리고 "내가 하나님이 주신 모든 것에서 십 분의 일을 반드시 하나님께 드리겠다"고 서약한다.

창세기에 나타나는 십일조의 의미와 정신은 우리 삶과 우리의 소유물이 자신의 능력과 노력의 결과가 아니라는 고백이다. 달리 말해서 "하나님께서 내 삶과 내 재산의 주인"이라는 고백의 의미로 드리는 것이 창세기에 나온 최초의 십일조 모습이다.

민수기 18장 21절 이하에는 *"이스라엘의 십일조를 레위 자손에게 기업으로 다 주어서 그들이 하는 일 곧 회막에서 하는 일을 갚나니… 레위인은 회막에서 봉사하며 자신의 기업이 없을 것"*이라는 말씀이 나온다. 당시는 정치와 종교가 일치하는 제정일치 사회였다. 제사장이나 레위 자손들은 농사나 목축을 위한 땅과 가축을 소유하지 못하게 했다. 오로지 하나님의 일을 하는데 헌신할 수 있도록 십일조를 통해 소득을 보장한 것이다. 즉 이스라엘 12지파 중 11 지파의 백성들이 자신의 소득 중 십 분의 일을 헌금함으로 회막(성전)의 유지관리와 제사(예배)에 필요한 경비로 쓰고 이를 관장하는 레위 지파 사람들의 생계를 책임진 것이다.

신약시대의 교회는 구약시대와 달리 제정일치 제도하에 있지는 않지만, 여전히 구약시대의 회막과 제사의 역할을 계승하고 있었다. '에클레시아(예수 그리스도께 대한 신앙고백으로 모인 공동체)'에 해당하는, *"예수 그리스도를 머리로 한 그의 몸"(고린도전서 12:27)*으로도 교회는 정의된다. 그러므로 십일조는 그리스도의 몸 된 교회를 유지하고 은혜로운 예배를 위해 필요한 재정의 원천이라는 점에서 신학적 정당성이 유지된다.

신명기 26장에 보면 또 다른 의미의 십일조에 관한 이야기가 나온다. 신명기 26장 12절을 보면 *"셋째 해 곧 십일조를 드리는 해에 네*

*모든 소산의 십일조 내기를 마친 후에 그것을 레위인과 객과 과부에게 주어 네 성읍 안에서 먹고 배부르게 하라"*는 말씀이 나온다. 3년마다 드리는 이웃 사랑을 위한 십일조에 대한 말씀이다. 이때 십일조는 안식년을 기준으로 3년마다 통상적인 십일조를 낸 후, 다시 십 분의 일을 구별해서 마련한 금액이었다. 이 재정은 하나님이 주신 축복에 대한 감사함으로 진정성을 가지고 마련된 것으로 당시 취약계층을 대표하는 나그네, 고아, 과부를 돕는 데 사용됐다.

신명기 26장 12절에 기록된 십일조의 정신은 기업의 ESG 지속가능경영에서 사회(S)영역 내의 중요한 요소인 '취약계층에 대한 기여'와 직접 연결된다. K-ESG 가이드라인에서 사회영역 평가 항목을 보면 '전략적 사회공헌'과 '구성원의 봉사참여'가 있다. 기업이 고유한 목적과 방향성을 달성하려면 조직의 사업 특성을 고려해 전략적으로 사회공헌에 나서야 한다는 것이다. 또한, 구성원이 자율적이고 진정성 있게 사회봉사 활동에 참여하는 조직 문화가 ESG경영에서 중요하다고 강조한다.

'전략적 사회공헌'은 기업이 한정된 귀중한 자원을 사회공헌을 위해 집행할 때, 지역사회에 대한 기여와 동시에 사업적 기여 효과까지 고려해 균형을 잡아야 지속가능한 사회공헌이 될 수 있다는 개념이다. 제자들을 전도 여행에 보내는 중 예수님은 *"뱀처럼 지혜롭고 비둘기처럼 순결하라"(마태복음 10:16)*고 당부했다. 뱀처럼 지혜롭게 행동한다는 것은 전도 여행 시 인적 물적 자원을 지혜롭게 사용하라는 의미로 해석할 수 있다. 비둘기처럼 순결하라는 말씀은 영혼 구원을 위한 진정성 있는 전도 활동을 하라는 의미로 볼 수 있다. ESG 지속가능경영도 이와 마찬가지다. ESG경영은 자원의 효율적 사용과 진정성을 확보해야 한다고 강조한다.

신명기 26장의 십일조 정신에 따르면 기업은 사회적 존재로서의 책임을 수행하기 위해 기회비용을 감당하려는 진정성을 갖춰야 한다. 외부의 이목을 의식한 워싱(washing)행위 역시 금물이다. 십일조의 정신을 법적 경제적 실체인 기업의 ESG에 적용해 보면, 의사결정자의 ESG경영에 대한 진정성에 따라 기업은 하나님 보시기에 존귀한 곳이 될 수 있다.

기독교 신앙의 본질은 간단하다. 예수 그리스도를 나의 구원자로 고백하고, 이 세상을 살아가는 동안 선한 청지기로서 하나님의 영광을 위해 살아가는 것이다. 삼위일체 하나님이 나의 주인 되는 삶을 기업의 ESG 지속가능경영에 적용해 본다면, 주주만 주인으로 생각했던 '주주자본주의'를 극복하게 된다. ESG경영에 기독교의 청지기 정신을 덧입히면 변화된 경영 환경에서 기업의 지속가능성을 높여주는 이해관계자 중심의 '이해관계자 자본주의' 관점이 생긴다. 이는 이해관계자들의 가치를 높이기 위해 기업이 경제적 자원을 진정성 있고 지혜롭게 사용해야 한다는 관점이다.

4.7. ESG 지속가능경영과 청지기 정신 그리고 달란트의 비유

기독교에서 말하는 청지기 정신(stewardship)은, 모든 것이 하나님의 것이라는 믿음을 바탕으로, 하나님께서 우리에게 위임하신 자원과 역할을 책임감 있게 관리하고 사용하는 태도와 삶의 자세를 말한다. 성경은 모든 피조물, 시간, 재물, 재능, 자연, 생명까지 하나님께서 창조하시고 소유하신 것이라 말한다. 구체적으로 시편 24편 1절에는 "땅과 거기에 충만한 것과 세계와 그 가운데에 사는 자들은 다 여호와의 것"임을 전한다. 성경에 나타나는 청지기 정신은 우리 삶과 우리의 소유물이 온전하게 자신의 능력과 노력만의 결과가 아님을 인식한 인간이 자신에게 주어진 자원과 역할을 통해 하나님의 은혜에 대한 감사의 내적 고백이기도 하다. 이 때문에 부름을 받은 청지기(steward)는 하나님께서 주신 시간, 돈, 재능, 건강, 직업과 환경을 막론한 모든 자원을 하나님의 뜻에 맞게 잘 사용해야 한다. 이는 단순한 관리가 아니라 하나님께 영광을 돌리고, 이웃을 섬기는 목적을 위한 사용이어야 한다.

교회에서의 헌금, 봉사, 선교, 구제 등의 사역은 단지 종교적 의무가 아니라, 하나님께 맡겨진 것을 감사함으로 돌려드리는 청지기의 삶의 표현이다. 신약시대로 들어오면서 십일조를 비롯한 헌금은 그리스도의 몸 된 교회를 통한 하나님 사랑, 이웃 사랑이라는 계명을 실천하기 위한 자원의 원천이라는 점에서 신학적 정당성이 유지된다. 거룩하고 은혜로운 예배, 공동체 안에서 교제와 기쁨을 함께하고 교회의 공적영역인 정의와 자비, 그리고 이웃에 대한 사랑을 실천하기 위한 중요한 재원이 바로 헌금이기 때문이다. 즉 하나님이 각자에게 주신 재능을 어떤 자세와 방법으로 이 세상에 적용하고 그 과정에서 만들어 낸 가치를 통해 어떻게 하나님을 기쁘게 할 것인가가 청지기 정신이 궁극적으로 추구하는 목적이다. 하나님이 평가하시는 크고 작은 가치란 세상이 평가하는 크고 작은 가치와는 상관이 없다. 모두가 귀한 영혼이며 하나님이 각자에게 주신 몸과 재능을 가지고 만들어 내는 가치라면 단순한 숫자로 평가할 수 없는 소중한 가치이다.

청지기 정신은 마태복음 25장에 등장하는 달란트 비유와도 연결될 수 있다. 25장에 보면 예수님을 상징하는 주인이 먼 타국으로 떠나게 되었다. 떠나기 전에 종들을 불러서 각각 다섯 달란트, 두 달란트, 한 달란트를 맡기고 떠난다. 주인이 종들에게 그 재능대로, 각각 감당할 수 있는 분량을 맡기도 떠난 것이다. 다른 금액의 의미는 하나님께서 우리에게 주신 재능과 환경이 제각기 다름을 의미하기도 하지만, 이 땅에서 제자들에게 주신 서로 다른 특권과 기회에 대해서도 말하는 것이기도 하다. 종들은 주인이 돌아오기에 앞서 주어진 기회를 충실하게 활용할 책임이 있다는 것이다. 즉, 달란트 비유를 통해, 예수님께서 강조하시려 한 것은 어디까지나 우리들이 받은 서로 다른 재능을 최대한 활용하며 성실히 봉사함으로써 하나님의 기쁘신 뜻을 이루기 위한 삶을 살아야 한다는 것이다. 종의 의무는 주어진 책임의 크기에 상관하지 않고 자신에게 부여된 역할을 충실히 수행하는 것일 뿐이다.

(마태복음 25:16-17)
16 다섯 달란트 받은 자는 바로 가서 그것으로 장사하여 또 다섯 달란트를 남기고
17 두 달란트 받은 자도 그같이 하여 또 두 달란트를 남겼으되

이 비유에서 등장하는 달란트는 오늘날 개인이 가지고 있는 고유의 재능을 가리키는데 쓰이기도 하지만 원래는 무게의 단위이자 화폐의 단위였다. 하지만 보통 사람들이 일상적으로 쓰지 않는 어마어마하게 큰 화폐단위였다. 당시의 성인 남성 노동자의 하루 품삯은 한 데나리온이다. 한 달란트는 6,000데나리온에 해당한다고 하니 날수로 환산하면 성인 남성이 거의 20년 동안 한 푼도 쓰지 않고 모아야만 가능한 금액이다. 인크루트의 조사에 따르면 2024년 기준 대한민국 중소기업 대졸 신입사원의 경우 평균 연봉이 3,300만 원으로 집계되었다. 동일한 연봉 3,300만 원을 받고 20년간 일한다고 가정해도 받을 수 있는 금액이 총 6억 6천만 원에 해당한다. 이자와 물가 상승을 감안하면 당시의 한 달란트는 지금의 10억 원 이상의 가치가 있다. 연봉 3,300만 원을 매년 저축하고 이를 연 이자율 1%의

복리로 20년간 저축할 경우, 20년 후의 총액(미래가치)는 약 7억 2,662만 원이다. 다섯 달란트면 36억 3,310만 원이나 된다. 예수님께서 왜 이렇게 큰 화폐단위를 사용하셨을까? 하나님이 주신 우리의 인생은 돈으로 환산할 수 없이 귀한 것이라는 의미이다. 귀한 인생의 가치, 하나님은 우리 모두에게 귀한 달란트를 주셨다는 것이다.

마태복음 25장 24~25절에 보면 주인이 돌아와 맡긴 돈에 대한 결산을 하게 되는데, 한 달란트 받았던 자는 *"주인이여 당신은 굳은 사람이라 심지 않은 데서 거두고 헤치지 않은 데서 모으는 줄을 내가 알았으므로 두려워하여 나가서 당신의 달란트를 땅에 감추어 두었다"*고 보고한다. 귀중한 자원을 맡긴 주인의 뜻을 왜곡하고 자신이 정당한 주의의무를 다하지 않은 자신의 행위를 얄팍하고 편리한 방식으로 합리화한 것이다. 이에 대해 26절에서 주인은 *"악하고 게으른 종아 나는 심지 않은 데서 거두고 헤치지 않은 데서 모으는 줄로 네가 알았느냐"*라고 책망하신다.

달란트의 비유는 이 세상에서 경영자가 어떤 마음가짐으로 기업을 운영해야 하는지를 장 보여준다. 마태복음 25장 16~18절을 보면 앞의 두 종은 주인에게서 돈을 받자마자 곧바로 장사를 시작했다고 기록되어 있다. 이 말씀은 종들이 평소에 주인이 어떤 사람인지 그리고 그가 달란트를 맡긴 뜻이 무엇인지를 잘 알고 있었다는 것을 보여준다. 그렇기에 그들은 바로 가서 장사를 시작할 수 있었으며 평소에도 자신에게 맡겨진 자원을 활용해 어떻게 부가가치를 창출할 것인지 끊임없이 고민하며 치밀하게 준비하고 있었던 것이다. 청지기(steward)의 의무는 주인의 뜻에 따라 각각의 재능이나 환경, 맡은 책임의 크기와 상관없이 주인이 원하는 목적을 성실하게 이루기 위해 자기 역할을 충실히 수행하는 것이다. 단순히 위임받은 권한을 행사하거나 대리 행위에 그치는 것이 아니다. 이 말씀을 크리스천

경영자에게 적용해 본다면, 크리스천 경영자는 하나님께서 맡기신 달란트를 통해 이 땅에서 선한 청지기로 살아가야 한다. 곧, 하나님께서 맡기신 기업이라는 조직과 자원을 통해 하나님이 원하시는 피조세계의 질서와 선을 구현하며 그로 인해 하나님께 영광을 돌려야 할 책임이 있다는 것이다. 이러한 청지기 정신을 가볍게 여긴 세 번째 종은 땅에 결국 한 달란트를 땅에 묻어 두었고, 그 결과 맡겨졌던 것마저 빼앗기고 어둠 속에서 저주를 받는 심판을 당하게 된다.

달란트의 비유에는 단지 돈을 남겼다고만 기록되어 있지만, 여기서 말하는 '남긴 돈'이란 오늘날의 관점에서 보면 훨씬 더 포괄적인 의미를 가진다. 그것은 단순한 금전적 이익을 넘어서, 새로운 일자리를 만들어 내고 사업을 통해 부가가치를 만들어 여러 사람에게 유익을 주는 일을 포함한다. 더 나아가 그 결산의 결과인 이윤을 다시 사회적 가치 창출로 연결시키며, 어려운 이웃을 돕고 사회문제 해결에 기여하는 일까지 포함한다. 예수님께서도 "가난한 자들은 항상 너희와 함께 있거니와 나는 항상 함께 있지 아니하니라"라고 말씀하셨다. 물론 이 말씀의 의미는, 가난한 자들을 돕는 일은 계속되어야 하지만, 예수님과 함께 할 수 있는 시간은 제한되어 있었음을 강조하신 것이다. 동시에 이 말씀은 이웃 사랑의 실천은 인류의 역사 속에서 지속되어야 한다는 역설적 메시지를 담고 있다. 이처럼 크리스천 경영자는 하나님께서 맡기신 자원을 통해 청지기로서의 역할을 충실히 수행해야 하며 그 사명을 통해 하나님 나라의 가치를 이 땅 가운데 드러내야 한다.

4.8. ESG 지속가능경영 정신의 선구자 유일한

대한민국 경영자 중에도 ESG경영의 핵심 철학인 '지속가능'하며 선한 이웃 사랑의 정신을 지혜롭게 실천한 사람들이 있다. 경영학에서 '지속가능하다'는 의미는 기업 경영을 통해 창출한 재무적 부가가치를 지혜롭게 사용하여 기업을 성장시킴과 동시에 진정성 있고 지속적으로 환경적, 사회적 부가가치를 만들어낸다는 것이다. 이러한 진정성 있고 지속가능한 ESG 지속가능경영을 시대를 앞서 실천했던 경영자가 있는데, 바로 1926년 유한양행을 설립한 유일한 박사이다. 유일한은 어려서 부모를 따라 평양 장대현교회에 출석하고 주일학교에 나가 신앙 가운데 성장했다. 사무엘 마펫 선교사의 설교와 이승만 등의 시국 강연을 통해 감명을 받은 아버지 유기연은 만 9세에 불과했던 장남 유일한(당시 이름 일형)을 미국으로 보낼 결심을 하게 된다. 배에서 가지고 있던 돈을 잃어버린 유일한은 인솔자였던 독립운동가 박용만의 알선으로 선교사의 도움을 받아 샌프란시스코, 로스엔젤레스, 덴버를 거쳐 미국 중서부에 위치한 네브래스카주 커니(Nebraska, Kearney)시에 정착하게 된다.

네브래스카주 커니시는 1908년 유일한이 이주했을 당시 인구가 약 5,500명에 불과한 작은 마을이었으며, 오늘날에도 인구 34,000명 정도의 비교적 소규모 농촌지역으로 남아있다. 유일한은 이곳에서 독실한 신앙을 가진 태프트(Tuft) 자매의 보살핌 속에 청소년기를 보내게 된다. 태프트 자매는 아침 일찍 일어나 기도와 말씀으로 하루를 시작하고, 밭에서 종일 일하는 근면하고 검소한 청교도적인 삶을 실천했다. 유일한 역시 그 영향을 받아 방과 후 낮에는 농장에서 일하고, 방학 때는 신문 배달을 하며 자립심을 길렀다. 그는 당시 독립운동가 박용만이 네브라스카 헤이스팅스(Hastings)에 설립한 소년병학교에서 군사훈련을 받았는데, 이 학교는 대한독립운동의 일환으로 군사적 역량을 갖춘 인재를 양성하기 위한 목적에서 세워진 것이었다. 이러한 경험을 통해 유일한은 비록 아홉 살의 어린 나이에 조국을 떠났지만, 청소년기 내내 민족정신과 정체성을 잃지 않고 성장할 수 있었다. 고등학교를 졸업한 유일한은 당시 북간도에 어렵게 살고 있던 부모님을 돕기 위해 상당한 금액을 대출받아 송금했고, 이후 태프트 자매가 이사한 미시간주로 거처를 옮기게 된다. 디트로이트에 위치한 에디슨전기회사(훗날 에디슨 제너럴 일렉트릭으로 통합된다) 변전소에 취직한 유일한은 받은 봉급으로 대출금을 상환하고 학비를 마련하며, 가족에 대한 사랑과 개척자 정신을 실천해 나갔다.

대출금을 모두 상환한 유일한은 미시간사범대학을 거쳐 미시간대학(University of Michigan) 상과대학을 다니면서 본격적인 사업을 시작하게 되는데 중국 상품을 수입하여 방학 기간을 이용해 집중적으로 판매하는 방식이었다. 1919년 대학을 졸업한 유일한은 라초이라는 식료품 기업과 유한주식회사를 설립하고 미국 내 한인들과 서재필을 비롯한 독립운동가들에게 일자리를 만들어 주었다. 오랜 미국 생활 후인 1926년 한국에 돌아온 유일한은 유한양행 경영에 나선다. 기업의 사회적 책임(CSR)이란 개념조차 없던 당시에 유일한은 기업 활동을 통해 민중 보건 운동을 통한 공익 기여, 인재 양성, 사회 환원을 실천하겠다고 선언했다. 이는 오늘날 ESG 지속가능경영의 두 번째 요소인 사회책임(social responsibility) 경영 정신과 일치한다.

유한양행 설립 당시 일제는 기독교를 식민 통치에 방해되는 사상으로 보고 탄압하던 상황에서 유일한은 기독교적 가치관에 입각한 ESG 지속가능경영을 진정성 있고 지혜롭게 수행한 것이다. 단순히 경제적 활동을 넘어서 ESG경영의 핵심 원칙과 기독교 청교도윤리를 식민지라는 억압 구조 속에서도 실현하려 했다. 일제는 기독교를 자유와 자주, 인권의 이념을 가진 사상으로 간주하고 억제했다. 신사참배를 강요하고, 교회 지도자를 탄압했으며 교육기관을 통제했다. 이런 상황 속에서도 유일한은 1926년 유한양행을 창립하고 기독교 가치에 입각한 자립적 민족 기업을 선언한 것이다.

유일한의 청교도 정신에 입각한 경영은 해방 후에도 '정성껏 좋은 상품을 만들어 국가와 동포에 봉사하고, 정직 성실하고 양심적인 인재를 양성, 배출하며 기업을 성장시켜 일자리를 만들고 정직하게 납세하며 남은 것은 기업을 키워준 사회에 환원한다'는 ESG 지속가능 경영 정신으로 이어진다. 자신의 신앙에 따라 '이웃 사랑'과 '청지기 의식'을 기업 경영에 실천함은 오늘날 ESG가 요구하는 윤리 기반의 지속가능성과 장기적 가치 추구와 맞닿아 있다. 유일한 박사가 유한양행을 설립한 것은 단순한 경제 행위가 아니라, 일제의 기독교 탄압 속에서도 자유·진리·이웃 사랑이라는 기독교 정신을 지키며, 사람 중심의 지속가능한 기업 운영을 추구한 윤리적·시민적 실천이었다는 점에서 ESG경영의 역사적 선구자적 사례로 평가될 수 있다. 즉, 유일한 박사의 리더십 아래 유한양행은 ESG가 이론화되기 전 이미 "실천 중심의 ESG 지속가능경영"을 구현한 대표적 기업이라 할 수 있다.

당시 일부 제약회사들은 입맛에는 좋지만 건강에 해로운 성분을 첨가한 제품을 과대광고하며 이윤 추구에 열을 올렸다. 그러나 유일한은 약품의 효과와 안전성을 중시하는 원칙을 고수했다. 그는 당시 가짜 약으로 인해 오히려 건강을 해치는 사건이 빈번하게 발생하던 현실을 개선해야 한다는 강한 책임의식을 가지고 있었다. 유한양행은 설립 초기부터 이윤의 사회 환원, 근대 교육의 후원, 노동자 복지를 실현을 핵심 가치로 삼았다. 학교 설립, 직원 기숙사 제공, 직원 자녀 장학금 지원, 국민 계몽운동 후원 등은 그 대표적인 사례다. 이는 기업활동을 통해 기독교적 박애 정신을 실천한 것이며, 오늘날 ESG경영의 사회책임경영(Social Responsibility)을 앞서 구현한 실천이라 할 수 있다.

유일한은 한 세기를 앞서 지속가능경영을 실천한 선각자로서, 기독교의 '이웃 사랑' 정신을 사회적 가치경영으로 연결시켰다. 그는 여기서 멈추지 않고 ESG경영의 세 번째 축인 지배구조(Governance)의 혁신에도 앞장섰다. 제품의 용도와 효능, 약제사의 이름을 명시하여 투명하고 책임 있는 경영을 실천했으며, 1936년 국내 최초로 종업원 지주제를 도입하고, 1962년에는 제약업계 최초로 기업을 상장시켜 기업이 창출한 부가가치를 국민과 나누고자 했다. 유일한 박사는 당시로서는 파격적으로 기업이 소유와 운영을 분리하고 시스템 중심의 경영을 통해 지배구조의 투명성을 확보했다. 그는 정직한 경영과 사람 중심의 기업문화를 바탕으로 지속가능한 책임 경영을 추구했다. 이익을 많이 낼 수 있는 신제품이라 해도 국민 건강에 도움이 되지 않는다면 과감히 포기했고, 사회에 기여할 수 있다면 자산을 헐값에 국가에 매각하기도 했다. 반면 특혜를 노린 정치자금 제공은 철저히 배격해 정치권의 미움을 받는 일도 마다하지 않았다. 이는 윤리경영과 정도(正道)경영, 곧 오늘날 ESG경영이 지향하는 가치들을 실천한 사례였다.

유일한은 하나님께서 허락하신 지혜와 재능을 이 세상을 더욱 밝고 나은 곳으로 만드는 데 사용한, 진정한 기독교 기업인의 본을 보였다. 그는 새로운 부가가치를 창출하는 기업을 창업하고, 청교도의 근검절약 정신과 개척자 정신을 바탕으로 재물을 지혜롭게 관리하며, 이를 사회와 국가에 기여하는 데 사용하는 삶을 평생 실천한 청지기였다. 그의 청교도적 이웃 사랑 정신은 유한재단과 학교법인 유한학원을 통한 사회공헌은 물론, 연세대학교와 펄벅재단 등 여러 사회 공익기관에 대한 지속적인 지원으로 구체화 되었다. 이러한 선구자적 정신과 실천을 기려, 1965년 연세대학교는 유일한에게 명예 법학박사 학위를 수여하였다. 1920년대 한국 기업 역사의 문을 연 독

보적인 1세대 경영자로서, 유일한은 1971년 영면에 이르기까지 혁신과 기업가정신을 청지기적 신앙과 접목시켜 실현한 대한민국의 위대한 경영자였다.

4.9. 칙필레(chick-fil-A)의 ESG 지속가능경영을 통한 기독교 정신의 실천 사례

기업 경영의 과정과 성과를 통해 하나님 사랑, 이웃 사랑의 기독교의 핵심 계명을 실천하는 기업들이 많이 있다. 그들 중 일부는 기독교적 가치 실현을 기업의 존립 목적(Purpose)으로 명확히 밝히고 있다. 이 목적을 구체적으로 실현하기 위해 여러 프로그램을 진행하고 있는데 그 내용을 보면 ESG경영의 주요 평가 요소와 밀접한 관계가 있음을 알 수 있다. 즉 모범적으로 십일조 정신을 실천하고 있는 것이다.

기독교 정체성을 외부에 명확히 드러내는 기업들은 일반적으로 비상장기업이다. 그 이유는 상장기업의 경우 다양한 투자자들이 의결권을 가지게 되므로 경영진이 기독교적 정체성을 전면에 내세우기 어렵기 때문이다. 또한 상장, 비상장과 관계없이 기독교적 가치를 기업의 목적으로 드러내는 것은 상당한 용기가 필요하다. 비기독교계 고객 확보에 잠재적 위험요소로 작용할 수 있기 때문이다. 이러한 잠재적인 기회비용을 기꺼이 부담하겠다고 선언한 기업이 바로 미국의 패스트푸드 레스토랑 체인 칙필레(Chick-Fil-A)이다.

1946년 미국 조지아 헤이프빌(Hapeville)에서 창립된 칙필레는 처음부터 기독교 가치 실현을 존재 목적으로 선언하고 지금까지 그 정체성을 확실하게 드러내며 사업을 하고 있다. 칙필레는 2022년까지 과거 8년 동안 미국 소비자 만족도(American Customer Satisfaction

Index) 조사에서 연속 1위를 기록하고 있다. 칙필레는 닭고기를 의미하는 치킨(Chicken), 뼈를 발라내고 저민 살코기를 의미하는 필레(fillet) 그리고 A등급 고기를 사용한다는 의미의 문자 'A'를 조합하여 만든 상호다.

칙필레의 인기 메뉴는 치킨샌드위치와 치킨너겟(chicken nugget: 닭 살코기를 갈아 밀가루와 계란을 입혀 한입에 먹을 수 있도록 튀겨낸 음식)으로 내용물은 단순하지만 높은 품질과 적절한 가격으로 국민 프랜차이즈로 자리매김했다. 필자도 미국에서 지낼 때 칙필레 버거와 벌집 모양의 감자튀김, 칙필레 소스가 인기 있다는 말을 듣고 가끔 들렀다. 칙필레의 인기 비결은 다른 패스트푸드 레스토랑과 차별화하기 위한 끊임없는 노력과 혁신이기도 하지만, 경영진과 종업원이 공유하는 기독교적 가치관에 입각한 최상의 품질과 서비스를 제공했기 때문이다.

칙필레의 정체성은 홈페이지에 가보면 바로 나타난다. 칙필레는 존재 목적(Corporate purpose)으로 "우리는 맡겨진 모든 것의 충실한 관리자가 됨으로써 하나님을 영광스럽게 한다. 그리고 우리와 접촉하는 모든 사람에게 긍정적인 영향을 미치는 것이다"라고 밝히고 있다. 즉 경영자를 포함한 칙필레의 모든 구성원은 하나님이 맡겨주신 기업을 청지기로서 최선을 다해 운영하며 선한 영향력을 세상에 미치고 하나님께 영광을 돌리겠다는 것이다.

창업자인 트루엣 캐시(Truett Cathy, 1921~2014)는 독실한 침례교 신자로 1946년 조지아주 애틀랜타 인근에 있는 헤이프빌(Hapeville)에 그의 첫 번째 식당을 열었을 때부터 일요일에는 매장을 열지 않는 것을 원칙으로 하고 있다. 트루엣 캐시는 헤이프빌에 작은 식당인 원조 드워프 바비큐 식당(Original Dwarf Grill, 현재는 Dwarf House로 알려짐)을 열었다. 이 식당이 바로 칙필레의 모태가 되는 장소이다. 트루엣 캐시는 이 식당에서 실험과 연구를 거듭하여 1950~60년대에 오늘날의 시그니처 메뉴인 닭고기 샌드위치(Chick-fil-A Chicken Sandwich)를 개발하였다. 이후 1967년에 정식으로 칙필레 브랜드를 출범시켰다. 헤이프빌에 위치한 드워프의 집(Dwarf House)은 지금도 운영 중이며, 칙필레의 정통성과 창업 정신을 상징하는 장소로 여겨진다. 오늘날에도 많은 칙필레 팬들이 이곳을 '성지'처럼 방문하고 있다.

트루엣 캐시는 주일 성수를 위해 일요일 매장을 열지 않음으로 연 1조 원의 매출액에 해당하는 기회비용을 기꺼이 감당하겠다고 결심했다. 또한 칙필레의 경영자들은 기독교적 가치관을 회사의 목적으로 내세울 때, 비기독교 또는 기독교에 반감을 가지고 있는 고객을 잃어버릴 수 있는 위험까지도 감수(感受)한 것이다. 일요일 안식일 준수에 대한 헌신을 반영하여 모든 칙필레 레스토랑은 일요일, 추수감사절, 크리스마스에는 영업을 중단한다. 스포츠 경기장 내의 칙필레 매장도 많은 경기가 진행되지만 일요일에는 문을 닫는다. 수많은 논란과 보이콧 시도에도 불구하고 2022년 미국 고객 만족도 지수에서 칙필레는 8년 연속으로 미국에서 가장 사랑받는 패스트푸드 체인점으로 선정되었으며, 전국의 모든 패스트푸드 체인 중 매장당 매출이 가장 높은 것으로 나타났다. 2024년 칙필레는 연결 매출액 227억 달러(31.4조 원)를 기록하며 맥도날드(259억 달러)와 스타벅스(361.8억 달러)와 함께 미국 3대 레스토랑 체인 중 하나로 자리매김했다.

트루엣 캐시(Truett Cathy)의 자녀들인 댄 캐시(Dan Trudy Cathy)와 트루디 캐시 화이트(Trudy Cathy White)는 아버지가 남긴 기독교적 신앙과 경영 철학을 각각의 방식으로 기업과 사회에 적용하고 있다. 트루엣 캐시의 뒤를 이어 칙필레의 공동경영자가 된 트루엣의 아들인 댄 캐시는 기독교 정신을 담은 기업문화 유지하기 위해 "일요일 휴무" 원칙을 지키고 매장 운영 시 기도로 회의 시작하고 있다. 이를 통해 고객과 지역사회에 대한 섬김의 리더십(servant leadership)을 강조하고 "우리는 치킨을 파는 것이 아니라 사람을 섬기는 일에 있다(We're not in the chicken business, we're in the people business.)"고 선언하였다. 직원 교육에서 정직, 배려, 헌신을 핵심 가치로 강조하고, 기독교적 박애 정신에 기반하여 지역사회와의 나눔과 참여를 위해 홈리스 사역, 청소년 리더십 캠프, 위기가정 지원 등 지역 밀착형 나눔 활동을 적극 주도하고 있다.

한편 트루엣의 외동딸인 트루디 캐시 화이트(Trudy Cathy White)는 칙필레의 신앙 중심 경영 철학과 영적 유산을 계승하는 데 깊이 관여하고 있다. 그녀는 "하나님께서 우리 사업을 축복하심에 감사드리며, 아버지께서 칙필레를 성경적 원리에 기초하여 세우셨듯, 오늘날의 경영진 또한 하나님의 말씀에 근거한 의사 결정을 하고 있는지늘 기도하면 고민합니다" 밝혔다. 비록 기업의 전면에 나서지는 않지만, 트루디는 가치 중심의 리더십과 신앙 기반의 사회적 책임 실천 측면에서 중요한 역할을 감당하고 있다.

트루디는 신앙에 기초한 차세대 리더십 개발을 사명으로 삼고, LifeShape과 Impact 360 Institute 등 기독교 세계관교육 기관을 설립해 청소년들이 "하나님의 뜻에 따라 살아가는 삶"을 배우고 훈련받도록 돕고 있다. 이러한 사역은 단기 프로그램이 아닌, 지속적이고 체계적인 훈련을 통해 미래의 그리스도인 리더들을 세우는 일이다. 또한 그녀는 "A Quiet Strength", "Along the Way", "Climb Every Mountain" 등의 저서를 통해 아버지의 신앙과 경영 철학, 그리고 자신이 살아온 믿음의 여정을 널리 나누고 있다. 뿐만 아니라, "Faith and Business Ethics"라는 주제로 미국 내 주요 대학과 기독교 컨퍼런스에서 강연을 이어가며, 남편과 함께 브라질 선교지에서 고아원 설립, 소규모 교회 개척, 지역사회 섬김 등 실제적인 선교사역에도 동참하고 있다. 그녀의 삶은 칙필레를 통해 주신 자원과 영향력을 하나님의 영광을 위한 사명과 사회적 공헌의 통로로 사용하는 본보기라 할 수 있다.

댄 캐시와 트루디 캐시 화이트는 각기 다른 방식으로 아버지 트루엣 캐시의 기독교 신앙을 삶과 경영에 실천하며 계승하고 있다. 댄 캐시는 책필레의 조직 구조와 경영원칙 전반에 신앙의 가치를 통합함으로써, 기업이 단순한 이익 추구를 넘어 하나님의 뜻을 따르는 공동체가 되도록 이끌어 왔다. 한편 트루디는 사명적 삶과 차세대 리더 양성 사역을 통해, 칙필레가 받은 축복을 다른 이들에게 나누는 통로로 삼고 있으며, 신앙과 교육, 선교를 아우르는 폭넓은 영향력을 끼치고 있다. 이 두 사람은 단순한 2세 경영자가 아니라, 오히려 칙필레를 기독교적 가치와 윤리경영의 본보기로 정착시킨 사명자들이며, 신앙에 기초한 기업문화와 사회적 책임을 실현해 온 핵심 리더들이다.

2세 경영인인 댄 캐시는 2021년 11월, 경영권을 아들인 앤드루 캐시(Andrew T. Cathy)에게 이양했다. 앤드류는 칙필레의 창립자 트루엣 캐시의 손자이자, 가문의 신앙과 기업 철학을 이어받은 3세대 리더이다. 이후 칙필레는 하나님 중심 경영 철학을 유지하면서도 전문성과 실행력을 강화한 새로운 리더십 체계를 갖추었다. 2024년 10월부터는 전문경영인 수잔나 프로스트(Susannah Frost)가 사장(President)으로 합류하여 전국 3,000여 개 매장의 운영을 총괄하고 있다. 그녀는 전략적 명확성과 실행의 일관성을 유지하며, 칙필레가 지속적인 성장을 이루고 시장 선도 위치를 확고히 유지할 수 있도록 현장 중시 리더십을 발휘하고 있다. 한편 CEO 앤드루 캐시는 기업의 전반적 비전과 방향, 신앙 기반 기업문화, 글로벌 전략을 총괄하며, "하나님을 기쁘시게 하는 경영"이라는 칙필레의 정체성을 지키고 확장해가고 있다. 앤드루 캐시와 수잔나 프로스트의 협력 구조는 '비전 중심의 영적 리더십'과 '실행 중심의 전문 경영'이 조화를 이루는 투톱 체제이다. 이는 칙필레가 기독교적 가치와 탁월한 운영 간이 균형을 유지하며, 시대 변화 속에서도 변함없는 사명과 탁월한 품질을 이어가는 원동력이 되고 있다.

칙필레의 핵심가치는 다음의 네 가지로 요약된다.

1. We're here to serve

고객과 직원, 프랜차이즈 오너 등 모든 이해관계자의 진정한 필요를 섬김의 정신으로 최우선에 두며, 이들을 기업 운영의 중심 가치로 삼는다.

2. We're better together

팀워크와 협업을 통해 다양한 인재의 강점을 모아 더 큰 시너지를 창출하고, 모든 구성원이 함께 성장할 수 있는 문화를 조성한다.

3. We are purpose-driven

"하나님께 영광 돌리고 맡겨진 것을 신실하게 관리하자"는 기업 목적(Purpose)이 모든 업무와 일상 활동의 기준이자 동기이다.

4. We pursue what's next

현상에 안주하지 않고 지속적인 혁신과 변화를 추구하여, 더 나은 제품과 서비스를 통해 고객의 기대를 능동적으로 충족시키고자 노력한다.

이러한 칙필레의 핵심 가치는 단순한 경영원칙을 넘어, ESG 지속가능경영의 본질을 깊이 반영하고 있다. 즉, 협력사와의 상호 존중, 포용성과 형평성, 지원 안전과 복지, 인권과 존엄의 실현, 전략적 사회공헌, 지속적인 혁신과 품질 개선을 통해 기업은 경제적 부가가치를 창출하는 동시에, 이웃 사랑이라는 복음적 실천을 이뤄가는 것이다.

칙필레의 홈페이지에는 몇 개의 ESG경영 사례를 소개하고 있다.

첫째, 칙필레는 1973년부터 이어진 직원 장학프로그램을 통해 지금까지 12만 2천 명 이상의 직원에게 대학 등록금 장학금을 제공해왔으며, 누적 장학금 지급액은 2025년 6월까지 2억 1,500만 달러(약 2,992억 원)에 달한다. 이는 단순한 인사 혜택이 아니라 직원이 어디에 있든, 어떤 미래를 선택하든, 보람된 삶을 살아가도록 돕는 사명에서 비롯된 투자이다.

둘째, 다양성과 포용의 실천을 위해 라틴 아메리카 전문가협회, 흑인 MBA협회 등과 협력하여 인종적 다양성을 확보하고 있으며, 조지아공대 등과 함께 소외계층 구직자 대상 직업교육 프로그램도 운영하고 있다. 이는 한국의 삼성전자 청년 SW아카데미, LG 및 KT의 청년 취업교육 모델과도 유사한 사회적 투자이다.

셋째, 커피 농부들을 위한 수익 공유 모델, 공급망 내 중소 협력업체에 대한 멘토링 및 파트너십 지원, 2012년 이후 2025년 6월까지 1,200개 이상의 비영리단체에 대한 3,900만 달러 기부, 기아 퇴치 및 푸드 셰어링 운동, 3천5백만 개 이상의 무상 식사 제공 등, 칙필레는 지역사회 회복과 정의로운 공급망 구축에 헌신하고 있다.

과거에는 이처럼 적극적인 ESG 지속가능경영이 비용 부담으로만 여겨지며, 오히려 기업가치나 신용등급에는 부정적으로 작용할 수 있다는 시각이 존재했다. 그러나 오늘날 ESG경영은 새로운 시대의 경영관으로 재조명되고 있다. 칙필레는 기업이 창출한 부가가치 일부를 "하나님 사랑, 이웃사랑"을 실천하는 데 아낌없이 투입하며, 오히려 더 큰 축복과 지속 성장을 누리고 있다. 그 결과, 소비자들로

부터 신뢰와 존경을 받으며, 기독교적 기업 모델의 아름다운 본보기로 자리 잡아 가고 있다.

4.10. 월마트(Walmart)의 ESG 지속가능경영을 통한 기독교 정신의 실천 사례

매출액 규모로 세계 최대 기업인 월마트(Walmart Inc.)는 1962년 미국 아칸소 주의 작은 시골 마을인 로저스(Rogers) 시에서 작은 잡화점으로 시작되었다. 이 회사의 설립자 샘 월튼(Sam Walton)은 가난한 가정에서 태어나 온갖 종류의 아르바이트를 하며 학창 생활을 보냈다. 월튼은 미조리 대학(Univ. of Missouri)과 인근에 위치한 여자 대학인 스티븐스 대학(Stephens College)의 연합 바이블클럽의 회장을 지내는 등 신앙심이 깊은 청년기를 보냈다.

샘 월튼이 ROTC 장교로 군 복무를 마친 후에 창업한 월마트의 경영철학으로 청지기 정신을 내세운 것은 독실한 장로교 교인으로서의 신앙관이 반영된 결과일 것이다. 그는 사업을 하면서도 교회의 장로와 주일학교 교사로 봉사를 계속했다. 샘 월튼은 월마트를 경영하면서 기독교 기업임을 공식적으로 내세우지는 않았지만, 매장 내에서 기독교 서적 및 물품을 취급함으로 자신의 정체성을 드러냈다. 이러한 기독교 관련 서적 취급은 아마존과 같은 온라인 서점 성장으로 오프라인 서점이 어려움을 겪고 있는 현재까지도 유지하고 있다.

월마트 2024년 사업보고서(10-K)에 따르면, "소매점과 이커머스(eCommerce)를 통해 전 세계 사람들이 언제 어디서나 좋은 품질의 물품을 저렴한 가격으로 쇼핑할 수 있는 기회를 제공함으로써 더 나은 삶을 살 수 있도록 사업을 운영한다"고 밝히고 있다. 월마트는 2024년 말 현재 전 세계 19개국에서 1만 750개 이상의 매장을 운영하고 있는데, 월마트 U.S., 월마트 인터내셔널, 샘스 클럽, 글로벌 eCommerce 네 개의 사업 부문으로 나누어져 있다. 2024년 말 현재 월마트의 전체 직원 수는 210만 명에 달해 단순한 대기업의 의미를 초월하여 경제적, 사회적으로 지대한 영향력을 행사하고 있다.

월마트는 2025년 1월 말(1월 31일 결산일을 가짐)까지 일 년간 연결기준 매출액이 6,810억 달러(한화 약 919조 원)에 달한다. 동종 산업으로 국내에서 가장 큰 상장기업인 이마트의 경우는 2021년 12월 말 기준으로 매출액이 29조 209억 원이었다. 매출액 규모로 볼 때, 월마트의 매출이 이마트의 32배가량 된다. 한편 같은 기간의 월마트의 영업이익은 293.5억 달러(한화 약 39조 6천억 원)로 영업이익률로는 4.3%이다. 2024년 결산 결과 우리나라 이마트의 영업이익은 약 471억 원이며 영업이익률 0.16%에 해당한다. 영업이익 규모만 놓고 보면, 월마트의 영업이익이 36배 더 크고 영업이익률은 27배 더 높다. 상대적으로 영업이익률이 낮은 소매업의 특성을 고려해도 월마트의 수익성은 높은 편이다.

경쟁이 치열한 소매업계에서 높은 이익률을 달성하기 위해서는 효율적인 운영을 통한 비용 절감이 매우 중요하다. 월마트의 구호 중 하나는 "항상 저렴한 가격(Low Prices Always)"이다. 저렴한 가격으로 좋은 품질의 물건을 제공하는 것은 소비자 후생을 높이는 바람직한 경영방침이다. 하지만 1990년대 말 이후 월마트의 경영방침인 낮은 가격을 확보하기 위해 누군가가 그 비용을 대신 치러야 하는 것이 아닌가? 즉 누군가의 희생이 월마트의 낮은 가격 이면에 숨겨져 있는 것이 아닌가 하는 비판이 일어났다.

소비자들이 저렴한 물건가격의 혜택을 받는 것이 정당한가에 대한 본질적인 질문이 제기된 것이다. 월마트의 경영진은 지역에 월마트 매장이 들어서면 낮은 가격을 통해 소비자들의 가처분 소득을 높이고 더불어 수백 개의 일자리까지 만들어 준다고 주장했다. 하지만 여론은 원가절감과 규모의 경제를 추구하는 과정에서 지역의 소상공인들이 일자리를 잃게 된다는 점을 지적했다. 이는 우리나라에서도 골목상권에 유명 마트가 들어가면 소상공인들이 일자리를 잃어버리게 된다는 논란이 있었던 것과 유사하다.

1998년 오하이오 주 연합감리교회 감독은 월마트가 매장에서 판매하는 상품을 싼값에 판매하기 위해 노동력을 착취한 것이 아닌가에 대한 의문을 제기했다. 이러한 비판적 여론의 결과 미국 오리건 주, 콜로라도와 매사추세츠 주 등에서 저임금에 대한 소송이 제기되었으며, 성차별에 대한 집단소송도 제기되었다. 2004년에는 뉴욕 타임스 기사에서는 월마트가 더 낮은 가격을 확보하기 위해 인권을 소홀하게 생각하는 업체로부터 물건을 구매하였으며, 인건비를 절약하기 위해 직원들이 수당 없이 야근을 강요당했다는 비판적인 기사를 실었다.

이렇게 월마트의 이미지를 크게 훼손한 사건이 90년대 말과 2000년대 초에 이어졌다. 그동안 월마트가 내세웠던 "근면, 성실, 절약, 충성" 이라는 기독교 청지기 정신을 반영한 경영윤리에 대해 노동착취와 차별이라는 부정적 여론이 제기된 것이다. 이러한 비판은 2006년 찰스 휘시멘(Charles Fishman)이 저술한 '월마트 효과(The Wal-Mart Effect)'라는 책에서도 지적되었다.

부정적인 여론으로 인해 월마트가 기독교적 정체성을 드러내기 위한 방안으로 매장에서 판매하던 기독교 문학과 관련 물품들에 대해서도 냉소적인 여론이 생겨나게 되었다. 레위기 19장 13절 말씀에 *"너는 네 이웃을 억압하지 말며 착취하지 말며 품꾼의 삯을 아침까지 밤새도록 네게 두지 말라"*는 말씀, 그리고 예레미야 22장 13절 *"…자기의 이웃을 고용하고 그의 품삯을 주지 아니하는 자에게 화 있을 진저",*

야고보서 5장 4절 *"너희 밭에서 추수한 품꾼에게 주지 아니한 삯이 소리 지르며…"* 등과 같은 성경 말씀의 가치와 맞지 않는 경영을 했다는 비판이었다.

이러한 비판에 직면한 월마트는 경제적 가치뿐 아니라 사회적 가치를 창출하는 것의 중요성을 재인식하고 전반적인 경영 전략을 수정했다. 2024년 발간한 월마트의 지속가능경영보고서에 따르면, 비즈니스 및 이해 관계자에게 가치를 창출하기 위해 ESG경영을 실행하고 사회적 문제해결에 적극적으로 나서고 있음을 밝히고 있다. 고객에게 가치를 제공함과 동시에 협력업체와 공급업체에 경제적 기회를 제공하며, 지역 커뮤니티에 대한 기여를 강화하겠다는 것이다.

월마트는 ESG경영을 위한 4가지 분야에서 리더십을 수행할 것임을 제시했다. 첫째, 좋은 일자리와 승진 기회를 제공하고, 형평성 및 포용성을 제고하며 공급업체, 판매자 및 지역 경제성장에 기여, 둘째, 기후 및 재생 에너지 리더십, 제품 및 포장에서 폐기물 감축, 숲, 육지, 해양 등 자연 자원의 재생과 공급망에 있는 사람들의 존엄성을 제고, 셋째, 지역사회 봉사, 재해 대비 및 구호에 적극적으로 참여함으로 공동체 가치 창출에 기여, 넷째, 윤리적 경영과 준법 경영을 위해, 효과적인 기업 거버넌스(governance)를 구축하고 디지털 시민권, 인권 존중을 우선순위로 실천함을 들고 있다. 월마트는 이러한 리더십이 선언적인 수준에 머무는 것이 아니라 실제로 어떻게 실행되고 있는지를 지속가능경영보고서에 상세히 밝히고 있다.

이러한 시행착오를 거친 월마트는 청지기 정신과 연결되는 십일조 정신을 실천하기 위한 노력을 전개하며 오늘에 이르고 있다. 경제적 가치와 더불어 사회적 가치를 창출함으로 지역사회의 좋은 이웃이 되기 위한 노력을 다양한 ESG 전략을 통해 실천하고 있는 것이다. 기독교의 서번트(servant) 리더십이라는 경영 철학을 기초로 성장한 월마트가 그 설립 정신을 ESG경영으로 녹여냄으로써 지속가능한 성장을 이룰 수 있음을 증명해내는 훌륭한 기업이 되기를 기대한다.

4.11. 파타고니아(Patagonia) ESG 지속가능경영 사례를 통해 보는 기독교

환경보호와 지속가능경영에 헌신하는 기업 중 하나로 파타고나아(Patagonia)가 꼽힌다. 일부 기업이 외형만 ESG경영을 하며 진정성 없이 그린워싱(Green Washing), 블루워싱(Blue Washing), 워크워싱(Woke Washing)을 일삼는 사례도 보고되고 있지만 파타고니아는 실제로 지속가능경영을 진정성 있게 실천하는 기업으로 인정받고 있다.

파타고니아의 창업자는 이본 쉬나드(Yvon Chouinard)다. 그는 시대를 앞서가며 ESG경영을 실천하는 경영자이지만 개인적인 삶은 근검절약을 실천하며 소탈한 삶을 사는 것으로 잘 알려져 있다. 파타고니아는 1973년 창업 이래 막대한 돈을 지구환경 개선에 투자했다. 비록 단기적인 재무성과에는 도움이 되지 않을 수 있었지만, 기업의 존립 목적을 건강한 지구를 만드는 것으로 정하고 원료 조달에서 시작하여 디자인, 제조, 유통 그리고 판매한 제품이 수명을 다할 때까지의 전 과정에 걸쳐 지구환경에 미치는 부정적 영향을 최소화하려는 노력을 지속해 왔다.

창조 세계의 아름다움을 지키고자 한다는 관점에서 파타고니아의 ESG경영은 창세기 1장 28절 *"하나님이 그들에게 복을 주시며 하나님이 그들에게 이르시되 생육하고 번성하여 땅에 충만하라, 땅을 정복하라, 바다의 물고기와 하늘의 새와 땅에 움직이는 모든 생물을 다스리라 하시니라"* 말씀과 일치한다. 성경에는 환경보호와 책임 있는 지구 시민으로 해야 할 역할과 원칙에 관한 다양한 구절이 있다.

가령 창세기 2장 15절 *"여호와 하나님이 그 사람을 데리고 에덴 동방의 동산에 두셨더니 그를 다스려 그를 지키게 하라"* 시편 24편 1절 *"땅과 거기에 있는 것들과 세계와 그 가운데 거하는 자들은 다 여호와의 것이로다"* 고린도전서 10장 26절 *"땅과 거기에 충만한 것은 주의 것이로다"* 등 관련된 말씀이 다수 등장한다. 이러한 성경 구절들은 인간이 왜 환경보호와 지구의 자연을 존중하고 돌보아야 하는지에 대한 중요한 이유를 설명한다. "모든 것은 하나님의 것"이며 하나님은 인간에게 "잘 다스리고 지키라"는 소명을 주셨기 때문이다.

파타고니아와 같은 기업이 지속가능한 비즈니스 모델을 채택하고 환경을 보호하려는 노력을 하는 것은 이러한 소명과 부합한다. 20세기 개신교 신학을 대표하는 칼 바르트(Karl Barth)는 그의 저서 '교회교의학 Ⅲ/3'에서 "피조물의 존재 목적은 피조물 간의 상호 존중과 주변 환경과의 주고받는 긍정적인 관계 안에서 하나님께 봉사하게 함"이라고 설명했다. "그렇게 함으로써 피조물은 각각의 고유한 가치와 존엄성이 부여된다"는 것이다. 하나님의 창조 원리에 따라 "피조물들은 다른 피조물들을 섬겨야만 하며 각각은 동료 피조물들을 향하여 실존해야 한다"는 주장이다.

이본 쉬나드는 끊임없는 외형성장과 이윤 극대화에 집중하는 전통적 경영모델을 확장한 '이해관계자 자본주의 모델'을 따르면서도 지속 성장하는 경영모델을 실현해 냈다. 쉬나드는 원래 암벽등반가였다. 암벽등반가로서 그는 우리나라와도 인연이 깊다. 쉬나드는 1960년대 20대 나이에 주한미군으로 근무하면서 북한산 인수봉 바윗길을 개척했는데, 지금도 인수봉에는 쉬나드 A와 쉬나드 B길이 남아있다. 그는 제대 후 '쉬나드 장비'라는 회사를 설립하고 등산장비를 만들어 판매하기도 했다.

1973년 파타고니아를 설립하고 본격적으로 아웃도어 사업에 뛰어든 쉬나드는 창업 초창기부터 지구 환경보호를 사업의 목적으로 설정하고 모든 제품을 유기농이나 친환경 재료로 만들기 위한 노력을 이어갔다. 또한 손익과 관계없이 매출액의 1%를 '지구세(Earth Tax)'로 정해 환경단체에 기부했다. 쉬나드는 고객들에게 자신들이 만든 재킷을 가능한 한 구매하지 말 것과 '환태평양 경제동반자협정(Trans-Pacific Partnership)'과 같은 회사의 이익을 높여줄 수 있는 무역협정을 반대하는 광고를 했다. 이 협정이 결과적으로는 지구를 오염시키고 기후 위기를 심화시킬 것이라고 생각한 것이다.

쉬나드는 지구환경을 지키기 위해서는 소비자가 탄소배출을 초래하고 있는 구매와 소비를 줄여야 함을 강조했다. 이미 가지고 있는 것으로도 새로운 필요를 얼마든지 충족시킬 수 있으며 낡은 것을 고쳐 쓰고 오래 사용함으로써 기존의 물건을 새로운 것으로 대체하는 기간을 늘리라는 것이다.

사실 요즘 자동차나 가전제품, 가구 등은 고장이 나거나 낡아서 바꾸는 것이 아니라, 지루해서 가지고 있던 것을 버리고 새것으로 바꾼다고 한다. 의류도 마찬가지이다. 옷장에 보면 대부분의 가정에는 안 입는 옷들이 넘쳐난다. 많은 경우 찢어지거나 낡아서 못 입는 것이 아니라 유행이 지나서 또는 새로운 변화를 주기 위해 새 옷을 구매한다. 쉬나드의 경영방침은 파타고니아가 윤리적인 제품 제조와 탄소발자국을 줄이는 방향으로 소비자들의 사고와 행태를 바꾸는데 이바지함으로써 미래세대가 살아가야 할 지구를 지킨다는 것이다.

파타고니아는 2019년 4월 "우리는 삶의 터전인 지구환경을 보호하고 되살리기 위해 사업을 한다"라는 사명(mission statement)을 공표했다. 2022년 9월 15일에는 쉬나드 부부와 두 자녀가 가진 파타고니아 지분 전체를 기후변화 대응과 환경보호를 목적으로 설립된 비영리재단과 특별신탁에 양도한다고 발표했다. 그 지분 가치는 30억 달러(약 4조 500억 원)에 달하며 매년 1억 달러(약 1,350억 원) 규모의 배당금도 생물 다양성 보전과 전 세계 미개발 토지 보호 활동에 사용할 것이라고 밝혔다. 모든 자원의 원천인 "지구가 파타고니아의 유일한 주주"가 될 수 있도록 하겠다는 것이다.

많은 기업분석가는 이러한 친환경 경영방식이 파타고니아 성장에 방해가 될 것이라고 우려했다. 그러나 파타고니아는 이러한 고정관념을 깨고 여전히 성장하고 있으며 사업영역도 지속적으로 확장하고 있다. 소비가 미덕으로 여겨지는 문화 속에서 살고 있는 현대 기독교인들에게도 파타고니아의 역발상 경영은 자연 속의 모든 피조물이 상호 존중과 의존이라는 하나님의 창조 질서에 충실한 삶을 어떻게 살아가야 할지를 다시 한번 돌아보게 해준다.

제 5 장

ESG경영의 확장과 기독교 가치

5.1. ESG 지속가능경영과 인공지능, 그리고 기독교
5.2. 성경을 통해 보는 ESG 지속가능경영 회의론 극복
5.3. 성경 속의 ESG 지속가능금융
5.4. ESG 성과평가와 성경에 나타난 교회 평가
5.5. ESG 워싱과 기독교
5.6. ESG 행동주의와 기독교적 청지기 정신의 만남

제5장 ESG경영의 확장과 기독교 가치

5.1. ESG 지속가능경영과 인공지능, 그리고 기독교

인공지능(AI)에 대한 관심이 폭발하고 있다. AI가 탑재된 로봇이 오케스트라를 지휘했다는 기사도 나오고, AI와 로봇이 결합되어 설교하는 AI 목사가 등장할 날이 머지않았다는 전망도 나온다. AI는 2016년 3월 이세돌과 알파고(AlphaGo) 간의 바둑 대결로 큰 관심을 받고 우리에게 다가왔다. 그 후 6년여가 지난 2022년 11월 30일 Open AI가 대화형 인공지능 서비스인 챗 GPT를 공개하였고 그 이후 매스컴에서는 인공지능(AI) 대한 기대와 우려가 연일 크게 다뤄지고 있다.

인공지능 시대를 맞이한 인류의 기대는 인공지능을 이용한 정교한 분석과 대응이 실시간으로 가능해져 생산성과 효율성이 높아져 인류의 삶을 풍요롭게 해준다는 것이다. 또한 위험하고 힘든 작업에 인공지능을 탑재한 로봇을 투입하여 근로 조건과 삶의 질을 높일 수 있다는 것이다.

한편 인공지능과 관련된 우려는 다양한 일자리가 사라질 수 있어 실업률이 높아질 것이며, AI가 인간의 지능을 넘어 스스로 판단하고 의사 결정을 하게 되는 단계에 이르면 인간에 대한 적대적인 행위를 하게 될 수도 있다는 것이다. AI가 끊임없는 딥러닝(Deep Learning, 심층학습)을 통해 비약적으로 발전을 거듭하여 '특이점(Singularity)'에 이르면 스스로 인간의 통제를 벗어나려는 판단을 내리는 단계로까지 갈 수 있다는 것이다. 결과적으로 AI로 인해 인류가 큰 위기를 당하게 될 것이라는 우려이다.

AI 기술은 죄성(sinful nature)과 선의지(good will)를 동시에 가진 인간에 의해 개발되어 사용된다는데 또 다른 주의가 필요하다. 즉 AI는 인간에 의해 긍정적인 목적과 부정적인 목적 모두에 사용될 수 있다는 것이다. 기독교에서 선(goodness)의 개념은 인간이 하나님의 형상으로 창조되었고 이에 따라 본질적인 선함이 있다는 믿음과 관련이 있다.

어거스틴과 아퀴나스에 따르면 악이란 선의 결여이다. 악은 그 자체로서 존재하는 것이 아니라 인간의 잘못 사용된 자유의지에서 비롯되며 악한 행위는 악한 의지로부터 나온다는 것이다. 에베소서 5장 8~9절은 '빛의 열매는 모든 착함(goodness)과 의로움(righteousness)과 진실함(truth)'에 있음을 말씀한다. 여기서 빛의 열매는 누구든지 예수님을 구주로 믿고 성령으로 새롭게 되면 맺을 수 있는 그리스도의 성품이며 성숙한 그리스도인의 인격이다.

(에베소서 5:8-9)

8. 너희가 전에는 어둠이더니 이제는 주 안에서 빛이라 빛의 자녀들처럼 행하라

9. 빛의 열매는 모든 착함과 의로움과 진실함에 있느니라

기독교의 핵심 가치인 성령의 열매는 ESG경영의 정신과 밀접하게 연결된다. '사랑(love)과 희락(joy)과 화평(peace)과 오래 참음(patience)과 자비(kindness)와 양선(goodness)과 충성(faithfulness)과

온유(gentleness)와 절제(self-control)'로 대표되는 성령의 9가지 열매는 갈라디아서 5장 22~23절에 기록되어 있다. 이웃 사랑의 실천, 환경과 인간 그리고 인간과 다른 인간, 공동체 구성원 간의 평화는 ESG경영의 정신과 바로 맞닿아 있다. '자비'와 '양선', '온유'도 결국 환경 보전, 생물다양성 등 환경성과와 불우한 이웃에 대한 자선과 배려와 공정한 대우, 친절함의 실천으로 실현되는 사회(S)적 가치와 연결될 수밖에 없는 열매이다.

'충성'은 어떠한가? ESG경영의 진정성과 바로 연결된다. 인간은 하나님이 맡겨주신 창조 세계를 선량한 관리자로서 잘 다스리는 책임과 의무를 다하라는 것이다. 마지막으로 '절제'는 말 그대로 자신에 대한 통제, 즉 인간의 죄성을 극복하기 위한 의지적 노력과 사회적 악이 일어나지 않도록 예방하는 제도를 만드는 것이 중요하다는 것이다. 이는 ESG경영의 마지막 요소, 거버넌스(G)와 직접 연결된다.

인간은 비록 땅의 흙으로 지음을 받았지만 하나님이 생기를 불어넣으심으로 살아있는 영혼(living soul)이 된 것이다. 영혼이 있는 존재만이 성령을 받을 수 있으며 성령의 9가지 열매를 맺을 수 있는 능력이 있다. AI의 지적 능력이 인간을 뛰어넘게 된다 할지라도 영적 존재가 아니므로 성령을 받을 수 없으며 성령의 열매를 맺을 수도 없다.

인간은 의지적으로 진정성을 가진 ESG경영을 실천할 수 있지만 AI는 혹시 강한 인공지능의 단계에 이른다 할지라도 스스로 진정성 있는 ESG경영을 실천할 수 없다는 것이다. AI는 인간이 ESG의 정신을 실현하는데 사용하는 도구로서만 존재의 의미가 있을 것이다. AI가 ESG경영에 어떤 도구적 가치가 있을 것인지에 대해 챗 GPT에 질문해 보았다. 그 답변은 우리가 일반적으로 논의해온 AI의 활용 범주를 크게 벗어나지 않는다.

첫째, AI 기반 시스템은 에너지 소비를 최적화하고, 자원 효율성을 개선하며, 기업이 탄소발자국(Carbon footprint, 개인 또는 기업이 활동하는 전체 과정을 통해 발생시키는 이산화탄소 총량) 등 환경성과를 높이기 위해 데이터 중심의 의사 결정을 내릴 수 있도록 지원할 수 있다. 예를 들어, 인공지능은 공급망을 최적화하고, 폐기물을 줄이며, 다양한 산업에서 에너지 관리를 강화하는 데 사용될 수 있다. AI는 환경 지속가능성을 촉진하는 데 중요한 역할을 할 수 있다는 것이다.

둘째, AI는 ESG의 사회적 측면에도 영향을 미친다. 의료, 교육 및 접근성과 같은 다양한 응용 프로그램을 통해 사회 복지에 기여할 수 있을 것이다. AI 기술은 의료 성과를 개선하고, 개인 맞춤형 교육을 제공하며, 장애인의 접근성을 높일 수 있는 잠재력을 가지고 있다.

셋째, AI는 조직 내 의사 결정 프로세스에 영향을 미쳐 ESG의 거버넌스(G) 측면과 관련된다. AI는 컴플라이언스와 모니터링을 자동화하고, 리스크관리 시스템을 개선하며, 부정행위를 탐지하고, 데이터 개인 정보를 보호하며, 기업 내의 투명성과 책임성을 높이는 데 도움을 주는 수단으로 기업 거버넌스 관행을 개선할 수 있다.

AI는 하나님이 생령(living soul)으로 창조된 존재가 아니다. 인간의 필요에 의해서 만들어진 도구에 불과한 것이다. 따라서 그 도구는 성령의 9가지 열매가 잘 반영되어 있는 ESG경영의 정신을 촉진하는 방향으로 책임감 있게 사용되어야 한다. AI는 인권을 존중하는 방식으로 작동되어야 하며, AI 기술의 적용에 따른 모든 결과(Outcome)에는 편견이나 차별이 개입되어 있어서는 안 된다. 성령의 9가지 열매에 반하는 가치가 나타나지 않도록 가능한 모든 알고리즘을 갖추도록 설계되고, 책임감 있고 윤리적인 방식으로 AI를 운영하는 것이 필수적이다.

5.2. 성경을 통해 보는 ESG 지속가능경영의 회의론 극복

성경에 나타나는 여러 예언은 단순하게 미래에 일어날 일을 사람들에게 알리는 목적에만 머물지 않는다. 성경의 예언은 이를 통해 하나님의 전능하심과 역사의 주관자이심을 나타냄과 동시에 진실을 선포하는 것이다. 그리고 그 진실에 비추어 인간이 어떤 삶을 살아야 하는지를 알려준다. 특히 하나님은 위기 상황 때마다 선지자의 예언을 통해 그의 백성들이 회개하고 돌이킬 기회를 주셨다. 예언은 절망에 처한 사람들에게 희망과 위로를 주기 위함이기도 했다.

성경에는 위기 상황에서 선지자를 통해 주신 예언에 대해 거짓 선지자들이 온갖 논리를 동원하여 군중들을 현혹하는 이야기가 나온다. 거짓 선지자들은 백성들이 처해 있는 상황을 설명하면서 자신이 불리한 내용은 각색하고 진실을 왜곡한다. 현실에 안주하기를 원하는 군중이 듣기 좋아하는 논리를 제시하며 인기에 영합한다. ESG경영이 나오게 된 주요 배경인 기후 위기와 관련되어서도 유사한 일들이 벌어지고 있다. 자신이 유리한 결과를 얻기 위해 진실을 숨기며 자신이 부담해야 할 책임에 대해서는 다른 사람 탓을 하거나 문제를 평가절하한다.

1980년대 후반 남북극 및 히말라야 만년설이 감소하는 현상이 두드러지기 시작했다. 해수면이 상승, 키리바시 등 남태평양 섬나라들을 비롯해 방글라데시 등 저지대 국가와 암스테르담 같은 저지대 도시가 수몰 위기에 놓이게 될 것이라는 경고가 나오기 시작한 것이다. 이러한 문제를 논의하기 위해1988년 설립된 국제기구가 '기후 변화에 관한 정부 간 협의체'(Intergovernmental Panel on Climate Change, IPCC)다. IPCC는 기후변화에 대한 과학적 규명을 위해 세계기상기구(WMO)와 유엔환경계획(UNEP)이 공동으로 설립하였다. IPCC는 연구

보고서를 통해 현재의 온실가스 배출 수준에 획기적인 변화가 없으면 기후 위기가 더욱 심화할 것이며 파국적인 상황이 초래될 것임을 계속해서 경고해 왔다.

여러 과학자도 인류를 파멸시킬 수도 있는 기후 위기를 피하고자 지구생태시스템 전체의 관리가 시급하다는 경고를 하고 있다. 예를 들어 2018년 스테판(Steffen) 등이 PNAS저널에 게재한 '인류세(人類世, 인류가 지구 기후의 생태계를 변화시켜 만들어진 새로운 지질시대)에 있어서의 지구 시스템의 궤적'(Trajectories of the Earth System in the Anthropocene) 논문을 보면 온실가스 배출에 따른 지구온난화가 임계점을 넘으면 생태계에 심각한 혼란을 초래할 것임을 보고하고 있다. 이러한 위기를 피하기 위해서는 세계 경제의 탈탄소화, 생물권 탄소 흡수원의 향상과 인간 삶의 행태를 바꾸는 등 인간의 집단적인 행동이 필요함을 강조하고 있다.

지구과학자 요한 록스트룀과 오웬 가프니도 2021년 출간한 '경계 해제: 지구 이면에 숨겨진 과학'(Breaking Boundaries: The Science Behind our Planet)에서 현재의 지구온난화는 회복 불가능한 임계점(tipping point)을 넘기 직전 상황이라는 경고를 하고 있다. 기후 위기를 인지한 과학자들의 진단이다. 더 나아가 기후 위기에 대처하기 위해서는 국제사회와 국가 및 기업 수준의 지배구조를 개선하고 우리 삶의 행태를 바꾸지 않으면 위험하다 경고하고 있다. 하지만 다른 일각에서는 기후 위기는 허구다. 위기의 실체는 없으며 인류가 배출하는 온실가스와 생태계 변화는 자연스럽게 균형을 이루게 될 것이라고 주장한다. ESG경영과 관련해서는 개별 기업의 환경경영 노력은 사회적 비용만 초래하는 무익한 시도라고 비판한다.

ESG경영에 대한 회의적인 시각은 국제 원자재와 곡물 가격이 크게 오르고 우크라이나 전쟁 이후 세계 에너지난이 지속되자 더욱 크게 나타나기 시작했다. 세계 최대 자산운용사인 블랙록은 2022년 6월 주주총회에서 "ESG를 투자 기준으로 삼겠다"는 과거 주장에서 한 발 후퇴하여 투자수익률 제고를 위해 "기업의 무리한 탄소중립 정책에 반대표를 던지겠다"고 태도를 바꿨다.

테슬라의 일론 머스크도 "ESG는 사기이며 엉터리 사회 정의 전사들이 그것을 무기화했다"라고 비판적인 입장을 제시했다. 유가 급등에 온실가스 배출의 주범인 화석연료 기반 에너지 기업의 주가가 급등함에 따라 ESG 투자에 대한 유인이 약해지고 그에 따라 기후위기에 대응하는 기업의 노력을 평가절하하는 시도가 나타난 것이다. 이러한 평가절하는 기업에 당장의 비용 절감과 이익을 가져다줄 수 있기에 너무나 매력적이다. 성경에도 하나님께서는 선지자의 예언을 통해 파멸의 길에 들어선 백성들이 회개하고 행동을 바꿀 기회를 주고자 한 사례가 다수 있다. 하지만 사적 이익을 위해 달콤한 말을 하는 거짓 선지자들을 믿고 임박한 위기에 대비하지 못함으로 백성들은 비극적인 결과를 겪어야 했다.

예레미야 28장에 보면 '하나냐'라는 거짓 선지자가 등장한다. 하나냐는 성전에서 제사장들과 모든 백성이 보는 앞에서 예언하기를 *"만군의 여호와 이스라엘의 하나님이 이같이 일러 말씀하시기를 내가 바벨론 왕의 멍에를 꺾었느니라"(예레미야 28:2)*라며 백성들에게 바벨론 세력이 멸망할 것이고 평화가 찾아올 것이니 위기의식에서 벗어나라고 안심시키고 있다. 예레미야 선지자가 다가올 외세의 침략과 민족의 위기에 대해 예언한 것을 무력화시키는 발언을 하는 것이다. 예레미야는 누구보다도 진심으로 민족의 지속적인 번영과 평화를 바라고 이를 위해 백성들이 회개하고 그들이 삶의 행태를 바꾸라고 선포하였다. 이러한 변화가 없이는 위기가 찾아올 것임을 예언하였다. 반면에 거짓 선지자는 그럴듯한 논리로 평화를 선포하며 백성들을 현혹하여 미래에 발생할 위기를 반전시킬 기회를 빼앗아 버렸다.

평안한 시기에 위기 상황을 준비하는 것은 누구에게나 하기 싫은 일이다. 현재의 안락함을 포기하고 불편함을 감수해야 하기 때문이다. 하나냐가 전한 축복과 달콤한 예언에 사람들은 열광한 이유도 같았다. 인기에 영합하려는 지도자가 거짓 공약을 남발하게 되는 이유다. 예레미야는 진실을 깨닫고 위기에 반응했던 반면, 하나냐는 자기가 유리한 방향으로 하나님의 뜻을 왜곡했다. 더 나쁜 것은 백성들이 자신의 의무와 책임을 다하지 않고 현재의 특권만을 누리려는 죄성을 방관한 것이었다.

기후 위기에 대응하는 ESG경영에 대한 회의적 시각에 대해 성경은 *"평안하다 안전하다 할 그때에 멸망이 갑자기 이르리니 결코 피하지 못할 것이라는 것"(데살로니가전서 5:3)*이라는 경고를 하고 있다. 이어서 사도 바울은 우리에게 *"오직 깨어 정신을 차릴지라"(데살로니가전서 5:6)*고 전하면서 ESG경영에 대한 회의론을 극복하라 제안하고 있다.

5.3. 성경 속의 ESG 지속가능금융

2022년 1월 4일 제정된 '지속가능발전 기본법'에 따르면, "지속가능성이란 현재 세대의 필요를 충족시키기 위하여 미래세대가 사용할 경제·사회·환경 등의 자원을 낭비하거나 여건을 저하(低下)시키지 아니하고 이들이 서로 조화와 균형을 이루는 것"을 말한다. 지속가능성은 시대를 초월한 공정과 이웃 사랑 정신으로 기독교적 가치관과 일치한다고 볼 수 있다.

한편 "지속가능발전은 지속가능성 정신에 기초하여 경제성장, 사회의 안정과 통합 및 환경 보전이 균형을 이루는 발전"을 말하는데

(지속가능발전법 2조), 기후리스크 심화와 기업의 사회적 책임에 대한 요구가 크게 증가함에 따라 금융기업에서도 지속가능발전에 기여하기 위한 지속가능금융 부문을 크게 강화하고 있다.

유엔환경계획 금융이니셔티브(UNEP FI)와 IMF는 지속가능금융을 금융산업에서 경제활동이나 프로젝트에 대한 투자의사 결정을 할 때 환경, 사회, 지배구조(ESG) 원칙을 고려하는 과정(process)으로 정의하고 있다.

은행 등 금융기업들은 지속가능금융을 구체적으로 실천하기 위해 위기 상황에 처한 소상공인과 소외계층을 위한 금융서비스를 확대하고, 탄소 및 오염물질 배출을 줄이기 위한 저리 대출, 친환경 프로젝트를 위해 기업이 발행하는 그린본드 투자 등에 적극 나서고 있다. 이와 더불어 자산운용사, 연금 및 기금 등 기관투자가들도 모범적으로 ESG경영을 실천하는 기업에 적극적으로 투자하거나 ESG경영에 소홀한 기업을 투자 포트폴리오에서 제외하는 방식으로 지속가능금융에 나서고 있다.

성경에는 금융기업이 등장하지 않지만, 사람들에게 돈이 빌려주는 채권자, 돈을 빌린 채무자, 그리고 채무자가 갚아야 하는 이자와 원금에 대한 이야기가 등장한다. 시대를 막론하고 빈부 격차는 존재했고 위기 상황에 처한 소외계층은 늘 있었다. 이러한 상황은 이스라엘 민족이 이집트에서 탈출하여 광야 생활을 하는 중에도 예외가 아니었기에 모세 오경인 출애굽기와 신명기에도 소외계층에 대한 금융 이야기가 등장한다.

유대 광야에서 떠돌이 생활을 하는 와중에서도 다양한 수단으로 부를 축적한 사람들은 자신이 가진 돈과 물질을 필요한 사람에게 빌려주고 이자를 받았던 것 같다. 출애굽기 22장 25절 말씀을 보면 *"네가 만일 너와 함께 한 내 백성 중에서 가난한 자에게 돈을 꾸어주면*

너는 그에게 채권자 같이 하지 말며 이자를 받지 말 것이며" 기록되어 있다.

하지만 현실사회에서 채권자에게 이자를 받지 못하도록 법으로 정한다면 자신이 가지고 있는 돈을 필요한 사람들에게 빌려주지 않을 것이다. 자신의 노력으로 벌어놓은 결과인 돈과 물질을 대가 없이 다른 사람에게 빌려주라는 요구는 정당하지 않다고 생각할 것이기 때문이다.

돈을 빌리는 사람도 대가 없이 돈을 빌릴 수 있다고 생각하면 도덕적 해이(moral hazard)가 발생할 수 있다. 따라서 출애굽기 22장의 "이자를 받지 말 것"은 문자적으로 이자를 전혀 받지 말아야 한다기보다는, 형편이 어려운 사람에게 돈을 빌려주는 경우 그 사람의 처지와 상황을 고려하여 이자를 무리하게 요구하지 말라는 의미일 수 있다. 물론 정말 위기 상황에 처한 이웃이 있다면 재정적으로 여유가 있는 사람이 자비를 베풀어 이자를 받거나 원금을 회수하기를 기대하지 말고 순수하게 도와주라는 의미일 것이다. 이는 ESG경영에서 사회공헌활동 중 불우이웃에 대한 기부금에 해당할 것이다.

신명기 23장 19~20절에 보면, *"네가 형제에게 꾸어주거든 이자를 받지 말지니 곧 돈의 이자, 식물의 이자 이자를 낼만한 모든 것의 이자를 받지 말 것이라 타국인에게 네가 꾸어주면 이자를 받아도 되거니와 네 형제에게 꾸어주거든 이자를 받지 말라 그리하면 네 하나님 여호와께서 네가 들어가서 차지할 땅에서 네 손으로 하는 범사에 복을 내리시리라"* 기록하고 있다. 다만 이자에 대한 감면은 형제에게만 적용되고 타국인에게는 적용되지 않는다고 이야기한다.

신명기 23장에 언급된 '형제'는 위기 상황에 처한 이웃을 의미한다. '돈의 이자'는 원금에 대한 이자이며, '식물의 이자'는 생존의 필수 조건인 음식을 구하기 위해 빌린 돈에 대한 이자를 의미한다. 출애굽 당시에는 채권자의 판단에 따라 이자율 등 대출 조건이 정해졌을 것이다. 이 말씀은 위기 상황에 빠진 채무자에게 과도한 부담을 주지 않기 위한 사회적 배려를 반영한 것으로 오늘날의 지속가능금융 정신과 연결된다.

영화에 등장하는 사설 금융업자인 사채업자들은 어려운 사람에게 급전을 빌려주고 불공정한 담보 요구, 매우 높은 이자를 요구하며 폭력을 동원한 채권추심으로 사회의 비난을 받아왔다. 지속가능금융 정신과는 상반되며 매우 비성경적인 대출이다.

출애굽기 22장 26~27절에도 담보대출과 관련된 내용이 기술되어 있다. *"네가 만일 이웃의 옷을 전당 잡거든 해가 지기 전에 그에게 돌려 보내라, 그것이 유일한 옷이라 그것이 그의 알몸을 가릴 옷인즉 그가 무엇을 입고 자겠느냐 그가 내게 부르짖으면 내가 들으리니 나는 자비로운 자임이니라"* 말씀하고 있다. 위기에 처한 채무자에 대한 배려와 자비를 베풀라는 것이다.

한편 신명기 15장에는 채무 탕감에 대한 이야기가 나온다. *"매 칠 년이 끝날 때마다 이웃에게 돈을 빌려준 채권자는 채무를 탕감해 주어야 한다"*는 내용이다. "이 명령을 지켜 행하면 하나님 여호와께서 기업으로 주신 땅에서 반드시 복을 받을 것"이라 말씀한다. 단기적으로는 비용이 되겠지만 장기적으로 높은 가치가 실현될 것이라는 의미이다.

출애굽기와 신명기에 기록된 이자 면제와 원금 탕감에 대한 내용은 고대 이스라엘 사람들에게 자신의 소유를 모두 이집트 땅에 두고 떠날 수밖에 없었던 당시의 시대적 상황 속에서 위기 상황에 몰린 공동체의 구성원을 구하고 가나안땅 정복이라는 공통의 목표를 이루기 위해 필수적이었다. 또한 하나님 사랑, 이웃 사랑이라는 율법의 정신이 반영된 지속가능금융의 출애굽 시대 발 실천이었다.

글로벌 자산운용회사인 블랙록은 홈페이지에 기존의 ESG 투자 중심 전략에서 벗어나 전환(Transition) 투자로 방향을 넓힌다고 밝히고 있다. "이 변화는 ESG 자체를 포기하거나 후퇴한다는 의미가 아니라, 보다 적극적으로 탈탄소·에너지 전환을 지원하는 방식으로 투자 전략의 초점을 재조정하는 조치"라는 것이다. 블랙록이 기존의 ESG 중심 투자에서 "전환(Transition) 투자"로 방향을 넓히는 결정은, 단순히 외형적으로 선한 기업을 선별해 보상하는 방식에서 벗어나, 지금 변화가 가장 절실한 산업과 기업을 실제로 변화시키기 위해 자본을 투입하는 적극적 개입 전략으로 볼 수 있다. 이는 성경적 관점에서 볼 때, 의로운 자만 돕는 것이 아니라 변화의 가능성을 가진 자와 약한 자를 회복시키는 하나님 나라 원리와 연결될 수 있다. 마가복음 2장 17절에 *"건강한 자에게는 의원이 쓸데없고 병든 자에게라야 쓸데 있느니라."*는 말씀과 같이 변화가 필요한 기업을 지원하겠다는 것이다.

블랙록은 "최근 수년간 수십억 달러 규모의 청정에너지·인프라 프로젝트에 투자하고 있으며, 이는 단순히 ESG 점수가 높은 기업에 투자하는 것을 넘어, 현재 탄소집약적 구조를 가진 기업이라도 실제로 탈탄소를 실행 중인 기업에 자본을 투입하겠다는 전략적 선택"이라고 밝힌다. 이러한 전략은 "강도 만나 위기에 처한 곳에 가까이 가서 기름과 포도주를 상처에 붓고 비용을 지불한(누가복음 10:30~35)" 선한 사마리아인의 방식과 일관성이 있다. 성경이 말하는 정의(justice)는 단순한 "평가"가 아니라 관계적 회복과 구조적 개입을 뜻하기 때문이다. 정의는 표로만 존재하는 평가가 아니라, 변화를 만드는 행동이어야 한다. 실제로 높은 배출을 줄이고 사업구조를 바꾸는 과정에 있는 기업들에게 자본을 공급해야만 기후 대응이 현실화될 수 있다는 판단이다. 지속가능 투자 패러다임의 성숙을 보여주는 중요한 변화일 수 있다.

2025년 중에도 국내외 금융기업들이 친환경 금융, 소외계층 금융 지원, 사회공헌활동, 친환경 전환 등 ESG경영 실천에 적극 나서고 있다는 기사가 수시로 언론 기사로 올라오고 있다. 금융기업의 ESG 경영을 향한 노력은 하나님이 창조하신 아름다운 자연을 잘 보존하고 가꾸며, 이웃 사랑을 실천하는 기독교적 가치관과 일치한다.

5.4. ESG 성과평가와 성경에 나타난 교회 평가

예수님이 오늘날의 기업을 평가하신다면 어떤 요소를 주요 평가 지표로 사용하실까? 사도 요한을 통해 우리에게 말씀하신 요한계시록에 등장하는 일곱 개 교회에 대한 평가를 통해서 2025년 현재 진행형으로 활발하게 논의되고 있는 ESG 평가의 원리를 찾을 수 있지 않을까 생각된다.

MSCI, S&P, Bloomberg, Thomson Reuters, FTSE Russel 등 ESG 전문평가기관이나 의사 결정에 ESG 성과를 반영하려는 투자자, 채권자, 소비자 등은 기업에서 공시하는 지속가능경영보고서(또는 ESG 경영 보고서)나 홈페이지에 공개되는 ESG 지속가능경영 관련 활동 보고서를 참고하게 된다. 이러한 ESG 정보를 체계적으로 제공하기 위해 기준을 제시하는 국제적인 기구가 있는데 GRI, SASB, ISO, GHG Protocol이 그들이다. 이들 중 현재 가장 광범위하게 채택되어 전 세계 기업의 지속가능경영보고서 작성 시 인용되는 체계가 GRI (Global Reporting Initiative) 지침이다.

GRI가 제시하는 여덟 개의 작성 원칙 중에는 지속가능성 문맥 (sustainability context), 완전성(completeness), 정확성(accuracy) 등이 들어가 있다. 지속가능경영보고서에는 인류가 직면한 시급한 환경, 사회, 경제적 과제를 해결하고 지속가능한 발전(sustainable development)을 이루기 위해 기업이 이해관계자로 표현되는 공동체에 어떠한 영향을 주고 있는가에 대한 정보가 포함되어 있는데, 이러한 정보는 정확하고 완전하며 목적 적합하게 반영되어 있어야 한다는 것이다. 즉 제공된 정보는 기업이 얼마나 진정성 있게 ESG경영을 실천하고 있는지 평가할 수 있도록 일정한 질적 특성을 갖추자는 것이다.

국제회계기준재단(IFRS Foundation)에 합병된 또 다른 ESG경영보고서 작성기준 제정 기관인 '가치보고재단(VRF)'의 '지속가능회계기준위원회(SASB) 기준'에도 유사한 보고서 작성원칙을 제시하고 있다. ESG 지속가능경영 활동에 대한 기업의 진정성을 확인할 수 있는 정보가 중요하다는 것이다.

요한계시록 2장과 3장에 보면 예수님께 칭찬받은 교회와 책망받은 교회 일곱교회가 등장한다. 그중 빌라델비아교회는 서머나교회와 더불어 예수님께 칭찬만 받은 교회이고, 라오디게아 교회는 책망만 받은 교회이다. 신약 성경의 제일 마지막 권인 요한계시록은 핍박과 고통을 당하는 일곱 교회의 성도들을 위로하고 용기를 주고자 예수 그리스도의 계시를 받은 사도 요한이 쓴 서신서이다.

역사학자들은 사도 요한이 이 서신을 기록한 시기가 서기 90년대 도미티아누스 황제가 로마 제국의 황제를 신으로 섬겨야 한다고 선포하고 자신을 우상화하면서 이에 반대하는 세력을 탄압하던 시기인 것으로 보고 있다. 빌라델비아교회가 무엇 때문에 예수님께 칭찬을 들었고 라오디게아 교회는 책망만 받은 교회가 되었는지를 살펴보면 21세기 기업이 ESG 전략을 세우는 데 도움이 될 수 있다.

빌라델비아라는 도시명 원래의 의미는 헬라어의 사랑이란 뜻의 '필로스(philos)'와 형제라는 뜻인 '아델포스(adelphos)'라는 말의 합성어로 '형제사랑'이라는 뜻이다. 미국 펜실베이니아주에 있는 필라델피아도 이 이름에서 유래된 것이다. 빌라델비아교회가 칭찬을 받은 가장 큰 요인은 ESG 지속가능경영의 핵심 요소와 맞닿아 있다.

빌라델비아교회는 일곱 교회 중에서 가장 역사가 짧고 규모도 가장 작았다. 옆에 있는 라오디게아 교회와 같은 재력과 영향력도 없었다. 라오디게아교회는 경제적으로 풍요로웠지만, 타성에 빠진 신앙생활을 하고 있다고 책망을 들었던 교회이다. 요한계시록 3장 17절에 보면 예수님은 라오디게아 교회에게 *"네가 말하기를 나는 부자라 부요하여 부족한 것이 없다 하나 네 곤고한 것과 가련한 것과 가난한 것과 눈먼 것을 알지 못하는도다"* 책망하신다. 안락함과 자만에 빠져 공동체에서 일어나고 있는 여러 가지 문제들에 대해서는 눈을 감고 있다는 것이다. 이웃에 대한 관심이 메말라 버린 자기중심적인 라오디게아 교회에 대한 예수님의 평가인 것이다. 라오디게아 교회는 마치 지난 수십 년간 우리가 관찰한 지역사회의 이웃과 기업 시민으로서의 역할을 소홀히 했던 일부 기업의 모습과 같다.

빌라델비아교회는 에베소교회처럼 두란노서원 같은 체계적인 교육프로그램도 없었고 성도들은 대부분이 가난한 하류 계층 사람들로 구성되어 있었다. 빌라델비아 교인들이 사회 최하류층의 삶을 산 이유가 있다. 그들이 배우지 못했거나 게을렀기 때문이 아니라 자신들의 신앙의 순수성을 지키기 위해 황제 숭배에 동참을 요구하는 상인조합에 가입하지 않았기 때문이다.

또한 권력자들과의 사교를 위해 어쩔 수 없이 온갖 향락적인 모임에도 참석해야 하는 상황을 피해 신앙의 진정성을 지켰기 때문이기도 하다. 우상숭배를 하지 않고 부패한 기득권 사회에 들어가지 않게 되면서 어려운 삶을 살 수밖에 없는 처지가 된 것이다. 힘들고 어려운 형편 속에서도 빌라델비아교회의 성도들은 신앙을 지키고 교회와 공동체를 위해 헌신했다. 빌라델비아 지역은 포도 농사에 가장 적합한 땅을 가지고 있었기 때문에 포도주 산업으로 유명했다.

빌라델비아 교인들은 경제적 어려움에도 불구하고 소아시아 지역 작은 교회들이 성찬에 쓸 포도주를 정성을 다해 준비해 무료로 공급하기도 했다. 이들의 진정성 있는 믿음의 헌신에 예수님이 감동하신 것이다. 빌라델비아교회는 ESG 지속가능경영에서 거버넌스(G)에 해당하는 윤리경영을 실천하며 사회적 책임(S)에 해당하는 어려운 이웃을 돕는 사회적 책임에 최선을 다하는 신앙공동체였다는 것이다. 기쁨으로 예수님의 고난에 동참했으며 작은 능력에도 불구하고 그들이 산출한 ESG 지속가능경영의 성과는 예수님의 최고의 칭찬을 받은 것이다.

요한계시록 3장의 말씀은 예수님은 단순히 숫자의 크기로 기업의 ESG 성과를 평가하지 않으실 것이라는 것을 명확히 알려준다. 예수님이 교회를 평가하신 방식은 ESG 지속가능경영의 평가 시에도 반드시 고려되어야 할 중요한 원리가 될 수 있다. 규모와 관계없이 변치 않는 진정성을 가진 지속적인 ESG 지속가능 경영 활동을 소비자들이 높게 평가하고 시장에서도 그들의 진정성이 더욱 높게 평가받을 날이 반드시 올 것이다.

5.5. ESG 워싱과 기독교

마태복음 23장에는 외식하는 서기관들과 바리새인들에게 예수님께서 회개를 촉구하는 이야기가 나온다. 13절에 보면, *"화 있을진저 외식하는 서기관들과 바리새인들이여 너희는 천국 문을 사람들 앞에서 닫고 너희도 들어가지 않고 들어가려 하는 자도 들어가지 못하게 하도다"*라고 책망하고 있다. 여기서 외식(外飾)하는 자란 겉으로는 정의롭고 선한 의지를 가진 것처럼 행동하지만 내면에는 이기적인 동기를 숨기고 배려심이 없는 편견이 가득한 자라는 뜻이다. 이를 우리는 위선자(hypocrite)라고 부른다.

예수님은 당시의 서기관과 바리새인들이 율법의 근본정신은 잃어버리고 정의로움의 외관만 흉내 내는 위선자라고 꾸짖고 있는 것이다. 바리새인과 서기관들은 율법을 철저하게 지키는 자신들이야말로 유대 사회의 진정한 주인이라고 생각하고 자신의 기득권을 지키기 위해 위선적인 삶을 고수했다. 예수님은 이러한 위선적이고 자기중심적인 사고를 비난하고 계신 것이다.

ESG경영에도 이와 유사한 사례가 있는데, 바로 ESG 워싱(washing)이다. ESG 워싱은 환경(E), 사회(S), 지배구조(G) 각 지표의 의미에 대한 이해와 개선에 대한 의지 없이 외관적으로만 환경과 사회적 가치를 높이는 것처럼 위장하는 것을 의미한다. 이런 ESG 워싱에 대한 기업 사례를 들어보면 기업이 제품을 생산하는 과정에서 발생하는 환경오염 문제는 숨기고 일부 친환경 특성만 부각한다든가 수질오염의 심각성은 축소하고 탄소 배출량 절감만을 강조하는 모순 감추기, 플라스틱 용기의 겉을 종이로 감싸서 친환경이라는 인상을 주려는 속임수, 그린본드로 조달된 자금을 원래의 의도와 다른 용도로 사용하는 기만행위 등을 포함한다.

ESG워싱을 조금 더 구체적으로 나누어보면, 그린워싱(greenwashing)과 블루워싱(bluewashing), 퍼플워싱(purplewashing) 등이 있다. 그린워싱이란 기업이 친환경적인 이미지를 외부에 보여주기 위해 자신을 자연 친화적인 초록색 외형으로 포장하는 것이다. 친환경 경영을 하고 있다고 외부 기관의 인증을 받고 대대적인 광고를 하며 각종 홍보성 자연보호 행사를 진행하지만 장기적 효과와 진정성을 확인하기는 어렵다.

블루워싱이란 기업이 사회적 책임을 충실하게 수행하고 있다고 선전하지만 현실은 협력업체에 대한 부당한 거래조건을 관행적으로 부과하고, 근로기준법을 수시로 위반한다든지, 인권침해와 부실한 안전사고 예방조치 등이 광범위하게 행해지는 사례를 말한다.

한편 친 여성, 친 소수자를 위한다고 소비자들의 감성에 호소하지만 현실은 상업적이거나 정치적인 의도를 가지고 행하는 퍼플워싱과 효과적인 내부통제와 지배구조를 가지고 있음을 외부적으로 홍보하지만 현실은 기업가치를 훼손하는 불공정하고 비윤리적 행위가 경영진에 의해서 저질러지는 경우도 또 다른 형태의 ESG 워싱에 해당할 것이다.

13절 하반절에는 *"천국 문을 사람들 앞에서 닫고 너희도 들어가지 않고 들어가려 하는 자도 들어가지 못하게 하도다"*라고 말씀하신다. 이 말씀은 지도자들의 위선적 모습으로 인해 그들 자신뿐만 아니라 다른 사람들까지 구원을 받지 못하게 막고 있음을 지적하며 책망하는 것이다. 기업의 경영자들은 많은 청소년의 롤 모델이며 세상에 선한 영향을 줄 수 있는 지도자들이다. 경영자들이 어떤 모습으로 ESG경영을 실천하는지가 미래세대의 가치관에 더욱 큰 영향을 줄 수 있다는 것이다. 오늘날 만인 제사장인 크리스천들은 어떤가. 이를 ESG 관점에서 자문해 볼 수 있다. 스스로 낮아지고 교회와 일터에서 근면과 성실에 더하여 혁신을 통해 하나님 나라의 가치 창출을 하고 있는지 돌아보아야 한다는 것이다.

23장 23절에 예수님께서는 *"화 있을진저 외식하는 서기관들과 바리새인들이여 너희가 박하와 회향과 근채의 십일조는 드리되 율법의 더 중한 바 정의와 긍휼과 믿음은 버렸도다 그러나 이것도 행하고 저것도 버리지 말아야 할지니라"*라고 말씀하고 있다. 이 말씀을 ESG경영에 연결시켜 보면 적절한 수준의 투자와 더불어 정의와 긍휼의 정신을 근간으로 한 진정성이 담보되지 않는 ESG 워싱에 대해서는 하나님이 기뻐하지 않으실 것이라고 경고하는 말씀이다.

크리스천의 ESG경영은 삶 속에서 위싱의 유혹을 뿌리치고 권리를 요구하기에 앞서 자신의 의무를 교회와 일터에서 다하고 있는가를 돌아보는 데서 출발한다. 하나님은 우리가 만들어가는 진정성 있는, 긍정적 작은 변화를 기쁘게 생각하신다.

5.6. ESG 행동주의와 기독교적 청지기 정신의 만남

ESG 생태계는 공공부문, 기업, 시민사회, 소비자 등 다양한 이해관계자가 상호작용하며 공동으로 구축해 나가야 하는 구조이다. 기독교적 관점에서 보면 이는 창세기 2장 15절에서 하나님이 인간에게 맡기신 *"지키고 가꾸라"*는 명령의 현대적 실천이기도 하다. 즉, 창조세계의 보전은 특정 기업이나 투자자만의 책임이 아니라 공동체 전체가 함께 감당해야 할 청지기적 책무이다.

그러나 ESG경영은 선언적 구호에 머물면 취약해질 수 있다. 프랑스 다논의 사례처럼 ESG를 표방했음에도 기업 성과가 흔들리자 행동주의 펀드에 의해 CEO가 해임된 사건은, 이해관계자와 주주의 이익이 조화를 이루지 못할 때 ESG가 내·외부의 압력으로 쉽게 흔들릴 수 있는 현실을 보여준다. 기독교적 가치관은 이러한 한계를 지적하며, 기업이 사람을 귀하게 여기고 단기 이익보다 공동체의 선을 추구하는 방향으로 거버넌스와 조직 문화를 변화시키는 '책임 경영'이 필요하다고 말한다. 이는 이사야 1장 11절이 말하는 형식적 제사를 경고하는 말씀처럼, 겉모양만 거룩한 ESG가 아닌 진정성 있는 회개와 변화가 뒤따라야 함을 의미한다.

(이사야 1:11)
여호와께서 말씀하시되 너희의 무수한 제물이 내게 무엇이 유익하뇨 나는 숫양의 번제와 살진 짐승의 기름에 배불렀고 나는 수송아지나 어린 양이나 숫염소의 피를 기뻐하지 아니하노라

ESG의 성공에는 경영진의 의지뿐 아니라 내부 임직원의 인식 변화가 필수적이며, 소비자 주도형 행동주의 역시 중요한 축이다. '미닝 아웃' 소비 경향은 소비가 단순한 경제 행위가 아니라 윤리적 선택임을 보여준다. 신앙적 관점에서는 소비자 역시 창조 세계의 일부를 맡은 청지기로서, 소비 행위를 통해 이웃 사랑과 피조 세계 돌봄을 실천하는 존재이다. 기후 위기, 세대 변화, 투자 방향의 전환은 하나님께서 오늘의 세상에 던지시는 "회개의 메시지"로도 읽을 수 있다. 기업이 지속가능성을 추구하는 것은 경제 전략 이전에 하나님이 맡기신 소명을 감당하는 영적 행위이다. 시민사회는 공공성을 지키는 '사회적 예언자'의 사명을 띠고 공동체에 투명성과 책임성을 요구해야 한다.

아마존의 '기후정의를 위한 직원 모임(Employees for Climate Justice)'은 이러한 ESG 행동주의가 기업 내부에서 어떻게 작동하는지 보여준 대표적 사례이다. 직원들은 탄소중립 선언, 재생에너지 전환, 공급망의 지속가능성 확보, 투명한 ESG 보고를 요구하며 기업의 존재 목적을 재정립하도록 촉구하였다. 이는 아모스 5장 24절의 *"정의가 강물처럼 흐르게 하라"*는 말씀을 기업 현장에서 실천한 모습과 같다. ESG 행동주의 기업은 단순히 환경·사회 요소를 고려하는 곳이 아니라 창조 세계의 청지기이자 이웃 사랑의 실천 공동체가 되어야 한다.

또한 2000년대 초 아프리카 분쟁 광물 문제는 ESG가 인권·정의와 어떻게 연결되는지 보여주는 중요한 사례이다. 기관투자자와 시민사회는 기업에게 광물 공급망의 투명성을 요구하였고, 그 결과 「도드-프랭크 법」이 제정되었다. 해당 법은 기업에게 분쟁 광물 사용 여부를 공개하고 검증받을 의무를 부여함으로써 세계적으로 확산된 ESG 규제의 출발점이 되었다. 이는 시편 85편 10절이 말하는 *"인애와 진리가 같이 만나고 의와 화평이 서로 입맞추었으며"*를 제도적으로 구현한 사례이며, 하나님의 창조 질서를 회복하려는 현대 사회의 공동 노력이라 할 수 있다.

기독교적 관점에서 보면, 소비자, 투자자, 시민사회 그리고 기업이 연대하여 시장과 제도를 변화시키는 모든 흐름은 상호 호혜를 추구하는 균형잡힌 지속가능성 이웃 사랑, 청지기적 소명의 현대적 표현이다. ESG경영은 단순한 경영 전략이 아니라 하나님 나라의 정의와 평화를 이 땅에 드러내는 방식이며, 창조 세계를 향한 하나님 뜻에 응답하는 신앙적 실천이다. 즉, ESG 지속가능경영은 기독교적 청지기 정신이 사회·경제 영역 속에서 구체화된 형태이며, 사회의 다양한 구성원이 함께 감당해야 할 영적 책임의 한 방식이다.

에필로그(epilogue)

ESG 지속가능경영은 더 이상 기업의 선택적 전략이나 일시적 유행이 아니다. 기후 위기와 생태계 붕괴, 전쟁과 팬데믹, 그리고 심화되는 사회적 양극화가 서로 얽히며 인류 공동체의 생존과 존엄을 위협하는 오늘의 현실 속에서, ESG 경영은 우리가 어떤 경제를 만들고 어떤 공동체를 지향하며 살아갈 것인가를 묻는 문명사적 질문으로 우리 앞에 서 있다. 이 질문은 단순히 "더 효율적인 경영 방식은 무엇인가?"라는 실무적 논의를 넘어, "우리는 누구이며, 어떤 존재로 살아가야 하는가?"라는 보다 근원적인 신학적·윤리적 성찰로 우리를 이끈다. 바로 이 지점에서 기독교는 방향을 제시하고, 빛을 비춘다.

기독교는 현실을 외면하고 내세만을 바라보는 도피적 종교가 아니다. 오히려 그것은 창조 세계인 자연을 보존하고 공동체를 돌보는 실천으로 이어지는 영적 힘의 원천이다. 하나님께서 인간에게 맡기신 피조세계에 대한 청지기의 직분은 수천 년 전 구약성경에 제시된 계명에 머물러 있는 것이 아니라, 21세기 인류가 맞이한 기후 위기와 사회·경제 시스템의 전환기속에서 우리가 어떻게 살아야 하는지를 가리키는 나침반과 같다. 성경의 메시지는 시대를 넘어 일관되게 흐른다. *"정의가 강물처럼 흐르게 하라"(아모스 5:24), "서로 짐을 지라"(갈라디아서 6:2), "땅을 경작하며 지키라"(창세기 2:15)* 이 말씀들은 소비와 성장 중심으로 달려온 인간 문명을 향한 하나님의 오래된 부르심이며, 동시에 ESG 경영이 지향하는 방향과 깊이 맞닿아 있다.

성경 속의 선지자들과 예언자들은 인간의 탐욕이 초래하게 될 비극과 고통을 끊임없이 경고한다. 생산성과 효율성을 절대화해온 21세기 경제 시스템은 종종 인간의 존엄과 자연의 질서를 희생시켜 왔고 결과적으로 그 피해는 가장 약한 이웃과 미래 세대에게 전가되었다. 이 지점에서 기독교적 가치는 인류에게 결정적인 전환을 요청한다. ESG경영은 단지 리스크를 관리하기 위한 기술적 수단이 아니라, 탐욕에서 회개하고 다시 하나님께로 돌아가는 공동체적 회심과 전환의 과정이 될 수 있다. 법적·경제적 실체로서의 기업 역시 이웃 사랑의 실천자로 부름받아 있으며, ESG 지속가능경영은 기업의 부가가치 창출과정에서 그 부르심에 응답하는 하나의 구체적이고 균형잡힌 방식이다. ESG 경영은 환경과 사회 문제해결에 기여함으로 공동체적 가치를 높이고 인류의 지속가능한 발전에 기여한다.

ESG 지속가능경영이 길은 순탄치 않을 수 있다. 경영의사결정은 수많은 딜레마에 직면할 수 있고 현실은 여전히 갈등과 긴장으로 가득하다. 단기적 수익성과 효율성 논리는 기업의 가치 창출 기반이 되는 인류의 보편적 문제와 지구 환경문제를 함께 고민하는 경영자들에 대해 비용을 절감하고 더 많은 이익을 올리라고 끊임없이 압박한다. 단기 성과에 미달하면 보상이 줄어들고, 때로는 경영자의 자리마저 위협받는다. ESG 경영이 투자자 논리와 충돌하는 사례도 존재하며, 그린워싱처럼 ESG 자체가 왜곡되고 오염될 위험도 분명히 존재한다. 그러나 이러한 긴장과 충돌은 새로운 질서를 향한 전환기에서 피할 수 없는 진통이다. 우리는 지금 이윤 극대화의 논리와 지속가능성의 가치가 충돌하는 중간 지점, 곧 전환의 한복판에 서 있다. 이 자리에서 본서는 기업의 경영자에게 다음 세대를 향한 방향을 신학적·윤리적 언어로 분명히 제시하는 것이다.

기독교적 관점에서 ESG 지속가능경영은 단순한 경영의 전략적 도구가 아니라, 새 창조와 사회적 성화의 비전을 기업 세계 안에서 구현해 나가는 여정이다. 그 여정은 완전하지 않을 것이며 때로는 후퇴하는 것처럼 보일 수도 있다. 그러나 하나님의 나라의 정의와 평화는 언제나 작은 씨앗으로 시작되었다(마태복음 13:31–32). 그 씨앗은 인간의 계산이 아니라 하나님의 신실하심 속에서 자라난다. 오늘날 기업이 선택하는 ESG의 실천 역시 그러한 씨앗일 수 있다. 그러므로 우리는 비관이 아니라 희망의 신학으로 ESG를 바라보아야 하며, 회피가 아니라 책임의 영성으로 이 과제에 응답해야 한다. 기업의 ESG 경영을 향한 작은 변화, 소비자의 의식 있는 선택, 지역사회의 참여, 그리고 국제사회의 협력과 실천은 모두 한 방향을 가리킨다. 그것은 "하나님 보시기에 좋은 세계"를 다시 회복하는 길이다.

이 책의 결론은 분명하다. ESG 지속가능경영은 기독교적 청지기 정신의 현대적 실현이며, 하나님의 나라의 윤리를 경제와 경영의 언어로 번역하려는 시대적 소명이다. ESG 경영은 탐욕을 신뢰하던 시대에서 책임과 돌봄을 신뢰하는 시대로의 전환을 상징한다. 그것은 회개에서 회복으로, 그리고 회복에서 새 창조로 나아가는 신앙 여정의 한 과정이다. 이제 우리는 선택의 문 앞에 서 있다. 탐욕의 논리와 가치의 논리를 분리된 두 세계로 볼 것인가, 아니면 하나님의 창조 세계 전체를 하나의 예배 공간으로 이해하고 그 안에서 청지기의 삶을 살아갈 것인가이다. ESG 경영은 완성된 해답이 아니라 함께 답을 찾아가는 여정이다. 그러나 그 여정의 끝에는 분명히 "새 하늘과 새 땅"의 희망이 우리를 기다리고 있다.

참고 문헌(References)

관계부처합동, K-ESG 가이드라인, 2021.

환경부, 공급망 대응 K-ESG 가이드라인, 2022.

멕페이그·셀리, 장윤재·장양미 역, 풍성한 생명, 이화여자대학교출판문화원, 서울, 2008.

이호영, 이호영 교수의 ESG와 기독교시리즈, 국민일보, 2023.

ABC News. March 27, 2025. Honey bee colonies could fact 70% losses in 2025, impacting agriculture. Retrived from: https://abcnews.go.com/US/honey-bee-colonies-face-70-losses-2025-impacting/story?id=120191720&utm_source=chatgpt.com

Bloomberg. 2024. Global ESG assets predicted to hit $40 trillion by 2030, despite challenging environment, forecasts. Retrieved from: https://www.bloomberg.com/company/press/global-esg-assets-predicted-to-hit-40-trillion-by-2030-despite-challenging-environment-forecasts-bloomberg-intelligence/?utm_source=chatgpt.com.

CBS News. Kerry Breen. March 29, 2025. Millions of bees have died this year. It's "the worst bee loose in recorded history," one beekeeper says. Retrived from: https://www.cbsnews.com/news/bee-deaths-food-supply-stability-honeybees/?utm_source=chatgpt.com.

GSIA. 2023. Fifth Global Sustainable Investment Review (GSIR) Biennial Report. Global Sustainable Investment Alliance.

MSCI. 2022. ESG Ratings. Measuring a company's resilience to long-term, financially relevant ESG risks. Retrieved from: https://www.msci.com/our-solutions/esg-investing/esg-ratings. Accessed on August 4, 2022.

The Church of England. 2022. Net zero carbon routemap. Retrived from: https://www.churchofengland.org/resources/net-zero-carbon-routemap?utm_source=chatgpt.com.

United Nations(UN), 환경부 역. 「유엔지속가능발전목표」, 세종, 2015.

저자소개

■ **이 호 영**

연세대학교 경영대학 교수로, ESG 지속가능경영, 기업윤리와 AI 윤리, 내부통제와 회계감사, 재무회계와 관련된 연구와 강의를 하고 있다. 연세대학교 경영대학 내, 'ESG/기업윤리 연구센터' 센터장을 맡고 있으며, 다수의 금융 및 IT 기업, 건설, 제조기업과 공기업의 지속가능경영, 지배구조, 위험관리 등과 관련된 자문을 수행하고 상장기업 이사회의 구성원으로 참여하고 있다. University of Oregon에서 경영학 박사학위를 받고 미국 University of Nebraska-Omaha 경영대학 교수를 역임했다. 감리교신학대학교에서 M.Div. 과정을 졸업했고 동 대학교에서 윤리학 Ph.D. 과정을 졸업했다. 학술 단체 활동으로 (사)한국윤리경영학회 회장과 (사)한국회계정보학회 회장 등을 역임했다.

ESG 지속가능경영과 기독교

2026년 1월 20일 초판 인쇄
2026년 1월 30일 초판 1쇄 발행

자 이 호 영
인 배 효 선
法 文 社
10881 경기도 파주시 회동길 37-29
1957년 12월 12일/제2-76호(윤)
(031)955-6500~6 FAX (031)955-6525
E-mail (영업) bms@bobmunsa.co.kr
(편집) edit66@bobmunsa.co.kr
홈페이지 http://www.bobmunsa.co.kr
조 판 법 문 사 전 산 실

정가 20,000원 ISBN 978-89-18-91661-3